Andrea Morgenstern

THEOLOGISCHE BÜCHEREI
Neudrucke und Berichte aus dem 20. Jahrhundert
Begründet von Ernst Wolf. Herausgegeben von Gerhard Sauter

Band 93
Altes Testament

In der Theologischen Bücherei sind u. a. erschienen:

Band 78: G. Sauter, "Rechtfertigung" als Grundbegriff evangelischer Theologie
Band 80: F. Wintzer, Predigt
Band 84: K.E. Nipkow/F. Schweitzer, Religionspädagogik, Bd. 1
Band 87: C. Westermann, Die Geschichtsbücher des AT
Band 88: K.E. Nipkow/F. Schweitzer, Religionspädagogik, Bd. 2/1
Band 89: K.E. Nipkow/F. Schweitzer, Religionspädagogik, Bd. 2/2
Band 91: D. Allen/E. Maurer, Philosophie für das Theologiestudium
Band 92: G. Sauter, "Versöhnung" als Thema der Theologie

Diethelm Michel

Studien zur Überlieferungsgeschichte alttestamentlicher Texte

Herausgegeben von
Andreas Wagner, Achim Müller,
Reinhard G. Lehmann, Anja Diesel,
Johannes F. Diehl und Achim Behrens

Chr. Kaiser
Gütersloher
Verlagshaus

Die Deutsche Bibliothek – CIP-Einheitsaufnahme

Michel, Diethelm: Studien zur Überlieferungsgeschichte
alttestamentlicher Texte /
Diethelm Michel. Hrsg. von Andreas Wagner ... – Gütersloh : Kaiser,
Gütersloher Verl.-Haus, 1997
(Theologische Bücherei ; Bd. 93)
ISBN 3-579-01819-1

ISBN 3-579-01819-1
© Chr. Kaiser/Gütersloher Verlagshaus, Gütersloh 1997

Das Werk einschließlich aller seiner Teile ist urheberrechtlich geschützt. Jede
Verwertung außerhalb der engen Grenzen des Urheberrechtsgesetzes ist ohne
Zustimmung des Verlages unzulässig und strafbar. Das gilt insbesondere für
Vervielfältigungen, Übersetzungen, Mikroverfilmungen und die Einspeicherung
und Verarbeitung in elektronischen Systemen.

Umschlaggestaltung: Ingeborg Geith, München
Gesamtherstellung: Buch- und Offsetdruckerei Sommer GmbH, Feuchtwangen
Gedruckt auf chlorfrei gebleichtem Werkdruckpapier
Printed in Germany

Inhaltsverzeichnis

Vorwort VII

- Geschichte und Überlieferungsgeschichte -

Nur ich bin Jahwe. Erwägungen zur sogenannten Selbstvorstellungsformel 1
> Erstveröffentlichung: ThViat 11 (1973). S. 145-156.

"Warum" und "Wozu"? Eine bisher übersehene Eigentümlichkeit des Hebräischen und ihre Konsequenz für das alttestamentliche Geschichtsverständnis 13
> Erstveröffentlichung: In: "Mitten im Tod - vom Leben umfangen." Gedenkschrift für Werner Kohler. Hrsg. von Jochanan Hesse. (Studien zur interkulturellen Geschichte des Christentums 48) Frankfurt/M. [u. a.] 1988. S. 191-210.

Geschichte und Zukunft im Alten Testament 35
> Erstveröffentlichung: In: Zur Erschließung von Zukunft in den Religionen. Zukunftserwartung und Gegenwartsbewältigung in der Religionsgeschichte. Hrsg. von HANS WISSMANN. Würzburg 1991. S. 27-43.

Einheit in der Vielfalt des Alten Testaments 53
> Erstveröffentlichung: In: Vielfalt in der Einheit. Theologisches Studienbuch zum 175jährigen Jubiläum der Pfälzischen Kirchenunion im Auftrag des Landeskirchenrates hrsg. von RICHARD ZIEGERT. Ev. Presseverlag Pfalz 1993. S. 91-102.

Annäherungen 69
> Erstveröffentlichung: In: Streit am Tisch des Wortes? Zur Deutung und Bedeutung des Alten Testaments und seiner Verwendung in der Liturgie. Hrsg. von ANSGAR FRANZ. (Pietas liturgica. Interdisziplinäre Beiträge zur Liturgiewissenschaft 8) St. Ottilien 1997. S. 371-392.

- Pentateuch -

Überlieferung und Deutung in der Erzählung von Isaaks Opferung (Gen 22) 89
> Erstveröffentlichung: In: Treue zur Thora. Beiträge zur Mitte des christlich-jüdischen Gesprächs. Festschrift GÜNTER HARDER zum 75. Geburtstag. Hrsg. von PETER VON DEN OSTEN-SACKEN. (Veröffentlichungen aus dem Institut Kirche und Judentum bei der Kirchlichen Hochschule Berlin, 3) Berlin 1977. S. 13-16.

Ihr werdet sein wie Gott. Gedanken zur Sündenfallgeschichte in
Genesis 3 93
> Erstveröffentlichung: In: Menschwerdung Gottes - Vergöttlichung des Menschen.
> Hrsg. von DIETER ZELLER. (Novum Testamentum et Orbis Antiquus 7) Freiburg
> (Schweiz)/Göttingen 1988. S. 61-87.

Beschneidung und Kindertaufe 115
> Erstveröffentlichung: In: Belehrter Glaube. Festschrift für JOHANNES WIRSCHING
> zum 65. Geburtstag. Hrsg. von ELKE AXMACHER und KLAUS SCHWARZWÄL-
> LER. Frankfurt [u. a.] 1994. S. 195-203.

- Psalmen -

Studien zu den sogenannten Thronbesteigungspsalmen 125
> Erstveröffentlichung: VT 6 (1956). S. 40-68. [wiederabgedruckt in: Zur neueren
> Psalmenforschung. Hrsg. von PETER A. NEUMANN. (WdF 192) Darmstadt 1976.
> S. 367-399.]

Ich aber bin immer bei dir. Von der Unsterblichkeit der Gottesbe-
ziehung 155
> Erstveröffentlichung: In: Im Angesicht des Todes. Ein interdisziplinäres Kompen-
> dium I. Hrsg. von HANSJAKOB BECKER, BERND EINIG und P. O. ULLRICH. (Pie-
> tas liturgica. Interdisziplinäre Beiträge zur Liturgiewissenschaft 3) St. Ottilien 1987.
> S. 637-658.

- Propheten -

Zur Eigenart Tritojesajas 181
> Erstveröffentlichung: ThViat 10 (1966). S. 213-230.

Das Rätsel Deuterojesaja 199
> Erstveröffentlichung: ThViat 13 (1977). S. 115-132.

Zu Hoseas Geschichtsverständnis 219
> Erstveröffentlichung: In: Wege öffnen. Festschrift für ROLF GUNDLACH zum 65.
> Geburtstag. Hrsg. von MECHTHILD SCHADE-BUSCH. (Ägypten und Altes Testa-
> ment 35) Hildesheim 1996. S. 175-183.

Stellenregister 229

Vorwort

„Dem Prozeß der Entstehung [eines Textes des Alten Testaments] von seinen Anfängen in der mündlichen Überlieferung bis zur abschließenden Arbeit der Redaktoren nachzugehen" - so umreißt DIETHELM MICHEL mit Blick auf MARTIN NOTHS Arbeiten (vor allem auf dessen ‚Überlieferungsgeschichte des Pentateuch') die überlieferungsgeschichtliche Fragestellung (D. MICHEL, Israels Glaube im Wandel, Berlin ²1971, S. 32).

Diese überlieferungsgeschichtliche Fragerichtung bestimmte auch die Auswahl der hier wiedergegebenen Aufsätze von DIETHELM MICHEL. Das gilt zum einen für text- und problembezogene Fragestellungen, wo die Vor- und ‚Werde'-Geschichte von einzelnen Texten thematisiert wird (etwa Gen 3 in *Ihr werdet sein wie Gott* u.a.). Das gilt zum anderen für stärker konzeptionelle Fragestellungen, die unter dem Stichwort ‚Geschichte und Überlieferungsgeschichte' zusammengefaßt sind. Vor allem der letztgenannte Aspekt führt ins Zentrum alttestamentlichen Selbstverständnisses, alttestamentlicher Theologie, das herauszuarbeiten die hier zusammengestellten Aufsätze sich bemühen. Das Ziel dieser Bemühung gibt MICHEL selbst - thetisch gefaßt - mit folgenden Worten wieder: „Spätestens seit der Zeit, da Israel sich in Kanaan konstituiert hatte, ist dies also die Grundaussage über Jahwe: Er handelt in der Geschichte an seinem Volk auf ein Ziel hin. [...] Von diesem Satz her, und nur von ihm her, kann das Alte Testament verstanden werden." (MICHEL, s.o., S. 23)

Die hier wiederabgedruckten Aufsätze geben bis auf kleinere Nachträge u.ä., wenn etwa inzwischen erschienene Literatur nachzutragen war, bis auf Druckfehler, die beseitigt wurden, den Wortlaut des Originals wieder. Um den Abstand zur formalen Gestaltung der Erstveröffentlichungen nicht zu groß werden zu lassen, wurden in der Regel die jeweiligen Eigenheiten der Erstveröffentlichungen beibehalten (z.B. Fußnotenzählung, Bibelstellenabkürzungen etc.). Der Nachweis der Erstveröffentlichung findet sich im Inhaltsverzeichnis.

Der vorliegende Aufsatzband hätte ohne die Unterstützung einiger Institutionen und Privatpersonen aus Anlaß des 65. Geburtstages von DIETHELM MICHEL nicht erscheinen können. Dank sei daher der Evangelischen

Kirche in Hessen und Nassau, der Evangelischen Kirche der Pfalz (Prot. Landeskirche), der Evangelischen Kirche im Rheinland, dem Pfarramt für Volksmission (Ev. Kirche der Pfalz), der Kirchlichen Arbeit Alpirsbach, SIBRAND H. FOERSTER u.a. Dem Herausgeber der Reihe, GERHARD SAUTER, und dem Chr. Kaiser-Verlag sei gedankt für die Aufnahme des Buches in die Reihe ‚Theologische Bücherei'. Herzlichen Dank sagen die Herausgeber auch denjenigen, die am Erstellen des Manuskripts mitgewirkt haben und ohne die das Unternehmen kaum in der erreichten Form und Zeit zustande gekommen wäre: allen voran STEFANIE KUNTZ und TIL SEIFFART, die jeweils die erste Kärrnerarbeit verrichtet haben, sodann KURT BÖHMER, HANS-JÖRG FIEHL, MARCEL JUNG, RENATA KIWORR-RUPPENTHAL, MARIA-THERESIA KÜCHENMEISTER, MICHAEL MAI und BIANCA SCHAMP.

Mainz, im Mai 1997
                                   Für die Herausgeber
                                   Andreas Wagner

Nur ich bin Jahwe
Erwägungen zur sogenannten Selbstvorstellungsformel

Walter Zimmerli[1] hat die Formel אני יהוה als „Selbstvorstellungsformel" bezeichnet und ihre sprachliche Leistung folgendermaßen umschrieben: „Ein bisher Ungenannter tritt aus seiner Unbekanntheit heraus, indem er sich in seinem Eigennamen erkennbar und nennbar macht. Das Gewicht liegt auf der Nennung des Eigennamens Jahwe, der in sich die Fülle und volle Ehre des sich Nennenden enthält".[2] In einer Anmerkung zu diesem Satz weist er hin auf „das אני יוסף von Gen 45,3, in dem Joseph den Brüdern das Geheimnis seiner Person kundtut".[3] Die neben der „Kurzform" אני יהוה auch gebräuchliche „Langform" אני יהוה אלהיך ist als eine „Entfaltung"[4] der Kurzform zu verstehen und zu übersetzen: „Ich bin Jahwe, dein Gott". An dieser grundsätzlichen Bestimmung der Wendungen hat sich auch durch Elligers Unterscheidung zwischen „Heiligkeitsformel" (אני יהוה) und „Huldformel" (אני יהוה אלהיך)[5] nichts geändert; Zimmerli hat seine ursprüngliche Ansicht lediglich dahingehend modifiziert, daß „in dem אני יהוה אלהיך die zwei zunächst eigenständigen Elemente: ‚Ich bin Jahwe' und ‚Ich bin dein Gott' in eine Formel zusammengezogen sind ..."[6]. Das Verständnis als „Selbstvorstellungsformel" bleibt weiterhin unangefochten, es

---

1   W. Zimmerli, Ich bin Jahwe, in: Geschichte und Altes Testament, Festschrift für Albrecht Alt, 1953, S. 179-209 = Gottes Offenbarung, ThB 19, 1963, S. 11-40; Erkenntnis Gottes nach dem Buche Ezechiel, AThANT 27, 1954 = Gottes Offenbarung, S. 41-119; Das Wort des göttlichen Selbsterweises (Erweiswort), eine prophetische Gattung, in: Mélanges Bibliques rédigés en l'honneur de André Robert, 1957, S. 154-164 = Gottes Offenbarung, S. 120-132. Seitenhinweise im folgenden nach dem Wiederabdruck in „Gottes Offenbarung".
2   Gottes Offenbarung, S. 11.
3   A.a.O.
4   A.a.O., S. 14.
5   K. Elliger, Ich bin der Herr - euer Gott, in: Theologie als Glaubenswagnis, Festschrift für Karl Heim, 1954, S. 9-34 = Kleine Schriften zum Alten Testament, ThB 32, 1966, S. 211-231.
6   Gottes Offenbarung, S. 126, Anm. 14.

hat sich weitgehend durchgesetzt. Alfred Jepsen freilich hat Skepsis geäußert: „Allerdings werden vielfach Elligers und vor allem Zimmerlis Untersuchungen als abschließend angesehen; aber sind sie es wirklich?"[7] Er will in der Einleitung des Dekalogs „Jahwe" als Attribut verstehen und übersetzen: „Ich, nämlich Jahwe, bin dein Gott. Der Ton liegt im Zusammenhang nicht auf der Selbstvorstellung, wie bei der Offenbarung, sondern auf der Zusage und der sich daraus ergebenden Forderung. Eine Selbstvorstellung hat hier ebensowenig einen Platz wie bei Deuterojesaja und den von ihm wohl abhängigen Propheten."[8]

Im folgenden soll die grundsätzliche Bestimmung von אני יהוה als einer Selbstvorstellungsformel überprüft werden, wobei wir uns sowohl aus Raum- als auch aus Sachgründen hier auf die Kurzform beschränken. Um zu vermeiden, daß die Untersuchungen durch theologische Erörterungen vorprogrammiert sind, analysieren wir zunächst sprachlich analoge Formulierungen aus dem profanen Bereich über das von Zimmerli allein herangezogene Gen 45,3 hinaus.

I

Gen 41,44 sagt Pharao zu Joseph: „אני פרעה ohne deinen Willen soll niemand im ganzen Land Ägypten Hand oder Fuß erheben können." Der Sinn des zweiten Satzes ist klar: Joseph wird zum Wesir mit unbeschränkten Vollmachten eingesetzt. Was aber heißt in diesem Zusammenhang אני פרעה? Eine Selbstvorstellung liegt hier sicherlich nicht vor; Joseph kennt den Pharao und der braucht sich also nicht mehr vorzustellen, braucht nicht mehr „aus seiner Unbekanntheit herauszutreten". Das haben die Kommentatoren auch durchweg erkannt. So übersetzt z.B. von Rad: „Ich bin der Pharao; aber ohne deinen Willen soll niemand in ganz Ägyptenland Hand oder Fuß erheben."[9] Deutlich wird hier „der Pharao" als Machtbezeichnung verstanden, was durch das Wort „aber" in der Übersetzung gut unterstrichen wird. Gunkel[10] und Procksch[11] haben dies noch klarer heraus-

---

[7] A. Jepsen, Beiträge zur Auslegung und Geschichte des Dekalogs, ZAW 79, 1967, S. 277-304; S. 285.
[8] A.a.O., S. 286.
[9] G. von Rad, Das erste Buch Mose, ATD 2/4, 1967[8], S. 327.
[10] H. Gunkel, Genesis, HK I,1, 1917[4], S. 438.
[11] O. Procksch, Die Genesis, KAT I, 1924[2.3], S. 235.

gearbeitet durch die Übersetzung: „Ich bleibe Pharao". Dieser Sinn wird vom Kontext her zwingend gefordert. Damit aber sind wir auf eine Stelle gestoßen, an der eine der sogenannten Selbstvorstellungsformel אני יהוה sprachlich genau entsprechende Stelle keine Selbstvorstellung bietet. Wie ist sie syntaktisch zu verstehen?

Bei den hebräischen Nominalsätzen sollte man zweckmäßigerweise unterscheiden zwischen solchen, bei denen ein Glied determiniert und das andere indeterminiert ist, und solchen, bei denen beide Glieder determiniert sind[12]. Erstere nenne ich nominale Mitteilungen, letztere nominale Behauptungen. In den nominalen Mitteilungen ist die Regelstellung Chabar-Mubtada[13]. Ob dies ebenso regelmäßig auch für die nominalen Behauptungen gilt, ist mir im Augenblick noch nicht klar; das umfangreiche Belegmaterial sperrt sich bis jetzt noch einheitlichen Regeln. Jedenfalls aber finden sich auch in nominalen Behauptungen zahlreiche Belege für die Wortfolge Chabar-Mubtada; sie ist also auch in diesem Satztyp zumindest m ö g l i c h, und diese Erkenntnis genügt schon für unsere Fragestellung. Denn da von der sprachlichen Leistung her das Mubtada Ausgangspunkt der Aussage ist, während das Chabar etwas Neues bringt, muß Gen 41,44 „Pharao" als Mubtada (also in der herkömmlichen Terminologie als Subjekt) und „ich" als Chabar (herkömmlich: Prädikat) bestimmt werden: „Pharao (bin, bleibe) ich (und kein anderer, und nicht du)". Sinngemäß ist im Deutschen etwa wiederzugeben: „Pharao bin nur ich" oder „Nur ich bin Pharao". Die sprachliche Leistung des Satzes ist also der einer Selbstvorstellung („Ich, der ich hier vor dir stehe, bin Pharao") genau entgegengesetzt. Die Wortfolge ist Chabar-Mubtada.

Im folgenden sollen nun weitere nominale Behauptungen mit einem Personalpronomen (also Sätze, in denen neben einem Personalpronomen ein

---

12   Diese Unterscheidung wird in meiner demnächst erscheinenden „Grundlegung einer hebräischen Syntax" ausführlich begründet werden. Vergleiche vorläufig Francis I. Andersen, The Hebrew Verbless Clause in the Pentateuch, Journal of Biblical Literature Monograph Series XIV, Nashville-New York 1970, der zwischen „clauses of classification" und „clauses of identification" unterscheidet, a.a.O., S. 32.

13   Zu dieser Terminologie vgl. vorläufig K. Oberhuber, Zur Syntax des Richterbuches. - Der einfache Nominalsatz und die sog. nominale Apposition, VT III, 1953, S. 2-45, besonders S. 3f. Wie ich demnächst in dem in der vorigen Anmerkung angekündigten Buch zeigen werde, ist diese auf die arabischen Nationalgrammatiker zurückgehende Unterscheidung für die hebräischen Nominalsätze sachgemäßer als die bei uns übliche zwischen Subjekt und Prädikat. Mubtada als der Ausgangspunkt einer Aussage entspricht in den meisten Fällen unserem Subjekt, Chabar als das Neue unserem Prädikat.

weiteres determiniertes Glied steht) untersucht werden. Unter a) behandeln wir Sätze, in denen das Pronomen vorangestellt ist, unter b) solche, in denen es nachgestellt ist, und unter c) untersuchen wir Texte, in denen beide Möglichkeiten nebeneinander vorkommen.

a) nominale Behauptungen mit vorangestelltem Personalpronomen

2 Sam 12,7 אתה האיש. Nach dem Kontext kann der Sinn nur sein: „Der Mann, von dem hier die Rede ist, bist d u (und kein anderer)"; אתה ist also Chabar (Prädikat), האיש Mubtada (Subjekt). Wortfolge Chabar-Mubtada. - 1 Sam 1,26 אני האשה הנצבת עמכה בזה „die Frau, die hier bei dir gestanden hat, das bin i c h (= die steht jetzt in mir wieder vor dir)". Auch hier ist das Pronomen als Chabar zu bestimmen. - Jdc 13,11 האתה האיש ... ויאמר אני „Bist du der Mann, der mit dem Weibe geredet hat? Und er antwortete: Ich bin es." Das erfragte Neue und somit das Chabar ist hier eindeutig das Personalpronomen, was auch durch die Antwort klargestellt wird. Wieder also die Wortfolge Chabar-Mubtada. - 1 Sam 9,19 Auf die Frage Sauls, wo denn das Haus des Sehers sei, antwortet Samuel: אנכי הראה. Dieser Satz ist wohl kaum als Selbstvorstellung aufzufassen („Ich, der ich hier vor dir stehe, bin der Seher"); der Sinn ist vielmehr: „Der Seher, nach dem du fragst, bin ich selbst." Das Pronomen dient also auch hier als Chabar. - Ruth 3,9 Auf die Frage von Boas: „Wer bist du?" antwortet die zu seinen Füßen liegende Ruth: אנכי רות אמתך. Zwar liegt hier keine Selbstvorstellung in dem von Zimmerli definierten Sinn vor, daß ein bisher Ungenannter aus seiner Unbekanntheit heraustritt, denn Boas kennt Ruth ja schon (vgl. Kap. 2!). Wie aber die Frage zeigt, ist das Erfragte und damit das Neue der Name, und wenn Ruth sich mit dem Satz „Ich bin Ruth, deine Magd" zu erkennen gibt, dann ist hier das Pronomen אנכי als Mubtada zu bestimmen. Hier läge also die Wortfolge Mubtada-Chabar vor[14]. - Ähnlich ist Gen 27,19 zu verstehen. Auf die Frage des blinden Jakob: „Wer bist du, mein Sohn?" antwortet Jakob: אנכי עשו בכרך „Ich bin Esau, dein Erstgeborener". Auch hier dürfte das Pronomen als Mubtada dienen, Jakob identifiziert sich mit dem Namen Esau. Ähnlich 27,32, wo Esau עשו בכרך אני antwortet. Weshalb hier אני statt אנכי steht, ist mir nicht klar. - Jes 43,10 Ludwig Köhler bestimmt,

---

[14] Auffällig ist, daß besonders häufig die lange Form אנכי steht, wenn das Pronomen der 1. Person als Mubtada, die Kurzform אני dagegen, wenn es als Chabar verwendet wird. Doch läßt sich hier keine feste Regel aufstellen.

m.E. völlig zu Recht, in אתם עדי das Pronomen als Prädikat (Chabar) und übersetzt: „meine Zeugen seid ihr und nicht andere"[15]. - In Gen 45,3 אני יוסף und 45,4 אני יוסף אחיכם kann man wie Ruth 3,9 und Gen 27,19.32 das vorangestellte Pronomen als Mubtada ansprechen. Aber angesichts der Hinweise auf Joseph in 44,20.27f. scheint es mir mehr im Duktus der Erzählung zu liegen, wenn Joseph sagt: „Der Joseph, von dem ihr eben geredet habt, das bin ich"[16].

b) nominale Behauptungen mit nachgestelltem Personalpronomen

Gen 24,24 Auf die Frage des Knechtes Abrahams, wessen Tochter sie sei, antwortet Rebekka: בת בתואל אנכי „Ich bin die Tochter Bethuels." Hier haben wir nun eine Selbstvorstellung in dem von Zimmerli definierten Sinn, hier tritt jemand aus seiner Unbekanntheit heraus. „Ich" ist hier Ausgangspunkt der Aussage und also Mubtada (Subjekt), „die Tochter Bethuels" ist Chabar (Prädikat), die Wortfolge ist Chabar-Mubtada. Ganz analog Gen 24,34, wo sich der Knecht Abrahams bekanntmacht: עבד אברהם אנכי „ich bin der Knecht Abrahams." - Jdc 6,22 „Da sah Gideon, כי מלאך יהוה הוא daß er der Bote Jahwes war." Hier ist „der Bote Jahwes" zweifellos Chabar. - Besonders häufig ist die Nachstellung des als Mubtada fungierenden Pronomens bei Ernennungen oder Bekenntnissen, z.B. Ps 2,7 בני אתה „du bist mein Sohn", Jes 41,9 (= 44,21; 49,3) עבדי אתה „du bist mein Knecht", Jes 51,16 עמי אתה „du bist mein Volk", Ps 89,27 אבי אתה „du bist mein Vater", Ps 140,7 אלי אתה „du bist mein Gott".

Die Belege für diese Gruppe ließen sich leicht vermehren. Durchweg dient das nachgestellte Pronomen als Mubtada. Auffällig ist allerdings, daß bis auf das wohl in יהוה אלהיך אנכי zu emendierende (elohistischer Psalter!) Ps 50,7 nie, soweit ich sehe, ein Eigenname an erster Stelle vor dem Pronomen steht. Als Regel läßt sich also vorläufig formulieren: Auch in nominalen Behauptungen ist die Wortfolge Chabar-Mubtada. Wenn allerdings der Satz aus einem Eigennamen und einem Personalpronomen besteht, steht das Pronomen regelmäßig an erster Stelle im Satz, auch wenn es als Mubtada dient.

---

[15] L. Köhler, Deuterojesaja stilkritisch untersucht, BZAW 37, 1923, S. 59.
[16] Dies würde ganz besonders für 45,4 gelten, wenn Rudolph damit Recht haben sollte, daß v.3 und v.4 nicht auf verschiedene Quellen aufzuteilen sind, vgl. P. Volz - W. Rudolph, Der Elohist als Erzähler ein Irrweg der Pentateuchkritik?, BZAW 63, 1933, S. 163.

c) Stellen, an denen beide Satztypen nebeneinander vorkommen

Wenn bis auf die nominalen Behauptungen mit einem Eigennamen und einem Pronomen sonst in diesem Satztyp die Wortfolge Chabar-Mubtada die normale ist, müssen sich an Stellen, wo vorangestelltes und nachgestelltes Personalpronomen nebeneinander vorkommen, Bedeutungsunterschiede aufzeigen lassen. Zur Abrundung der Untersuchung über die Wortfolge besprechen wir deshalb im folgenden kurz zwei solcher Fälle.

Jes 63,16 „כי אתה אבינו denn Abraham weiß nichts von uns und Israel kennt uns nicht; אתה יהוה אבינו". Durch die Hinweise auf Abraham und Israel ist die Richtung der Aussage deutlich: „(Nur) du bist unser Vater" bzw. „(Nur) du, Jahwe, bist unser Vater". In beiden Fällen ist das Pronomen Chabar, im zweiten Beleg ist יהוה als Apposition aufzufassen. - In demselben Gedicht (63,15-64,11) findet sich aber auch die Nachstellung des Pronomens: 64,7f. „ועתה יהוה אבינו אתה; während wir Ton sind, bist du unser Schöpfer, Werk deiner Hand sind wir alle[17]: Zürne doch nicht zu sehr, Jahwe, gedenke der Sünde nicht auf immer!" Hier geht es nicht wie in 63,16 um einen Gegensatz (du und nicht Abraham-Israel), sondern um eine Begründung der Bitte von v.8, und als solche ist der Hinweis auf das Vatersein Ziel der Aussage: „Du bist unser Vater": אתה ist also hier Mubtada, die Wortfolge ist Chabar-Mubtada.

Ps 71,3-6
3) Sei mir ein Fels der Zuflucht,
‚eine feste Burg'[18], mir zu helfen
כי סלעי ומצודתי אתה.
4) Mein Gott, laß mich entrinnen aus der Hand der Gottlosen, aus der
Faust des Frevlers und Bedrückers.
5) כי אתה תקותי
Jahwe, mein Vertrauen von Jugend an.
6) Auf dich habe ich mich gestützt von Mutterleib an,
von Mutterschoß an bist du mein ...[19],
dir galt mein Lobpreis immerdar.

In v.3 ist der Sinn deutlich: „Sei mir ein Fels und eine Burg, denn du bist doch mein Fels und meine Burg (und nichts anderes)". In v.5 dagegen ist,

---

[17] Die Voranstellung der Pronomina in v.7b dient zum Ausdruck einer Hypotaxe; hier liegen Entsprechungssätze vor. Vgl. vorläufig D. Michel, Tempora und Satzstellung in den Psalmen, 1960, S. 185f.
[18] Der Text ist hier nach Psalm 31,3 zu emendieren.
[19] Die Bedeutung des Wortes ist unklar.

wie die Fortsetzung zeigt, eine andere Aussage intendiert: „Nur du bist meine Hoffnung." In beiden Fällen ist die Wortfolge Chabar-Mubtada.

II

Wenn auch die im vorigen Abschnitt vorgeführten Belege für die Erhebung von allgemeinen Regeln der Wortfolge in der nominalen Behauptung sicher nicht ausreichen, so machen sie doch deutlich, daß auf jeden Fall in nominalen Behauptungen ein vorangestelltes Pronomen Chabar sein kann, und schon dieses Ergebnis zwingt zu einer Überprüfung der אני יהוה-Sätze. Denn sowohl Zimmerli als auch Elliger gehen von der Annahme aus, daß in der Kurzform und in der Langform das Pronomen als Mubtada (Subjekt) dient, und dies eben kann so diskussionslos jetzt nicht mehr vorausgesetzt werden.

Jes 43,11 findet sich der Satz אנכי אנכי יהוה. Sprachlich wäre es wenig sinnvoll, das bekannte Mubtada durch Verdopplung zu betonen; die Dopplung weist darauf hin, daß „Jahwe" Mubtada (Subjekt) und „ich" Chabar (Prädikat) ist. Dies hat L. Köhler klar erkannt und ausgesprochen; nach ihm kann der Satz nur heißen: ‚‚Jahwe bin ich, ich und kein andrer' (also heißt es nicht auch: ‚Ich, ich bin Jahwe und nicht Marduk')."[20] Richtig auch Volz unter Hinweis auf Köhler: „Jahwe ist Subjekt."[21] Von dieser grammatischen Erkenntnis her empfiehlt sich als Übersetzung „Nur ich bin Jahwe" oder „Ich allein bin Jahwe". Dann freilich ist klar, daß „Jahwe" für Deuterojesaja mit einem Inhalt gefüllt sein muß, mit einem Anspruch verbunden sein muß, den auch andere Götter erheben können, so wie ja Gen 41,44 auch „Pharao" nicht bloßer Name war, sondern etwa die Bedeutung hatte: Träger der höchsten Macht o.ä.

Jes 45,5 אני יהוה ואין עוד. Daß jemand sich „vorstellt": „Ich bin Jahwe und keiner sonst" ist schwerlich sinnvoll. Hier muß mehr vorliegen als eine Namensmitteilung. Westermann[22] scheint diese Schwierigkeit empfunden zu haben, wenn auch seine Wiedergabe des Satzes durch „Ich, Jahwe, und keiner sonst" dem Problem, welches Glied hier Mubtada und welches Chabar sei, gerade ausweicht. Die nach unseren bisherigen Überlegungen naheliegende Übersetzung „Jahwe bin nur ich und keiner sonst" ergibt hier

---

20 A.a.O., S. 59.
21 P. Volz, Jesaja II, KAT IX, 1932, S. 41.
22 C. Westermann, Das Buch Jesaja Kapitel 40-66, ATD 19, 1966, S. 125.

einen vorzüglichen Sinn - freilich wieder unter der Voraussetzung, daß mit „Jahwe" ein bestimmter Inhalt verbunden wurde. Entsprechendes gilt für 45,6 „damit man erkenne vom Aufgang der Sonne und von ihrem Untergang, daß es niemanden außer mir gibt: אני יהוה ואין עוד Jahwe bin nur ich und keiner sonst." - Dieselbe Wendung auch noch Jes 45,18.

III

Während man bei den anderen Belegen der Wendung אני יהוה auch das Verständnis als Selbstvorstellungsformel im Sinne Zimmerlis für sinnvoll halten kann, fordern die oben aus Deuterojesaja zitierten Stellen m.E., das vorangestellte Pronomen als Chabar zu verstehen und also zu übersetzen: „Jahwe bin nur ich". Es wurde schon darauf hingewiesen, daß bei diesem Verständnis „Jahwe" ein sinngefülltes Wort sein muß. Läßt sich über diesen Sinn noch etwas aus dem Kontext erheben?

Jes 43,10-12
10) Meine Zeugen seid nur ihr - Ausspruch Jahwes -,
mein Knecht, den ich erwählt habe,
damit ihr erkennt und mir glaubt
und einseht, daß dieses nur ich bin[23]:
Vor mir wurde kein Gott erschaffen
und nach mir wird keiner sein.
11) Ich allein bin „Jahwe",
und es gibt außer mir keinen Helfer.
12) Ich habe verkündigt und geholfen und hören lassen,
und es gibt unter euch keinen Fremden.
Ihr seid meine Zeugen ...

In der Gerichtsrede 43,8-13 geht es darum, daß allein Jahwe durch Ankündigen und Handeln in der Geschichte gewirkt und sich eben dadurch als Gott erwiesen hat. V.10bβ „vor mir wurde kein Gott erschaffen und nach mir wird keiner sein" ist die Quintessenz der Beweisführung, und es dürfte schwerlich zufällig sein, daß in ihr als letztes Wort vor dem Satz „ich allein bin Jahwe" das Verb היה vorkommt: ואחרי לא יהיה. Wie schon Ratschow gezeigt hat[24], bezeichnet es ja kein statisches Sein, sondern ein Wirken, ein Wirksam-Sein, ein Sich-Erweisen, und es paßt glänzend in den Kontext, wenn man nach v.10 „Jahwe" in v.11 im Sinne von Ex 3,14

---

23 So zu übersetzen, weil אני Chabar ist.
24 C. Ratschow, Werden und Wirken, BZAW 70, 1941.

versteht als „er erweist sich" (sc. als in der Geschichte handelnd)[25]. Auch der Schluß des Abschnittes bestätigt dies:

> 13) Auch von jetzt an bin dieses nur ich:
> Es gibt niemand, der aus meiner Hand retten könnte.
> Wenn ich handle - wer will es ungeschehen machen?

Die eigentliche theologische Zuspitzung dieser Gerichtsrede wird m.E. erst dann deutlich, wenn man erkennt, daß hinter ihr eine Reflexion über das sich in dem Namen Jahwe aussprechende Wesen des Gottes Israels steht, eine „Theologie des Jahwenamens".

Entsprechendes gilt für die Belege aus Jes 45. Dies wird m.E. handgreiflich deutlich, wenn man in der Übersetzung statt des Namens „Jahwe" einmal „er erweist sich" einsetzt:

> 3) Ich gebe dir Schätze der Finsternis,
> verborgene Vorräte,
> damit du erkennst, daß „er erweist sich" nur ich bin,
> der ich dich bei deinem Namen rufe, der Gott Israels.
> 4) Um meines Knechtes Jakob willen
> und Israels, meines Erwählten,
> rufe ich dich bei deinem Namen,
> gebe dir einen Ehrennamen, auch wenn du mich nicht kennst.
> 5) Nur ich bin „er erweist sich" und keiner sonst,
> außer mir gibt es keinen Gott.
> Ich gürte dich, auch wenn du mich nicht kennst,
> 6) damit man erkenne vom Aufgang der Sonne
> und von ihrem Untergang, daß es niemanden außer mir gibt:
> Nur ich bin „er erweist sich" und keiner sonst.
> Der ich das Licht bilde und die Finsternis schaffe,
> der ich Heil wirke und Unheil schaffe:
> Nur ich bin „er erweist sich", der all das tut.

Mit dieser Füllung des Namens „Jahwe" spricht der Text für sich. Wenn Westermann als Sinn des Abschnitts bestimmt hat, „daß man über die ganze Erde hin erkenne, daß Jahwe allein Gott ist"[26], so ist das also im Prinzip richtig gesehen; man kann und muß jetzt nur präzisieren: daß der hier redende Gott Israels allein „Jahwe" = der sich in der Geschichte als wirksam Erweisende ist.

---

[25] Vgl. W. von Soden, Jahwe „Er ist, Er erweist sich", WO III, 1966, S. 177-187.
[26] A.a.O., S. 131.

Jes 42,8
אֲנִי יְהוָה הוּא שְׁמִי
„Er erweist sich" bin nur ich,
mein Name ist (nur) dieser (und kein andrer).
Meine Ehre gebe ich keinem anderen
und meinen Lobpreis nicht den Götzen.

Ohne die grammatische Struktur dieser Stelle genau zu erkennen, hat Elliger doch ihren Sinn präzise bestimmt: „Jahwe, das heißt ,der' Gott, der Schöpfer und Erhalter der ganzen Welt, der Lenker der Geschichte der Menschheit. Diese Funktionen ... sind Jahwes ‚Ehre'."[27]

Eine weitere Untersuchung der יְהוָה אֲנִי-Stellen bei Deuterojesaja muß hier ausgespart werden, da nach meinem Urteil noch zu viele syntaktische Fragen ungeklärt sind und deren Bearbeitung den hier möglichen Rahmen überschreiten würde. So ist, um nur eine zu nennen, z.B. noch nicht klar, ob man Jes 42,6 יְהוָה als Apposition verstehen soll oder nicht[28]. Deutlich ist aber auf jeden Fall folgendes:

1. An einer Reihe von Stellen ist die Formel אֲנִי יְהוָה bei Deuterojesaja so zu analysieren, daß אֲנִי als Chabar und יְהוָה als Mubtada aufzufassen ist; zu übersetzen sind diese Stellen „nur ich bin Jahwe" oder „Jahwe bin nur ich".

2. An diesen Stellen ist „Jahwe" eine sinngefüllte Bezeichnung; die Bedeutung dieses „Namens" ist etwa „er erweist sich". Mit ihr soll der Gott Israels als derjenige charakterisiert werden, der als Schöpfer und Herr der Geschichte allein wirksam ist und sich eben damit als Gott erweist. Hinter diesen Texten steht eine „Theologie des Jahwenamens".

IV

Diese „Theologie des Jahwenamens" läßt sich, wenn ich recht sehe, auch über Deuterojesaja hinaus feststellen. Einige Beispiele sollen dies abschließend verdeutlichen.

1 Reg 20,13 berichtet eine Episode aus den Aramäerkriegen des Königs Ahab. Ein Prophet tritt vor den König und sagt zu ihm: „So spricht Jahwe: Siehst du den ganzen großen Haufen da? Siehe, ich gebe ihn heute in deine Hand und daran wirst du erkennen, כִּי אֲנִי יְהוָה." Als im nächsten

---

[27] K. Elliger, Jesaja II, BKAT XI, 1970ff., S. 237.
[28] Vgl. z.B. Elliger, a.a.O., S. 222 und 232.

Jahr die Aramäer mit der Begründung „Ihr Gott ist ein Gott der Berge" den Kampf in die Ebenen verlagern wollen, tritt wieder ein Gottesmann vor den König und sagt ihm (v.28): „So spricht Jahwe: Weil die Aramäer sagen: Ein Gott der Berge ist Jahwe und nicht ein Gott der Ebenen, will ich den ganzen großen Haufen da in deine Hand geben und daran werdet ihr erkennen, כי אני יהוה." Zimmerli beschreibt den Sinn der beiden Stellen treffend: „Inhaltlich geht es in beiden Gottesworten 1 Reg 20 um die Ansage eines göttlichen Handelns, in dem Jahwe sich gegenüber den Feinden seines Volkes durch die Gewährung des Sieges an Israel als der wahre Gott - eben als Jahwe - ausweisen wird."[29] Wir können diese Beschreibung jetzt präzisieren: Der Gott Israels wird dadurch, daß er die Feinde Israels in die Hand des Königs gibt, zu erkennen geben, daß er Jahwe = „er erweist sich" ist. Ganz deutlich wird dies an dem zweiten Text v.28. Die Annahme der Aramäer bedeutet ja eine Bestreitung der in dem Namen Jahwe ausgedrückten Geschichtswirksamkeit; ein Gott, der nur in den Bergen wirksam sein könnte, hätte keinen Anspruch auf den „Namen" Jahwe. Von daher dürfte es eine beabsichtigte Pointe sein, daß die Aramäer in v.23 sagen: „Ihr Gott ist ein Gott der Berge"; mit dieser Behauptung ist eine Bestreitung dessen ausgesagt, was der Name Jahwe bedeutet, deshalb kann er hier nicht verwendet werden. Wenn der Gottesmann dagegen die Behauptung der Aramäer unter Verwendung des Namens Jahwe zitiert („Ein Gott der Berge ist Jahwe und nicht ein Gott der Ebenen"), so wird damit für israelitische Ohren ein Paradoxon ausgesprochen, dessen Paradoxheit eben durch das Handeln Jahwes deutlich und erkennbar werden wird: „ihr werdet erkennen, daß ich ‚er erweist sich' bin!"

Auch der drohende Charakter der „Erkenntnisformel" in einigen priesterschriftlichen Stellen wird gut verständlich unter der Annahme, daß „Jahwe" hier sinngefüllt ist und bedeutet: „er erweist sich"; durch das Geschichtshandeln des Gottes Israels werden dies die Ägypter erkennen. Ex 7,5 „Und die Ägypter werden erkennen, כי אני יהוה, wenn ich meine Hand gegen Ägypten ausrecke und die Israeliten aus ihrer Mitte herausführe." Ex 14,4 „Und ich will das Herz des Pharao verhärten, daß er sie verfolgt, und will mich dann am Pharao und seiner ganzen Kriegsmacht verherrlichen, und daran werden die Ägypter erkennen, כי אני יהוה." Ex 14,18 „Und die Ägypter sollen erkennen, כי אני יהוה, wenn ich mich am Pharao, an seinen Streitwagen und Streitwagenfahrern verherrliche." Als Sinn paßt

---

[29] Gottes Offenbarung, S. 55.

an allen Stellen ausgezeichnet: „daß ‚er erweist sich' nur ich bin." Entsprechendes gilt von zahlreichen Stellen bei Ezechiel, die hier aus Raumgründen nicht besprochen werden können.

Zum Schluß sei wenigstens die Frage gestellt, ob Zimmerlis Feststellung noch aufrecht erhalten werden kann, daß „alle Versuche, die strenge Erkenntnisaussage bei Ezechiel und anderswo von einer aus Ex 3,14 erschlossenen Sinngebung des Jahwenamens her zu verstehen, im Ansatz falsch" sind, „weil sie das nicht auf eine Sinnbedeutung reduzierbare Geheimnis des Eigennamens und die unumkehrbare Richtung des Vorganges der Selbstvorstellung verkennen".[30] Zimmerli selber hat ja festgestellt, „daß die Erkenntnisaussage immer mit einem Handeln verbunden ist, in dem Jahwe Subjekt ist".[31] Es geht hier doch nicht darum, daß das Geheimnis Jahwes auf eine Sinnbedeutung des Namens Jahwe reduziert werden soll, sondern darum, daß der Gott Israels, der sicherlich größer ist als alle menschlichen Worte und Sinnbedeutungen, sich in einer bestimmten Weise offenbart und erkennbar macht. Freilich so, daß er eine „Sinnbedeutung" herausgreift und sie ausschließlich für sich in Anspruch nimmt, gewissermaßen erwählt: „Nur ich bin Jahwe", „nur ich bin ‚er erweist sich'".

---

[30] Gottes Offenbarung, S. 104f., Anm. 90.
[31] A.a.O., S. 104.

"Warum" und "Wozu"?
Eine bisher übersehene Eigentümlichkeit des Hebräischen und ihre Konsequenzen für das alttestamentliche Geschichtsverständnis[1]

1. Das Problem

Für jeden, der sich mit Sprachen beschäftigt, bilden die sogenannten Synonyma eine Herausforderung. Jede Sprache ist nämlich ökonomisch: Wenn sie einmal für einen Tatbestand einen sprachlichen Ausdruck geprägt hat, besteht für sie keine Notwendigkeit mehr, einen weiteren zu bilden. Ursprüngliche Synonyma kann es also in keiner Sprache geben. Wenn in einer Sprache zwei Wörter denselben Sachverhalt zu bezeichnen scheinen, dann liegen immer besondere Gründe vor, etwa das Absterben einer ursprünglichen Bedeutung oder auch schichtspezifische Bedeutungsnuancierungen.

Ein besonderes Problem liegt vor, wenn in einer der toten Sprachen das Vorkommen von Synonyma konstatiert wird. Dann ist nämlich zusätzlich damit zu rechnen, daß die in Frage stehenden Begriffe für den modernen Sprachforscher nur deshalb als Synonyme erscheinen, weil in ihnen Nuancen oder auch Weltdeutungselemente sich aussprechen, die in der modernen Sprache des Wissenschaftlers kein Äquivalent haben. Ein solcher Fall soll der Ausgangspunkt unserer heutigen Betrachtung sein.

Im alttestamentlichen Hebräisch gibt es zwei Wörter, die in den Wörterbüchern beide mit "warum" wiedergegeben werden, die also als Synonyme angesehen werden: *lama* und *maddu^{ac}*. Im Wörterbuch von Gesenius-

---

[1] Der Beitrag gibt den Text meiner Mainzer Antrittsvorlesung vom 27.05.1982 wieder. Mit ihm wurde Antonius H.J. Gunneweg zum 17.05.1982 gegrüßt. Wenn der Text auch in einem Gedenkband für Werner Kohler veröffentlicht wurde, so deshalb, weil sich für mich mit der Erinnerung an diese Antrittsvorlesung die Erinnerung an mehrere lebhafte Gespräche verbindet, die ich mit Werner Kohler über die hier angedeuteten Probleme hatte. - Die am Ende von Abschnitt 3. und 4. gebotenen Überlegungen konnten im Rahmen einer Antrittsvorlesung nur andeutenden Charakter haben; ich hoffe, sie demnächst ausführlicher darlegen zu können.

Buhl wird zu *maddu^{ac}* angegeben: "warum? weshalb? ... oft als vorwurfsvolle Frage ..."[2], bei *lama* wird notiert: "in ungeduldigen Fragen" und "in Fragen, durch die man vor etwas warnen will"[3], ohne daß hieraus irgendwelche Schlüsse auf eine eventuelle Verschiedenheit der beiden Wörter gezogen würden. Das Wörterbuch von L. Köhler[4] gibt noch nicht einmal die von Gesenius notierten Unterschiede.

A. Jepsen hat den beiden Wörtern eine kleine Studie gewidmet: "Warum? Eine lexikalische und theologische Studie".[5] Er bleibt zwar bei der üblichen Übersetzung "warum", will aber einen Unterschied in den die Warum-Frage begleitenden Gefühlen feststellen, mit *maddu^{ac}* sei "eine verwunderte Frage zur Information"[6], mit *lama* dagegen "fast immer eine vorwurfsvolle Frage eingeleitet"[7]. Damit hat Jepsen sicherlich wichtige Anregungen zur Differenzierung der beiden Wörter gegeben, aber er ist nach meinem Urteil noch nicht zum Kern des Unterschieds zwischen beiden Wörtern durchgestoßen.

Betrachten wir zunächst einmal die Etymologie der beiden Wörter. Sicherlich muß man sich bei Begriffsuntersuchungen vor der früher oft praktizierten Überschätzung der Etymologie hüten und vor allem die Analyse des Sprachgebrauchs auswerten[8] - aber erste Informationen kann die Etymologie doch liefern; man sollte nicht auf sie verzichten.

maddu^{ac} ist entstanden aus *ma + jadu^{ac}* "Was ist gewußt?", *lama* dagegen aus *l^e + ma* "zu was?". Von der Etymologie her legt sich also schon die Vermutung nahe, *maddu^{ac}* frage nach einem vorfindlichen Grund, *lama* dagegen nach einer intendierten Absicht, die als Grund für etwas angesehen wird.

Verweilen wir noch einen Augenblick bei dieser durch die Etymologie der Wörter geweckten Vermutung.

---

2 W. Gesenius - F. Buhl, Hebräisches und aramäisches Handwörterbuch über das Alte Testament, 17. Aufl., 1915, 399.
3 AaO. 402.
4 L. Köhler - W. Baumgartner, Lexicon in Veteris Testamenti Libros, 1958.
5 In: Das ferne und nahe Wort (Festschrift L. Rost), BZAW 105, 1967, 106-113 = A. Jepsen, Der Herr ist Gott. Aufsätze zur Wissenschaft vom Alten Testament, 1978, 230-235. Seitenangaben im folgenden nach "Der Herr ist Gott".
6 AaO. 231.
7 Ebd.
8 Dazu vgl. z.B. J. Barr, Bibelexegese und moderne Semantik, 1965.

Sprache bildet ja bekanntlich nie einfach die außersprachliche Wirklichkeit ab, sondern trägt immer auch ein Deuteelement an sie heran. Dies gilt ganz besonders, wenn mittels der Sprache Verbindungen logischer Art aufgezeigt werden sollen, wie es exemplarisch bei der Frage nach dem Grund von etwas, also der "Warum-Frage", der Fall ist.

In einer einzelnen Sprache wird dabei immer nur ein Teil der möglichen Deutungen außersprachlicher Wirklichkeit realisiert. Das Erlernen einer fremden Sprache, besonders einer Sprache aus einem fremden Kulturkreis, kann uns also anleiten, in unserer Sprache nicht vorhandene oder vernachlässigte Möglichkeiten sprachlicher Deutung von Welt zu erkennen.[9] Dies soll nun anhand der hebräischen Differenzierung von *lama* und *maddu$^{a c}$* demonstriert werden.

2. Belege zur Differenzierung von *lama* und *maddu$^{a c}$*

Ex 2,15ff wird geschildert, daß Mose auf der Flucht aus Ägypten an einen Brunnen kommt und den Töchtern des midianitischen Priesters Reguel, die von anderen Hirten beim Tränken ihres Viehs behindert werden, hilft. Als die Töchter unerwartet früh nach Hause kommen, fragt ihr Vater sie: "Warum (*maddu$^{a c}$*) kommt ihr heute so bald heim?" Er will den Grund, den aufweisbaren Grund für die ungewöhnlich frühzeitige Rückkehr wissen. Und die Töchter antworten entsprechend: "Ein Ägypter hat uns gegen die Hirten geholfen; er hat uns sogar Wasser geschöpft und die Schafe getränkt." Sie geben einen aufweisbaren, demonstrierbaren Grund. Sie sagen, um auf die Etymologie zurückzukommen, "was über ihr frühes Nachhausekommen gewußt ist".

Reguel aber fragt weiter - ich zitiere den folgenden Vers nach der Zürcher Übersetzung: "Da sprach er zu seinen Töchtern: Wo ist er denn! Warum habt ihr den Mann dort gelassen! Ruft ihn her, daß er mit uns esse!" (V. 20) Hier steht nun nicht *maddu$^{a c}$*, sondern *lama*: "*lama* habt ihr den Mann dort gelassen?"

Wir stellen zunächst fest, daß die Erzählung offensichtlich eine Einheit bildet und von einem Verfasser stammt, daß also folglich die Verschiedenheit der Fragepronomina nicht etwa in den Besonderheiten eines ortsgebundenen Dialekts oder in einer zeitbedingten Sprachveränderung ihren

---

9   Zu diesem Problem vgl. E. Koschmieder, Die noetischen Grundlagen der Syntax, SBAW, Philosophisch-historische Klasse, 1951 Heft 4, 1952.

Grund haben kann. Wir stellen weiter fest, daß die Töchter auf diese Frage gar nicht antworten - ja daß Reguel anscheinend gar keine Antwort erwartet: er schließt an die Frage: "*lama* habt ihr den Mann dort gelassen?" ja sofort den Befehl an: "Ruft ihn her, daß er mit uns esse!" Jepsens Differenzierung, daß eine *maddu^{ac}*-Frage "eine verwunderte Frage zur Information", eine *lama*-Frage dagegen "fast immer eine vorwurfsvolle Frage" einleite, scheint sich auf den ersten Blick hier zu bestätigen. Reguels *lama*-Frage hat einen vorwurfsvollen Klang. Und doch reicht diese Differenzierung nicht aus - wie sich noch zeigen wird, können mit ihr nicht alle *lama*-Fragen erfaßt werden. Bei Wortbedeutungsuntersuchungen ist aber anzustreben, ein Kriterium zu finden, das die Gesamtheit der Verwendungsweisen erklären kann und nicht einen Teil der Belege beiseite lassen muß.

Um es vorweg zu sagen: Bei allen guten Beobachtungen, die Jepsen vorgelegt hat, scheint er mir den Fehler zu machen, zu sehr auf die begleitenden Gefühle des Fragenden zu achten und nicht zu untersuchen, ob nicht vielleicht die *lama*-Frage auf einen anderen Tatbestand zielt als die *maddu^{ac}*-Frage, ob also der Unterschied zwischen beiden Fragen nicht viel objektiver darin liegt, daß das jeweils Erfragte verschieden ist.

Mit der Frage "*lama* (warum?) habt ihr den Mann dort gelassen?" will Reguel anders als bei der Frage "*maddu^{ac}* (warum?) kommt ihr heute so bald heim?" ja gar nicht einen objektiven, demonstrierbaren Grund erfragen, sondern das bei der Handlung intendierte Ziel seiner Töchter; sinngemäß könnten wir im Deutschen wiedergeben: "Was habt ihr euch dabei gedacht, daß ihr den Mann, der euch geholfen hat, gegen alle Regeln der Gastfreundschaft dort gelassen habt?"

Genau diese Fragerichtung entspricht nun der etymologischen Erklärung von *lama*: Mit "zu was?", "wozu" wird das Erfragte nicht als vorfindlich demonstrierbar, sondern als intendiertes Ziel markiert. Die bei den etymologischen Bemerkungen geäußerte Vermutung über die verschiedene Leistung der beiden "Warum-Fragen" hat sich also hier bestätigt. Diese Beobachtung soll nun durch weitere Beispiele untermauert werden:

Ex 3,2 wird geschildert, wie Mose zu dem brennenden Dornbusch kommt, der trotz seines Brennens nicht verzehrt wird. V. 3: "Da dachte Mose: ich will doch hinübergehen und diese wunderbare Erscheinung ansehen, *maddu^{ac}* wird der Dornbusch nicht verbrannt?" Der Sinn ist eindeutig: Mose will versuchen, eine Erklärung für diese wunderbare Erscheinung zu finden.

Gen 40: Joseph trifft im Gefängnis den Mundschenk und den Bäcker Pharaos, die beide verdrießlich sind, weil sie geträumt haben und die Deutung des Traumes nicht kennen. Wenn er sie in V. 7 fragt: "*maddu^{ac}* seht ihr heute so verdrießlich aus?", so will er offensichtlich eine Erklärung, einen demonstrierbaren Grund erfragen. Und dieser demonstrierbare Grund liegt, da seine Wirkung gegenwärtig ist, offenbar in der Vergangenheit. Diese Bemerkung mag banal erscheinen - aber wir werden noch auf sie zurückkommen.

Eine ganz analoge Fragestruktur liegt vor,
- wenn 2 Sam 13,4 Jonadab den liebeskranken Amnon fragt: "*maddu^{ac}* bist du Morgen für Morgen so elend?",
- wenn 2 Reg 8,12 Hasael Elisa fragt: "*maddu^{ac}* weint mein Herr?",
- wenn 2 Sam 11,10 David Uria fragt: "*maddu^{ac}* gehst du nicht hinunter in dein Haus?",
- wenn 1 Reg 1,41 Adonia beim Erschallen der Posaune fragt: "*maddu^{ac}* ist die Stadt so in Unruhe?"

Immer geht es darum, daß ein vorfindlicher Grund für ein auffälliges Geschehen erfragt werden soll.

Ein ganz anderes Bild bieten dagegen die *lama*-Fragen: 2 Sam 12,16ff wird geschildert, daß das Kind von David und Bathseba krank wird und David die Fastenriten auf sich nimmt, um - wenn möglich - den Zorn Gottes zu wenden. Als er dann erfährt, daß das Kind gestorben ist, beendet er zum Erstaunen seiner Diener sein Fasten und läßt sich Speise auftragen. Auf die Frage seiner Diener, die eine Fortsetzung des Fastens entsprechend den Trauerbräuchen erwarten, antwortet David: "Als das Kind noch lebte, da habe ich gefastet und geweint, weil ich dachte: Wer weiß, vielleicht ist Jahwe mir gnädig und das Kind bleibt am Leben! Nun es aber tot ist - *lama* soll ich da fasten? Kann ich es etwa noch zurückholen? Ich werde wohl zu ihm gehen, es aber kommt nie wieder zu mir". (2 Sam 12,22-23) - Aus welchem vorfindlichen Grund David fasten sollte, steht ja außer Frage: weil das Kind tot ist. Darum geht es ihm offenbar nicht. Er bringt mit der *lama*-Frage einen ganz anderen Gesichtspunkt in das Geschehen: was soll bei dem Fasten jetzt noch herauskommen, was für einen Sinn soll es haben? "Zu was (wozu) soll ich noch fasten?" Wir können hier offenlassen, ob David hier kritisch als pietätslos oder anerkennend als realistisch dargestellt werden soll[10] - für unsere Erörterung genügt die Feststellung, daß die *lama*-Frage offensichtlich eine andere Blickrichtung hat als die *maddu^{ac}*-Frage: die *lama*-Frage fragt nach dem mit einer Handlung intendierten Ziel! Anmerkungsweise sei gesagt, daß hier einer der Fälle vorliegt, wo der von Jepsen behauptete vorwurfsvolle Klang der Frage nicht zutrifft.

2 Sam 14,32 fragt Absalom, den David aus der Verbannung hat zurückkommen lassen, dann aber mit Nichtachtung gestraft hat: "*lama* bin ich von Gesur zurückgekommen? Es wäre mir besser, ich wäre noch dort!" Er will natürlich nicht den Grund wissen, weshalb er zurückgekommen ist - der ist ja klar: David hat die Verbannung aufgehoben. Aber er kann in dem Geschehen keinen Sinn finden angesichts der darauf folgenden Kaltstellung durch David. Nach eben diesem intendierten Sinn fragt er mit dem Satz "wozu bin ich von Gesur zurückgekommen?"

Ex 2,13 wird Mose Zeuge, wie zwei Hebräer miteinander streiten. Seine Frage "*lama* schlägst du deinen Gefährten?" ist keine Frage nach dem Grund des Streits, sondern hat deutlich den Sinn "Was soll dabei herauskommen, daß du deinen Gefährten schlägst?", "Wozu schlägst du deinen Gefährten?" Er fragt nach einem in der Handlung liegenden Sinn, der vorhanden ist, auch wenn die Streitenden ihn im Augenblick vergessen haben.

Gen 12,10-20 wird geschildert, daß Abraham wegen einer Hungersnot nach Ägypten zieht und aus Angst, die Ägypter könnten wegen der Schönheit Saras ihn töten und Sara in einen Harem stecken, sie als seine Schwester ausgibt. Als der Pharao, der sie daraufhin in seinen Harem genommen hat und von Jahwe dafür gestraft wird, dies merkt, fragt er Abraham: "*lama* hast du mir nicht gesagt, daß sie deine Frau ist? *lama* hast du gesagt: sie ist meine Schwester, so daß ich sie mir zur Frau genommen habe?" (12,18-19) Pharao fragt nicht nach einem vorfindlichen Grund - darauf könnte Abraham mit einem Hinweis auf seine Angst antworten. Er fragt vielmehr nach dem, was sich Abraham bei seiner Lüge gedacht habe, was er vorgehabt habe - und darauf muß Abraham schweigen.

2 Sam 15: David muß vor seinem Sohn Absalom, der die Königsherrschaft an sich gerissen hat, fliehen. Der Gathiter Ithai will sich ihm mit seinen Leuten anschließen. Darauf sagt David zu ihm: "*lama* willst auch

---

[10] Dazu vgl. E. Würthwein, Die Erzählung von der Thronfolge Davids - theologische oder politische Geschichtsschreibung?, ThSt 115, 1974, 26.

du mit uns ziehen? Kehre um und bleibe beim König! Denn du bist ein Fremder und sogar aus deiner Heimat verbannt. Gestern erst bist du gekommen, und heute schon sollte ich dich mit auf die Irrfahrt nehmen, da ich wandre und weiß nicht wohin? Kehre um und nimm deine Brüder mit zurück. Jahwe wird dir Güte und Treue erweisen." (VV. 19-20). Mit der Frage "*lama* willst auch du mit uns ziehen?" will David dem Ithai klarmachen, daß es für ihn keinen Sinn habe, sich David auf seinem ungewissen Weg anzuschließen: "Wozu willst auch du mit uns ziehen?" Die Antwort Ithais zeigt, daß er diesen zukunftsgerichteten Sinn der Frage versteht: "So wahr Jahwe lebt und so wahr mein Herr König lebt: nein! Wo mein Herr König sein wird, es gehe zum Tode oder zum Leben, da wird auch dein Knecht sein!" (V. 21) Hier haben wir wieder einen der Fälle, wo Jepsens Meinung, *lama* leite eine vorwurfsvolle Frage ein, auf keinen Fall zutrifft: Davids Frage an Ithai ist nicht vorwurfsvoll, sondern fürsorglich.

Gen 32 ringt Jakob mit Jahwe in der Gestalt eines Flußdämons und fragt in V. 30 nach seinem Namen. "Er aber sprach: *lama zäh*[11] fragst du nach meinem Namen?" Bei einer *maddu^{ac}*-Frage wäre die Antwort: "Weil ich ihn wissen will!" Die *lama*-Frage dagegen will daran erinnern, daß die Kenntnis des geheimen göttlichen Namens gefährlich ist und zu nichts führt. "Was soll dabei herauskommen, daß du nach meinem Namen fragst?"

Die zukunftsorientierte Fragerichtung nach dem Sinn eines Geschehens wird sehr schön Gen 27,46 deutlich. "Und Rebekka sprach zu Isaak: Mir ist das Leben verleidet wegen der Hethiterinnen, *lama* für mich das Leben?" Man könnte sinngemäß geradezu übersetzen: "Was für einen Sinn hat dann noch mein Leben?"

Ein ähnlicher Fall liegt Gen 25,22 vor. Die Zwillinge Esau und Jakob stoßen sich bereits im Mutterleib und die gequälte Rebekka stöhnt auf: "Wenn es so ist, *lama zäh* ich?" Die Worte "zu was denn ich?" dürften eine idiomatische Wendung sein mit dem Sinn "was soll aus mir werden?" Deutlich ist jedenfalls auch hier wieder die zukunftsorientierte Richtung der *lama*-Frage.

2 Sam 11: Joab hat auf Befehl Davids den Hethiter Uria auf ein Himmelfahrtskommando geschickt, bei dem er erwartungsgemäß gefallen ist.

---

[11] *zäh* nach *lama* dient der Verstärkung und verändert den Charakter der *lama*-Frage nicht; vgl. z.B. Gesenius- Kautzsch, Hebräische Grammatik, 28. Aufl., 1909, § 150 l.

"Da sandte Joab hin und ließ David den ganzen Verlauf des Kampfes melden, und er befahl dem Boten: Wenn du dem König den ganzen Verlauf des Kampfes berichtet hast und wenn dann der König zornig wird und zu dir spricht: 'Warum ($maddu^{a\mathrm{c}}$) seid ihr zum Kampfe so nahe an die Stadt herangerückt? Wußtet ihr nicht, daß sie von der Mauer herabschießen? Wer hat denn Abimelech, den Sohn Jerubaals, erschlagen? Hat nicht ein Weib einen Mühlstein von der Mauer auf ihn herabgeworfen, daß er bei Thebez umkam? $lama$ seid ihr so nahe an die Mauer herangerückt?' - dann sage: 'Auch dein Knecht Uria, der Hethiter, ist tot". (VV. 18-21) - Hier finden sich in einem Text beide Fragen im Hinblick auf denselben Sachverhalt. Zunächst wird David, so erwartet Joab, objektiv nach den Gründen oder Notwendigkeiten für das waghalsige und gefährliche Unternehmen fragen ("$maddu^{a\mathrm{c}}$ seid ihr zum Kampfe so nahe an die Stadt herangerückt?"), dann wird er die gegen ein solches Unternehmen sprechenden Erfahrungen anführen, die ein Scheitern von Anfang an erwarten ließen, und schließlich wird er folgerichtig nach Sinn und Aussichten des Unternehmens fragen: "Was habt ihr euch eigentlich dabei gedacht ($lama$), daß ihr so nahe an die Mauer herangerückt seid?" Derselbe Sachverhalt kann also sowohl mit der $maddu^{a\mathrm{c}}$-Frage als auch mit der $lama$-Frage betrachtet werden. Die Art der Frage ergibt sich also nicht mit Notwendigkeit aus dem Sachverhalt, sondern ist ein Deuteelement, das vom Fragenden an den Sachverhalt herangetragen wird.

1 Sam 1,8: Elkana hat zwei Frauen, Hanna und Peninna, von denen Hanna kinderlos ist, Peninna dagegen Kinder hat. Peninna kränkt Hanna, weil sie keine Kinder hat, Hanna weint und ißt nichts. Ihr Mann Elkana fragt sie: "$lama$ weinst du, $lama$ ißt du nichts, $lama$ ist dein Herz betrübt? Bin ich dir nicht viel mehr wert als zehn Söhne?" - Oben haben wir $maddu^{a\mathrm{c}}$-Fragen kennengelernt, durch die der Fragende den Grund für Seelenzustände (Betrübnis, Weinen, Liebeskrankheit) erfragte. Auf den ersten Blick scheint hier die $lama$-Frage eine analoge Funktion zu haben. Bei näherem Zusehen aber zeigt sich ein entscheidender Unterschied: Elkana kennt natürlich bereits den Grund für Hannas Weinen und für ihre Betrübnis, den braucht er also gar nicht mehr zu erfragen. Er fragt sie dagegen, was bei ihrem Weinen herauskommen soll, welchen Sinn es haben soll - und als Trost weist er darauf hin, daß sie ja ihn habe. Zunächst einmal wollen wir anmerken, daß hier wiederum keine vorwurfsvolle Frage im Sinne Jepsens vorliegt, sondern eine fürsorgliche! Vor allem aber wird auch aus dieser Stelle wie aus der vorangehenden deutlich, daß der Tatbestand, auf

den sich die Frage bezieht, allein noch nicht dafür entscheidend ist, ob man die $maddu^{a^c}$- oder die *lama*-Frage wählt. Einen Weinenden kann man mit einer $maddu^{a^c}$- oder mit einer *lama*-Frage ansprechen. Welche von beiden man wählt, hängt offenbar von dem Aspekt ab, unter dem ein Fragender einen Tatbestand betrachten will.

Wir fassen die bisherigen Ergebnisse in Thesen zusammen:

1. Die beiden Fragewörter $maddu^{a^c}$ und *lama* sind keine Synonyma, sondern haben eine deutlich voneinander unterschiedene Verwendungsweise: $maddu^{a^c}$ fragt nach einer vorfindlichen, objektiven Begründung für ein Geschehen, *lama* fragt nach dem bei einem Geschehen intendierten oder immanenten Sinn. $maddu^{a^c}$ fragt in die Vergangenheit, *lama* fragt in die Zukunft.

2. Die verschiedene Verwendungsweise ist nicht primär in den Gefühlen des Fragenden ($maddu^{a^c}$ = verwunderte Frage zur Information, *lama* = vorwurfsvolle Frage) begründet, wie Jepsen meinte, sondern objektiv in dem Erfragten. Sekundär kommen auch die Gefühle des Fragenden ins Spiel: verwundert neugierig bei der $maddu^{a^c}$-Frage, vorwurfsvoll bei der *lama*-Frage - aber eben keineswegs nur vorwurfsvoll, sondern auch zweifelnd, ratlos und auch positiv fürsorglich.

3. Mit der $maddu^{a^c}$- oder *lama*-Frage zielt man zwar auf einen verschiedenen objektiven Sachverhalt und insofern ist die Wahl des Fragepronomens objektiv begründet. Andererseits kann man dasselbe Ereignis auf den objektiven Sachverhalt einer vergangenen Begründung oder den objektiven Sachverhalt eines intendierten Ziels hin befragen. Insofern begegnet uns in den verschiedenen Fragepronomina $maddu^{a^c}$ und *lama* Sprache in ihrer Funktion als Deutung von Welt.

3. Fragen an Gott

Zunächst etwas Statistik: Im ganzen Alten Testament stehen 72 $maddu^{a^c}$-Fragen ca. 170 *lama*-Fragen gegenüber; das Verhältnis ist 1:2,3. Bei den Fragen an Gott stehen 6 $maddu^{a^c}$-Fragen 46 *lama*-Fragen gegenüber, das Verhältnis ist 1:7,7. In Fragen an Gott wird also *lama* dreimal so häufig verwendet wie im Durchschnitt des alttestamentlichen Sprachgebrauchs. Das ist eine so signifikante Häufung, daß sie eine gesonderte Betrachtung erfordert.

Beginnen wir mit dem wohl bekanntesten Beispiel: Am Kreuz betet Jesus nach Matthäus (27,46) den Anfang des 22. Psalms: *"Eli, eli, lama asabtani?"* Die übliche Übersetzung ist: "Mein Gott, mein Gott, w a r u m hast du mich verlassen?". Nach unseren einleitenden Untersuchungen geht dieses "warum" aber nur noch zögernd von den Lippen. Denn für deutsches Sprachempfinden wirkt die Frage "warum hast du mich verlassen?" als rückwärtsgewandte Frage nach einer Information über einen vorliegenden Sachverhalt. Die Antwort könnte sein: "weil du dich nicht entsprechend meinen Forderungen verhalten hast" oder "weil ich mich in meinem Verhalten dir gegenüber geändert habe". Wir hatten aber gesehen, daß die *lama*-Frage gerade nicht in dieser Weise in der Vergangenheit bohrt und nach einem aufweisbaren Grund fragt. Adäquater wäre die paraphrasierende Wiedergabe: "W o z u hast du mich verlassen?", "Was hast du dir dabei gedacht, daß du mich verlassen hast?". Damit aber ergeht diese Frage von einer anderen Haltung aus als die Frage nach einem aufweisbaren Grund. Der Beter setzt voraus, daß Jahwe bei seinem Handeln, auch wenn der Mensch es als ein Verlassen empfindet und keinen Sinn erkennen kann, doch einen Sinn hat, ein Ziel, auf das hin er handelt und das man erfragen kann. Kurz: Die *lama*-Frage verläßt nicht den Boden des Glaubens.

Einige weitere Beispiele:

Ex 5: Mose ist im Namen Jahwes zu Pharao gegangen, aber er hat keinen Erfolg gehabt, die Bedrückung des Volkes Israel ist nur noch stärker geworden. Mose fragt: "Herr, *lama* hast du diesem Volk so übel getan? *lama zäh* hast du mich geschickt? Seit ich zu Pharao gekommen bin, um in deinem Namen zu reden, hat er das Volk schlimm behandelt und du hast dein Volk gewiß nicht errettet". (VV. 22-23) Mose sieht keinen Sinn in seinem Auftrag, und nach eben diesem Sinn fragt er mit den beiden *lama*-Fragen. Die Antwort Jahwes macht diesen zukunftsgerichteten Sinn der *lama*-Fragen ganz deutlich: "Da sprach Jahwe zu Mose: Du selbst wirst sehen, was ich an Pharao tun werde; durch eine starke Hand (gezwungen) wird er sie entlassen, durch eine starke Hand (gezwungen) wird er sie aus seinem Land vertreiben". (6,1)

Ps 80: Israels Geschick bei Auszug und Landnahme wird in dem Bild eines Weinstocks dargestellt:

> "9 Du hobst einen Weinstock aus Ägypten,
> du vertriebest Völker und pflanztest ihn ein.
> 10 Du machtest Raum vor ihm

und er schlug Wurzeln und füllte das Land.
11 Berge wurden von seinem Schatten bedeckt,
von seinen Ranken Gotteszedern.
12 Er breitete seine Zweige bis an das Meer,
seine Schößlinge bis an den Strom.
13 *lama* hast du seine Mauern eingerissen,
daß alle Vorübergehenden von ihm pflücken?
14 Es frißt von ihm der Eber des Waldes,
das Getier des Feldes weidet ihn ab."

In diesem Volksklagelied können die Beter keinen Zusammenhang mehr sehen zwischen Jahwes früherem Heilshandeln und der gegenwärtigen Notlage. Sie versuchen diese Krise nicht dadurch zu bewältigen, daß sie im Sinne der *maddu^{ac}*-Frage nach Gründen forschen, die bei ihnen oder bei Jahwe vorliegen und die Änderung bewirkt haben könnten, sondern indem sie Jahwe sein früheres Handeln vor Augen halten, das ja das Heil Israels zum Ziel hatte, und dann auf die Diskrepanz zwischen diesem auf Heil zielenden Handeln und der heillosen Gegenwart hinweisen. Kurz: Sie fragen Jahwe nach dem Sinn dessen, was sie erleben. Und sie halten dabei unbeirrt an der Voraussetzung fest, Jahwe müsse bei seinem Tun einen Sinn haben, auch wenn sie ihn nicht verstehen. - Die übliche Übersetzung "Warum hast du seine Mauern eingerissen?" gibt diesen Sinn im Deutschen nicht wieder, weil uns die Warum-Frage zu einem Blick in die Vergangenheit anleitet. Besser wäre "Wozu hast du seine Mauern eingerissen?", am besten vielleicht die Paraphrase "Was hast du dir dabei gedacht, daß du seine Mauern eingerissen hast?".

Diese Orientierung an einem Sinn göttlichen Handelns, dieses Fragen nach dem Ziel göttlichen Handelns ist charakteristisch für die sog. "Warum-Fragen" im Psalter, die alle *lama*-Fragen sind - *maddu^{ac}* kommt im Psalter nicht vor!

Ps 74,1-2

"*lama* hast du uns auf Dauer verstoßen,
entbrennt dein Zorn gegen die Herde deiner Weide?
Denk doch an die Gemeinde, die du vorzeiten erworben,
an den Stamm, den du als dein Erbteil erlöst hast,
an den Berg Zion, den du dir als Wohnung erwählt hast!"

Die Fortsetzung der Frage durch den Imperativ in V. 2 ("Denk doch!") macht deutlich, daß hier nicht nach einem vergangenen Grund des Verstoßens Gottes gefragt wird, sondern danach, wie sich dieses Verstoßen mit der göttlichen Erwählung zusammenbringen läßt.

Ps 79,10 "*lama* sollen die Feinde sagen: Wo ist denn ihr Gott?"

Warum die Feinde so sagen, ist im Sinn der *maddu^{ac}*-Frage klar: Weil der Tempel zerstört ist und Israel unterdrückt wird (VV. 1-4). Das braucht nicht erfragt zu werden. Auch hier geht es also den Betern des Volksklagepsalms um die Frage nach dem Sinn, dem Ziel des göttlichen Handelns. "Wozu sollen die Feinde sagen?"

C. Westermann hat sich mit den "Warum-Fragen" im Psalter beschäftigt.[12] Er schreibt über den Sinn dieser Frage: "Der Klagende hat den Schlag, der ihn traf, erfahren: Gott hat versagt. Diese Erfahrung ist ihm ein gänzlich Unheimliches, Unverständliches. Die Warum-Frage ist wie das Tappen eines, der im Dunkel nicht mehr weiter weiß. Sie hat den Sinn des Sich-Zurechtfindens; dabei ist vorausgesetzt, daß der erfahrene Schlag in der Abwendung Gottes begründet ist."[13] Er hat also richtig erkannt, daß es in der *lama*-Frage um ein Sich-Zurechtfinden der Beter geht. Neben der Feststellung, daß der erfahrene Schlag in der Abwendung Gottes begründet sei, wäre als Voraussetzung der Frage unbedingt noch zu betonen, daß trotz aller Ratlosigkeit die Beter mit der *lama*-Frage daran festhalten, daß Gott einen Sinn und ein Ziel bei seinem Handeln hat, auch wenn die Beter diese im Augenblick nicht erfassen. Nur weil Westermann dies nicht erkennt, kann er die *lama*-Frage als eine "Anklage Gottes"[14] deuten.

Ps 49,6
"*lama* soll ich mich fürchten in bösen Tagen,
wenn mich der Frevel tückischer Feinde umgibt?"

Wieder ist klar, daß hier nicht im Sinne der *maddu^{ac}*-Frage nach einem Grund für die Furcht gefragt wird - der wäre ja durchaus in den bösen Tagen und den tückischen Feinden gegeben. Der Psalmist wendet aber seinen Blick von diesen vorfindlichen Begründungen weg und blickt auf die Zukunft: Er legt dar, daß die Frevler zwar reich sind, daß aber niemand sich durch seinen Reichtum vom Tode loskaufen kann, während er darauf hofft, daß sein Gott ihn aus der Totenwelt herausholen wird (V. 16). Auch hier blickt die *lama*-Frage auf das künftige Ziel des gegenwärtigen Geschehens.

---

[12] C. Westermann, Struktur und Geschichte der Klage im Alten Testament: ZAW 66, 1954, 44-80 = Ders., Forschung am Alten Testament. Gesammelte Studien, TB 24, 1964, 266-305 = Ders., Lob und Klage in den Psalmen, 1977, 125-164.

[13] Lob und Klage, 135.

[14] AaO. 134 u.ö.

Nun kann man aber auch mit der *maddu$^{a\mathrm{c}}$*-Frage in einer Not Gottes Handeln betrachten. Das geschieht zwar sehr viel seltener als das Betrachten mit der *lama*-Frage, aber es geschieht auch.[15]

Jer 14,19-20
"19 Hast du denn Juda ganz verworfen,
wurde dir Zion zum Abscheu?
maddu$^{a\mathrm{c}}$ hast du uns so geschlagen,
daß es keine Heilung mehr gibt?
Wir hofften auf Heil, doch kommt nichts Gutes,
auf die Zeit der Heilung, doch, ach, nur Schrecken!
20 Wir erkennen, Jahwe, unseren Frevel,
die Schuld unserer Väter: ja, wir haben gegen dich gesündigt!"

Auch dies ist natürlich eine Möglichkeit, die Not der Gegenwart von Gott her zu verstehen, daß man sie als Reaktion Gottes, als strafendes Handeln Gottes in Antwort auf menschliche Verfehlungen versteht. Hier liegt nun eine "Warum-Frage" in dem Sinne vor, daß die Beter nach einem vergangenen Grund für Gottes Handeln fragen. Und es ist höchst bezeichnend, daß hier, anders als bei den *lama*-Fragen, mit einem Sündenbekenntnis geantwortet wird:

"20 Wir erkennen, Jahwe, unseren Frevel,
die Schuld unserer Väter: ja, wir haben gegen dich gesündigt!"

Noch einmal sei betont: Man kann beide Fragen, die *lama*-Frage und die *maddu$^{a\mathrm{c}}$*-Frage, auf Gottes Handeln richten - aber man muß sie deutlich unterscheiden. Und man muß sehen, daß sie völlig verschiedene theologische Konsequenzen haben! Das wurde für Israel im Exil entscheidend wichtig.

Vergegenwärtigen wir uns kurz die Lage im Exil. Das Land, in dem Israel ein sichtbares Pfand der Zuwendung Gottes gesehen hatte, war verloren; der Tempel, in dem Gott gewohnt hatte, war zerstört; der König, der als Repräsentant Gottes auf Erden galt, war in Gefangenschaft. Die Babylonier spotteten: Unser Gott Marduk ist stärker und mächtiger als euer Gott Jahwe. Viele Israeliten fanden die Erklärung für die über sie hereingebrochene Katastrophe darin, daß Jahwe entweder ihnen nicht mehr helfen wolle, daß er also seinen Bund gelöst habe, oder nicht mehr helfen könne, daß also Marduk stärker sei als er. Diese Diskussion greift Deuterojesaja in Kap. 50 auf:

---

[15] Vgl. Jer 12,1; 13,22; 14,19; 22,28; Hi 21,7; 24,1. Unklar ist allerdings das Nebeneinander von *lama* und *maddu$^{a\mathrm{c}}$* Hi 3,11-12.

"1 Wo ist der Scheidebrief eurer Mutter,
daß ich sie weggeschickt hätte?
Oder wen gäbe es von meinen Schuldnern,
dem ich euch verkauft hätte?
Fürwahr: um eurer Sünden willen seid ihr verkauft
und um eurer Missetaten willen ist eure Mutter entlassen".

Hier wird in einem Diskussionswort festgestellt: Der Grund für die Katastrophe liegt nicht in Jahwes Unwillen (darin, daß er der Mutter Israel einen Scheidebrief gegeben hätte) noch in seiner Machtlosigkeit (darin, daß er sein Volk einem mächtigeren Schuldner habe überantworten müssen), sondern allein in den Verfehlungen Israels. Eindeutig wird hier in V. 1 die Diskussion auf der Ebene der rückwärtsgewandten $maddu^{a\varsigma}$-Frage geführt, auch wenn diese Frage hier nicht genannt wird: es geht um die vergangene Begründung für Gottes Handeln. Aber bei dieser rückwärtsgewandten Fragestellung bleibt Deuterojesaja nicht stehen:

"2 $maddu^{a\varsigma}$ komme ich, ohne daß einer da ist,
rufe ich, ohne daß einer antwortet?
Ist denn meine Hand zu schwach, um zu befreien,
oder habe ich keine Kraft, zu retten?
Siehe: durch mein Schelten kann ich das Meer austrocknen,
kann Flüsse zur Wüste machen,
so daß ihre Fische stinken aus Mangel an Wasser
und sterben vor Durst".

Durch seinen Propheten fragt Jahwe, weshalb jetzt auf die Verkündigung, auf das Kommen und Rufen Jahwes keine Reaktion des Volkes erfolgt.[16] Weil der Grund für die Katastrophe nicht in Jahwe, sondern in Israels Schuld liegt, kann Jahwe immer noch helfen. Damit wird der Blick von der Vergangenheit weg und auf die künftigen Möglichkeiten Jahwes, die unverändert fortbestehen, hingelenkt. In der Terminologie unserer Überlegungen: Deuterojesaja wandelt die $maddu^{a\varsigma}$-Frage um in eine $lama$-Frage. Weil Jahwes Hand immer noch stark ist und Kraft zum Erretten hat, deshalb sollte man auf ihn hören! Hier also kommt das künftige Ziel weiteren Handelns Jahwes ins Spiel, wird gezielt von Deuterojesaja eingeführt. Als Illustration für diese veränderte Blickrichtung kann Jes 40,27-31 dienen:

---

16 Dieses von P. Volz, Jesaja II, KAT IX, 1932, 108, und Ch. North, The Second Isaiah, 1964, 199, vertretene gegenwärtige Verständnis von V.2aα ist m.E. zweifellos gegenüber dem üblichen vergangenen vorzuziehen.

"27 *lama* sagst du, Jakob,
und sprichst du, Israel:
Mein Weg ist vor Jahwe verborgen
mein Recht geht an meinem Gott vorüber?
28 Weißt du es nicht, hast du es nicht gehört:
Ein ewiger Gott ist Jahwe,
Schöpfer der Enden der Erde,
er wird nicht müde noch matt,
unerforschlich ist seine Einsicht!
29 Er gibt dem Müden Kraft,
dem Kraftlosen Stärke in Fülle.
30 Jünglinge mögen müde und matt werden,
junge Männer stolpern und stürzen.
31 Aber die auf Jahwe harren, kriegen neue Kraft,
bekommen Flügel wie Adler,
laufen und werden nicht müde,
gehen und werden nicht matt".

Mit der Feststellung "Mein Weg ist vor Jahwe verborgen und mein Recht geht an meinem Gott vorüber" hat man unter den Exilierten offensichtlich versucht, die gegenwärtige Not im Sinne der $maddu^{a^c}$-Frage auf eine Abwendung Gottes zurückzuführen; hierin trifft sich dieser Text mit dem eben besprochenen aus Jes 50,1. Deuterojesaja aber wendet sich hier wie Jes 50,1 gegen diese rückwärtsgewandte $maddu^{a^c}$- Frage:

"*lama* sagst du, Jakob,
und sprichst du, Israel:
Mein Weg ist vor Jahwe verborgen
und mein Recht geht an meinem Gott vorüber?"

Er verändert damit die Fragerichtung hin zur *lama*-Frage. Und die führt dann auf die Möglichkeiten Gottes und auf seinen ungebrochenen Heilswillen: er kann noch immer Kraft geben und als Schöpfer wirken! Wir können geradezu paraphrasieren:

"Was soll dabei herauskommen, Israel,
daß du immer in der Vergangenheit bohrst
und darüber klagst, daß dein Weg vor Jahwe verborgen sei!
Erinnere dich lieber daran,
daß Jahwe immer noch helfen kann!"

Wenn wir jetzt mehr Zeit hätten, könnte ich Ihnen vorführen, daß sich in dieser Art von Geschichtsbetrachtung, von Bewältigung der Geschichte die Eigenart Deuterojesajas und vermutlich auch die Eigenart Israels zeigt. Ich hoffe aber, daß schon dies deutlich geworden ist: Es macht einen ganz entscheidenden Unterschied, ob man Geschichte und vor allem notvolle

Geschichte in der Blickrichtung der *maddu^{ac}*-Frage oder in der Blickrichtung der *lama*-Frage betrachtet. Israel hat die Katastrophe des Exils nur dadurch bewältigen können, daß Deuterojesaja es angeleitet hat, unter der Voraussetzung eines göttlichen Ziels der Geschichte nach diesem Ziel zu fragen und so den Blick von der bedrängenden Gegenwart weg und hin auf die Möglichkeiten Gottes zu lenken.

4. Konsequenzen für das Geschichtsverständnis

Bei der Beantwortung der Frage, worin sich das Alte Testament von seiner altorientalischen Umwelt unterscheide, haben Gerhard von Rad, Martin Noth und etliche andere aus der Generation unserer theologischen Lehrer auf die Geschichte als den Bereich göttlichen Handelns hingewiesen. Berühmt und einprägsam ist der Satz Gerhard von Rads: "Das Alte Testament ist ein Geschichtsbuch"[17].

In den letzten Jahren hat sich gegen diese Bestimmung der Eigenart Israels zunehmend Widerspruch gemeldet. Bertil Albrektson legt in seinem Buch "History and the Gods", Lund 1967, dar, daß auch in der altorientalischen Umwelt Israels die Vorstellung bekannt und verbreitet ist, daß Götter in der Geschichte handeln. Ich zitiere, um die Wirkung dieses Buches zu zeigen, aus einer Besprechung des katholischen Alttestamentlers Norbert Lohfink, der auch eine gute Inhaltsangabe bietet:[18] "... Es (sc. das Buch) entlarvt mancherlei marktgängiges Gerede. Es deckt die Fragwürdigkeit einer Behauptung auf, die wir fast alle häufig im Munde führen: Darin habe Israel sich von seiner Umwelt unterschieden, dass diese das Göttliche in der Natur, Israel aber es in der Geschichte erfahren habe. ... Zunächst weist Albrektson nach, dass sich der Machtbereich der mesopotamischen Naturgottheiten ebenso und ohne irgendeine Grenzlinie, die dabei zu überschreiten wäre, auf Wirkungen in der Natur wie in der Geschichte bezieht. Fluchtexte aus den verschiedensten Perioden machen das deutlich ... Der zweite Schritt konkretisiert das Ergebnis: die Götter beherrschen in Mesopotamien und bei den Hethitern den geschichtlichen Raum, indem sie in der Geschichte handeln. Texte verschiedenster Gattungen aus verschiedenen Zeiten und Bereichen zeigen, wie man hinter Krie-

---

[17] G. v. Rad, Typologische Auslegung des Alten Testaments: EvTh 12, 1952/3, 17-33; 23. Dieser Satz mag für viele andere stehen.
[18] Biblica 49, 1968, 295-297.

gen, Zerstörungen, blühendem Gedeihen das Wirken der Götter sah, die zufrieden waren oder zürnten oder den Schuldigen straften. ... So wird man dem Verfasser für seine gut dokumentierte und überzeugend geschriebene Kampfschrift dankbar sein und sich vornehmen, in Zukunft nicht mehr pauschal die religiöse Erfahrung in der Geschichte für Israel allein zu beschlagnahmen."

Ein weiteres Zitat von R. Smend:[19] "Ferner stellte sich heraus, daß die Elemente des Geschichtsdenkens in Israel sich nicht nur von denen, die in Griechenland, sondern auch von denen, die in der altorientalischen Umwelt heimisch waren, nicht prinzipiell unterschieden, ja daß auch die göttliche Wirksamkeit in der Geschichte hier wie dort in großenteils durchaus vergleichbaren Kategorien gedacht wurde."

Die begrenzte Zeit gestattet nicht, weitere ähnliche Stimmen anzuführen;[20] sie gestattet auch nicht, in extenso die von Albrektson behandelten altorientalischen Parallelen zu analysieren. Drei Texte sollen nur kurz betrachtet werden.

Nebukadnezar, der bekannte König der Neubabylonier, schreibt in einer Bauinschrift:

"Die zahlreichen Völker, welche Marduk, mein Herr, in meine Hand überliefert hat, die brachte ich unter die Herrschaft Babylons."[21]

Tuschratta, ein König von Mitanni, schreibt in einem Brief an Amenophis III:

"Als die Feinde in mein Land kamen, da gab sie Teschub, mein Herr, in meine Hand und ich schlug sie."[22]

Der hethitische König Mursilis II schreibt in seinen "Zehnjahr-Annalen":

"Und ich erhob meine Hand zur Sonnengöttin von Arinna, meiner Herrin, und sprach folgendermaßen: Sonnengöttin von Arinna, meine Herrin, die umherliegenden feindlichen Länder, die mich ein Kind genannt und die mich geringschätzig behandelt und die dauernd versucht haben, deine Länder einzunehmen, o Sonnengöttin von Arinna, meine Herrin - komm herunter, o Sonnengöttin von Arinna, meine Herrin, und schlage diese feindlichen Länder für mich! Und die Sonnengöttin von Arinna hörte mein Gebet und kam mir zu Hilfe, und in zehn Jahren seit der Zeit, als ich mich

---

[19] Überlieferung und Geschichte. Aspekte ihres Verständnisses, in: H. Gese u.a., Zu Tradition und Theologie im Alten Testament, BThSt 2, 1978, 9-26; 10.
[20] Z.B. verschiedene Beiträge von H.H. Schmid.
[21] Albrektson 39.
[22] Ebd.

auf den Thron meines Vaters setzte, eroberte ich die feindlichen Länder und zerstörte sie."[23]

Sicherlich wird hier in Babylon, Mitanni und im Hethiterreich das Wirken von Göttern in dem gesehen, was wir geschichtliche Ereignisse nennen - das zeigen diese und ähnliche Texte ganz deutlich. Aber diese Feststellung genügt m.E. noch nicht, wenn wir diese und ähnliche Texte mit alttestamentlichen Aussagen vergleichen.

Der altorientalische Mensch betrachtet außergewöhnliche Phänomene der Natur wie etwa Sonne, Mond, Regen, Fruchtbarkeit etc. unter der Voraussetzung, daß sie eine Ursache haben müssen und daß diese Ursache in einem außerhalb dieser Größen liegenden wirkenden Willen liegt. So kommt er zur Annahme seiner Naturgottheiten. Auf ganz analoge Weise betrachtet er auch geschichtliche Ereignisse: auch in ihnen zeigt sich der wirkende Wille einer Gottheit, die als Ursache hinter dem Geschehen steht.

Ich erinnere an die Formulierung Lohfinks, daß "man hinter Kriegen, Zerstörungen, blühendem Gedeihen das Wirken der Götter sah, die zufrieden waren oder zürnten oder den Schuldigen straften".

In analoger Weise haben die Griechen nach den Ursachen für geschichtliche Ereignisse und Entwicklungen gefragt. Thukydides etwa hat als Antwort in einer rein immanenten Fragestellung gefunden, daß der Mensch mit seinen Eigenschaften, mit seinem "Mehrhabenwollen", mit seiner Treue, seinem Mut, seiner Feigheit, seiner Angst als bewegende Kraft hinter den geschichtlichen Ereignissen steht. Man hat einmal gesagt, die Griechen hätten die Methode der Naturwissenschaft auf die menschliche Geschichte übertragen und dadurch ihre Art der Geschichtsschreibung hervorgebracht.[24] So wie ein Naturwissenschaftler nach dem immanenten Grund für ein Naturereignis fragt, so hat etwa Thukydides nach dem immanenten Grund für ein Geschichtsereignis gefragt.

---

[23] AaO. 39f.

[24] Vgl. R. Bultmann, Geschichte und Eschatologie, 1958, 15: "Die griechische Geschichtsschreibung wurde zu einem Zweig der Wissenschaft und wurde von den Prinzipien geleitet, die dem typisch griechischen Streben entsprechen, das Gebiet der Geschichte ebenso wie das der Natur zu verstehen." 16f: "Das Geschichtsverständnis des Thukydides ist typisch für das griechische Verständnis von Geschichte überhaupt. Das geschichtliche Geschehen wird in derselben Weise verstanden wie das kosmische Geschehen; es ist eine Bewegung, in der in allem Wechsel immer das gleiche geschieht in neuen Konstellationen."

Mir scheint, daß die Fragerichtung in den zitierten altorientalischen Texten sich nicht unterscheidet von der, die wir bei Thukydides finden: der forschende menschliche Geist will die Ursachen für ein Geschehen kennenlernen, er stellt die Frage, die wir als *maddu^{ac}*-Frage kennengelernt haben. Der Unterschied besteht nur darin, daß in der altorientalischen Umwelt noch die Voraussetzung eines von außen wirkenden Willens einer Gottheit gemacht wurde, während in Griechenland dieser von außen wirkende Wille durch eine immanente Gesetzmäßigkeit ersetzt worden ist. Was aber weder in der altorientalischen Umwelt Israels noch in Griechenland greifbar ist, ist die Frage nach einem in den geschichtlichen Ereignissen liegenden, von Gott gesetzten Sinn der Geschichte, nach einem Ziel der Geschichte.[25] Die *lama*-Frage scheint typisch israelitisch zu sein.

Über ihre Herkunft können wir jetzt nicht spekulieren (M. Noth[26] z.B. meinte, die Eigenart der israelitischen Geschichtsbetrachtung ergebe sich aus der nicht ableitbaren Eigenart des israelitischen Gottesglaubens; V. Maag[27] dagegen will gerade diese Eigenart des israelitischen Gottesglaubens aus der nomadischen Vergangenheit Israels erklären!), auch nicht über ihr Fortwirken in der säkularisierten Form der marxistischen Geschichtsbetrachtung. Erst recht können wir jetzt nicht die großen Werke der alttestamentlichen Geschichtsdarstellungen daraufhin untersuchen, ob und wie in ihnen die Vorstellung von einem Ziel göttlichen Handelns vorliegt.

Mir ging es nur darum herauszuarbeiten, daß man in Israel geschichtliche Ereignisse nicht nur mit der *maddu^{ac}*-Frage, sondern vor allem auch mit der *lama*-Frage zu erklären versucht hat. Diesen Unterschied hat man m.E. in den letzten Jahren, als die orientalischen Texte über ein Handeln von Göttern in der Geschichte immer stärker ins Blickfeld der Forschung

---

25 Die von Albrektson in seinem Kapitel "The Divine Plan in History" (68-97) gemachten Ausführungen bedürfen m.E. einer Kritik, die hier in einer Anmerkung natürlich nicht geboten werden kann. Nur so viel sei gesagt, daß m.E. Deuterojesaja mit Albrektsons Interpretation der S. 91 zitierten Texte kaum einverstanden gewesen wäre. Und über die S. 92 angeführten "tablets of destiny" hätte er sicher sein Urteil von Jes 41,21-24 gesprochen.

26 Vgl. M. Noth, Geschichtsschreibung I im AT: RGG, 3. Aufl., II, 1498-1501: "Letztlich sind die Wurzeln der G.(Geschichtsschreibung) in dem durch seine Gotteserfahrung und seinen Glauben geprägten Geschichtsbewußtsein Israels zu suchen." (1500).

27 V. Maag, Malkut Jhwh: VTS VII, 1960, 129-153 = Ders., Kultur, Kulturkontakt und Religion, 1980, 145ff.

gerieten, nicht genügend beachtet - vermutlich deshalb, weil wir in unseren modernen Sprachen diese sprachliche Differenzierung kaum kennen und jedenfalls nicht anwenden. Hier scheint mir noch weitere differenzierende Arbeit nötig zu sein.[28]

---

[28] Daß Israel seine Geschichte natürlich auch unter der *maddu^{ac}*-Frage betrachten konnte und betrachtet hat, zeigt das dtr Geschichtswerk mit aller Deutlichkeit. Martin Noth schrieb seinerzeit über seine Intention: "... und damit hatte für ihn (sc. Dtr) die vom Dt vorausgesetzte Ordnung der Dinge ein abschließendes Ende gefunden, das als göttliches Gericht verstehen zu lehren das eigentliche Anliegen seiner ganzen Geschichtsdarstellung war". (Überlieferungsgeschichtliche Studien, 1943, 2. Aufl., 1957, 109). Wenn das alles wäre, was über die Intention des dtr Werkes gesagt werden kann, hätten wir hier in Israel eine ausschließlich unter der *maddu^{ac}*-Frage stehende Geschichtsschreibung. Es ist aber wohl nicht zufällig, daß z.B. von Rad und Wolff sich damit nicht haben zufrieden geben wollen. Von Rad hat mit seiner Deutung der Darstellung als einer Gerichtsdoxologie (z.B. Theologie des Alten Testaments, Bd. 1, 1957, 340) und dem Hinweis auf das theologische Anliegen, das Funktionieren des Wortes Jahwes in der Geschichte darzustellen (341), über die *maddu^{ac}*-Frage hinausgeführt - schließlich wirkt dieses Wort ja auf eine doppelte Weise: "als Gesetz wirkt es zerstörend, als Evangelium wirkt es rettend" (341), und im Sinne einer Frage nach einem möglichen zukünftigen Ziel weist von Rad auf die Notiz von der Begnadigung Jojachins hin als auf "eine Möglichkeit ..., an die Jahwe wieder anknüpfen kann". (341) Er hatte also offenbar das Empfinden, daß eine Darstellung nur unter der *maddu^{ac}*-Frage diesem Werk und wohl auch dem ganzen Alten Testament nicht gerecht werde. - Hans Walter Wolff ist hier noch weiter gegangen (vgl. Das Kerygma des deuteronomistischen Geschichtswerks: ZAW 73, 1961, 171-186 = ders., Gesammelte Studien zum Alten Testament, ThB 22, 1964, 308-324). Nach seinen - wie ich finde: überzeugenden - Ausführungen will das dtr Geschichtswerk einer "dringlichen Einladung zur Umkehr zu dem Gott der Heilsgeschichte" (ThB 322) dienen, ohne daß dabei eine "im einzelnen zu fixierende Hoffnung" (323) sichtbar würde: "Von seiner Betrachtung der bisherigen Geschichte her ist eine solche Fixierung geradezu ausgeschlossen. Wie in der Richterzeit und in der Königszeit, so ist vielmehr mit ganz neuen Setzungen Jahwes zu rechnen". (323) Damit nimmt Wolff letzten Endes eine unter der *lama*-Frage stehende Geschichtsdeutung an, die die Kontinuität der Geschichte nicht in durchschaubaren und begründbaren Ereignissen, sondern in Gottes Heilswillen sieht. Noch deutlicher wird diese zukunftsorientierte Deutung der Geschichte, wie wir sie aus der *lama*-Frage kennen, vielleicht im dtr Geschichtswerk sichtbar, wenn Klaus Koch recht hat mit seiner These, daß das Prophetenschweigen des dtr Geschichtswerks seinen Grund darin hat, "daß exilische Kreise von der vor Jahwä stets bestehenden Möglichkeit menschlicher Umkehr überzeugt sind und deshalb gegen die unbedingten Unheilsankündigungen der vorexilischen Profeten Vorbehalte hegen". (Klaus Koch, Das Profetenschweigen des deuteronomistischen Geschichtswerks, in: Die Botschaft und die Boten, Festschrift für Hans Walter Wolff, 1981, 115-128; 128). Auch die Funktion, die nach Dietrich das ankündigende Prophetenwort bei DtrP für die Geschichtsdarstellung hat, weist in die Richtung, daß immanente Kausalzusammenhänge durch Sinndeutung ergänzt werden; vgl. W. Dietrich, Prophetie und Geschichte, FRLANT 108, 1972, 107-109. Man könnte fast sagen, daß in der Diskussion seit Noth zunehmend die *lama*-Frage in Dtr entdeckt worden

Und nicht zuletzt ging es mir auch darum, daß wir den Unterschied dieser beiden Fragerichtungen auch für uns persönlich begreifen lernen. Die Psalmisten haben ihre Not nicht dadurch zu bewältigen versucht, daß sie rückwärtsgewandt die $maddu^{a\text{c}}$-Frage stellten, sondern dadurch, daß sie vorwärtsgewandt mit der *lama*-Frage nach einem göttlichen Ziel fragten, und sei es nach einem verborgenen, im Augenblick nicht einsehbaren.

Und ich wollte anzudeuten versuchen, daß Israel wahrscheinlich die große Katastrophe des Exils nur deshalb überwinden konnte, weil es unter Anleitung Deuterojesajas nicht nur rückwärtsgewandt die $maddu^{a\text{c}}$-Frage stellte, sondern unbeirrbar an der Annahme eines göttlichen Ziels festhielt und nach diesem fragte. Eine Gottheit, die man mit der $maddu^{a\text{c}}$-Frage als Grund für militärischen, politischen oder wirtschaftlichen Erfolg annimmt, kann das Verschwinden, den Zusammenbruch dieses Erfolgs nicht überstehen. Das kann nur ein Gott, der mehr ist als ein Erklärungsprinzip für Bestehendes.[29]

Das kann nur ein Gott, der auch in Mißerfolg und Leiden, ja sogar in einem Tode am Kreuz, noch einen Sinn seines Handelns zeigen kann.

Jetzt muß ich wirklich abbrechen. Denn wenn wir diesen Gedanken weiter verfolgen würden, würde sich zeigen, daß die Hoffnung auf Auferstehung nicht zufällig am Ende der alttestamentlichen Glaubensgeschichte auftaucht, sondern das Ziel ist, auf das hin sich der alttestamentliche Glaube entwickelt. Und das erforderte einen ganz neuen Vortrag.

Ich will viel bescheidener Sie mit dem Gedanken entlassen, daß es vielleicht doch wohl nicht so zufällig ist, wie wir bei geschichtlichen Ereignissen anzunehmen gewohnt sind, daß von den Göttern der mächtigen Reiche Babylon, Ägypten und Chatti heute niemand mehr redet, wohl aber von dem Gott dieses kleinen Volkes Israel. Er hat nämlich eine Besonderheit, die ihn von allen anderen altorientalischen Göttern unterscheidet: Er leitet diejenigen, die ihn verehren, dazu an, Geschichte nicht nur mit der $maddu^{a\text{c}}$-Frage sondern auch und vor allem mit der *lama*-Frage

---

ist. Jedenfalls aber ist von dieser Deutung des dtr Geschichtswerks her klar, daß die Ausführungen von Albrektson über "The Divine Plan in History" (aaO. 68-97) revisionsbedürftig sind.

[29] Auch die von Albrektson S. 91 zitierte Inschrift Esarhaddons, in der die unter Sennacherib erfolgte Zerstörung Babylons auf den Willen Marduks zurückgeführt wird, ist hier kein Gegenbeispiel. Denn dieser Text ist ja nicht während der Zerstörung, sondern nach dem Wiederaufbau Babylons geschrieben.

zu betrachten. Und dadurch wird dieser Gott in seinem Wirken nicht nur als Grund für Vergangenes und Bestehendes wichtig, sondern gewinnt er die Zukunft.

Geschichte und Zukunft im Alten Testament[1]

1. Prophetie und Zukunftserwartung

»Zukunftserwartung und Gegenwartsbewältigung« heißt das Thema dieser Ringvorlesung.

Bei dem Stichwort »Zukunftserwartung« werden die meisten sicherlich an das Phänomen der alttestamentlichen Prophetie denken, denn insbesondere mit dem Begriff »Prophet« verknüpfen wir ja auch heute noch die Vorstellung vom Kennen der Zukunft »Ich bin doch kein Prophet« können wir in unserem Sprachgebrauch z.B. auf eine Frage antworten, die Kenntnis künftiger Ereignisse zur Beantwortung voraussetzt.

Was ist also mit den alttestamentlichen Propheten und der Zukunftserwartung im Alten Testament?

Nun, hier stecken Probleme, die in der gegenwärtigen alttestamentlichen Forschung noch keineswegs als gelöst gelten können und deren Beantwortung Konsequenzen für die Frage nach der Zukunftserwartung im Alten Testament hat. Ich will versuchen, sie grob zu skizzieren.

Als typisch für prophetisches Reden muß man die Botenformel ansehen: »So spricht Jahwe (bei Luther: der Herr).« Diese Formel stammt aus dem profanen Leben; mit ihr leitete in einer Zeit, die weder Telefon noch Briefpost kannte, ein Bote seine ihm aufgetragene Botschaft ein und erhob damit den Anspruch, die folgenden Worte stammten nicht von ihm selber, sondern von seinem Auftraggeber. Die Propheten also erhoben mit dieser Formel »So spricht Jahwe« (gemeint natürlich: jetzt durch mich zu euch) den Anspruch, daß sie ihre Botschaft nicht von sich selber, sondern von Gott hätten.

So weit, so klar. Und nun das Problem: Wie kamen sie zu ihrer Botschaft?

---

[1] Für den Druck wurde der Vortragscharakter beibehalten; lediglich einige Anmerkungen wurden hinzugefügt.

Bei genauerem Zusehen zeigt sich, daß in alten prophetischen Texten diese zweigeteilt sind: Zunächst kommt ein Element, das Gunkel, der Vater der Gattungsforschung, »Scheltrede« und das Westermann etwas nüchterner, aber vielleicht zutreffender »Begründung« nannte.[2] Dann folgte die Botenformel »So spricht Jahwe«, häufig noch durch ein »Darum« eingeleitet. Und darauf folgt dann ein Element, das Gunkel »Drohwort« nannte und Westermann »Ankündigung« - und in eben diesem Element geht es um etwas Zukünftiges.

Ein Beispiel:
Micha 2,1-5

1   Weh denen, die Unheil ersinnen ... auf ihren Lagern,
    im Lichte des Morgens führen sie es aus,
    denn es steht in ihrer Macht.
2   Sie gieren nach Äckern und rauben sie,
    nach Häusern und nehmen sie weg.
    Sie bedrücken einen Herrn und sein Haus,
    einen Mann und seinen Besitz.
3   Darum: So spricht Jahwe:
    Siehe, ich plane Böses über dieses Geschlecht,
    aus dem ihr euren Hals nicht mehr herausziehen könnt,
    bei dem ihr nicht mehr aufrecht gehen könnt,
    denn es ist eine schlimme Zeit.[3]
4   An jenem Tage wird man über euch einen Spruch anheben
    und eine Klage anstimmen,
    so betroffen wird man sagen:
    Wir sind gänzlich vernichtet!
    Der Anteil meines Volkes wird vermessen,
    und keiner ist da, der es ihm zurückerstattet.
    Unsere Felder werden verteilt.
5   Darum wird 'euch' keiner die Meßschnur ziehen
    über ein Landlos in der Gemeinde Jahwes.

Die Zweiteilung ist deutlich. Und ganz deutlich ist auch, daß nur das Drohwort, die (Zukunfts)ankündigung mit dem Anspruch auftritt, Wort Jahwes zu sein, während das Scheltwort die Begründung ohne die Botenformel Prophetenwort sein soll. Und damit kommen wir zu dem entschei-

---

2   Vgl. Hermann Gunkel, Propheten: II B. Propheten Israels seit Amos, in: RGG[2] Bd. 4, 1538-1554; Claus Westermann, Grundformen prophetischer Rede, München 1960.
3   Vermutlich endete der Spruch ursprünglich mit v.3 und vv.4-5 bieten eine nachträgliche Ergänzung.

denden Problem: Wie verhalten sich die Zukunftsankündigung (das Drohwort) und die Begründung (das Scheltwort) zueinander?

H.W. Wolff, der diese Aufgliederung in einer ausführlichen Untersuchung diskutiert hat[4], vertrat die Meinung, als erstes habe ein Prophet ein Gotteswort über die Zukunft gehabt, dem er dann - gewissermaßen als Seelsorger und um die angekündigte Drohung (meistens handelt es sich ja um Unheilsankündigungen) verständlich zu machen - die Begründung nachträglich vorangestellt habe. Dann ginge der Weg von der auf dem Wege der geheimen Erfahrung empfangenen göttlichen Zukunftseröffnung zu der aus seelsorgerlichen o. ä. Motiven angefügten menschlichen Begründung.[5]

Um es mit Gunkel zu sagen: Aus den Propheten sind auf diesem Wege dann zunehmend Dichter und Denker und Theologen geworden, die eigenes Nachdenken dem göttlichen Worte hinzugefügt hätten.

Man kann aber natürlich das Verhältnis der beiden Elemente ganz anders sehen. Durch Beobachten des Handelns ihrer Zeitgenossen, durch eine Sensibilität für die Folgen ihres Tuns in Verbindung mit tiefer Kenntnis des Wesens ihres Gottes und seiner Ankündigungen, nicht zuletzt auch durch Beobachtung der Weltgeschichte kommen die Propheten von ihren Beobachtungen zu Folgerungen für die Zukunft. Der Weg geht dann von der menschlichen Analyse des Zeitgeschehens (um es einmal modern auszudrücken) zur Ankündigung eines zukünftigen göttlichen Handelns.

Diese Sicht wird z. Zt. besonders von dem Bochumer Alttestamentler Siegfried Herrmann vorgetragen.[6]

Diese beiden Positionen stehen sich z. Zt. ziemlich unversöhnt gegenüber - eine Entscheidung ist schwer zu fällen. Bei manchen Texten könnte man den Eindruck gewinnen, daß die göttliche Zukunftseröffnung primär war und die menschliche Begründung sekundär. Bei anderen bin ich mir

---

4   Hans Walter Wolff, Die Begründungen der prophetischen Heils- und Unheilssprüche: ZAW 52 (1934), 1-22 = Ders., Gesammelte Studien zum Alten Testament (TB 22), 1964, 9-35.
5   Vgl. heute dazu besonders Werner H. Schmidt, Zukunftsgewißheit und Gegenwartskritik (BSt 64), Neukirchen 1973. Für den zitierten Text aus Micha 2 gewinnt die Position von Schmidt an Wahrscheinlichkeit, wenn der Text ursprünglich mit v.3 geendet hat.
6   Vgl. Siegfried Herrmann, Prophetie und Wirklichkeit in der Epoche des babylonischen Exils (AzTh I/32) Stuttgart 1967; Ders., Ursprung und Funktion der Prophetie im Alten Israel (Rheinisch-Westfälische Akademie der Wissenschaften. Geisteswissenschaften, Vorträge. G 208), 1976.

da nicht so sicher. So wird in dem eben zitierten Text aus Micha in dem Scheltwort gegeißelt, daß in Juda Landspekulanten Leute um ihren Besitz bringen - und in der Ankündigung wird dann als Wort Jahwes gesagt, daß aufgrund dieses Handelns Böses über die Angeredeten kommen wird - und zwar zunächst sehr unbestimmt und undifferenziert -, und dann wird als künftige Klage zitiert, man werde darüber klagen, daß die übliche Vermessung des Landes ganz aufhören werde -, man wird dort bestraft werden, wo man gesündigt hat. Das könnte auch so entstanden sein, daß der Prophet seinen Spruch in der Überzeugung verfaßt hat, daß nach dem Willen seines Gottes unrecht Gut nicht gedeiht und daß die Unrechttuenden da bestraft werden, wo sie gefehlt haben.

Ich will das an einem weiteren Text klarmachen: In Am 3,9-11 beginnt der Text mit einem eigenartigen »Scheltwort«. Amos zitiert eine fiktive Heroldsinstruktion des Inhalts, daß man nach Ägypten und Assyrien gehen solle und die dort Lebenden auffordern solle, sich das große Unrecht in Samaria anzusehen:

9 Laßt es hören über den Palästen Assyriens
   und über den Palästen im Lande Ägypten und sprecht:
   Sammelt euch auf dem Berge Samariens
   und schaut das große Getümmel daselbst
   und die Bedrückung in seiner Mitte!
10 Sie verstehen nicht, das Rechte zu tun,
   Ausspruch Jahwes,
   sie häufen Gewalttat auf
   und Unrecht in ihren Palästen.

So offenkundig ist also das in Israel geschehene Unrecht, daß sogar Ägypter und Babylonier es sofort erkennen können!

Die Folgerung:

11 Darum so spricht der Herr Jahwe:
   Der Feind wird rings dein Land durchziehen
   und niedergerissen wird dir deine Schutzwehr
   und geplündert werden deine Paläste.

Wieder eine Unheilsankündigung, die eigenartig unbestimmt ist und letzten Endes nur besagt, daß die Paläste, in denen so offenkundiges Unrecht geschieht, keinen dauernden Bestand haben werden.

Auch hier scheint mir manches für die Möglichkeit zu sprechen, daß die Erkenntnis des offenkundigen Unrechts das Primäre und die Erwartung und Ankündigung eines künftigen Unheils das Sekundäre ist.

Wie dem aber auch sei - in prophetischen Unheilsankündigungen finden sich Aussagen, die, so weit wir das heute sagen können, im Bereich der altorientalischen Umwelt singulär sind. Die gern und oft angeführten sogenannten Propheten in Mari machen da keine Ausnahme.

Bei den alttestamentlichen Propheten wird nämlich häufig angekündigt, daß grundlegende und entscheidende Elemente des Lebens, in denen man das Wirken seines Gottes sah, in der Zukunft verschwinden würden - am extremsten hat als erster Amos gesagt: »Gekommen ist das Ende für mein Volk Israel« (8,2). Ein solcher Satz, in dem ja die eigene Existenz, die eigene Erwählung durch Gott als beendet erklärt wird, ist singulär. Und um ihn verstehen zu können, müssen wir begreifen, was für einen Israeliten Geschichte war - das gilt unabhängig davon, ob solche Drohworte, solche Ankündigungen nun auf geheimnisvolle Weise den Propheten von Gott eingegeben waren - oder ob sie sie aus Einsicht in das Wesen ihres Gottes und die Art seines Handelns aus ihrer Gegenwartsanalyse ableiteten.

Wie also verhält es sich mit Geschichte und Zukunftserwartung im Alten Testament?

Herr Kollege Gundlach hat vor vierzehn Tagen eindrücklich einige ägyptische Texte interpretiert. Ich möchte vor allem noch einmal den Text aus dem thebanischen Grab Nr. TT 110 in Erinnerung rufen, in dem der Grabinhaber $\underline{D}hw.tj$ von sich sagt:

> »Ich suchte (untersuchte) die (richtige) Zeit (Zeitpunkt), ich sagte voraus, was kommt, wobei ich verständig war beim Blick auf die Zukunft, erfahren im Gestern, bedenkend das Morgen, geschickt an Verstand gegenüber dem, was geschehen wird, einer der den Tag der Zeremonien ankündigt.«

Hier also, so haben wir gelernt, haben wir das Idealbild eines richtigen Beamten, der $rh\text{-}jh.t$ ist, »sachverständig«, und der es aufgrund seiner Erfahrung und Kenntnisse versteht, aus den Beobachtungen und Lehren der Vergangenheit Aussagen für die Zukunft zu machen. Ich darf die entscheidenden Sätze von Herrn Gundlach wiederholen:

> »Die Erfahrungen der Vergangenheit dienen dazu, rational durchgeführte Extrapolationen in die Zukunft hinein durchzuführen oder, wie es R. Schlichting ausgedrückt hat, die sog. 'Prophetie' ›sagt Vergangenes eigentlich nur mit neuem Vorzeichen voraus‹.«

Ich kann zu diesen ebenso klaren wie klärenden Worten nur hinzufügen: Das, was er da beschrieben hat, gab es auch in Israel. Wir nennen es in der alttestamentlichen Forschung »Weisheit«, wobei unter Weisheit nichts anderes verstanden wird als »sachverständige Tüchtigkeit«. Ein Weiser trachtet danach, den rechten Zeitpunkt für eine Handlung zu erkennen (»Alles hat seine Zeit«); er versucht, mittels der aus der Vergangenheit gewonnenen Erkenntnisse seine Zukunft zu gestalten - wobei dann in der Tat die Zukunft nichts anderes sein kann als eine Extrapolation aus der Vergangenheit.

Das also hat es in Israel auch gegeben - und gerade dieser Bereich der Weisheit hat mit der alttestamentlichen Prophetie, hat mit dem Bereich der alttestamentlichen Zukunftserwartungen nichts zu tun. Zukunftserwartungen sind im AT etwas anderes, sind mehr als Versuche praktischer Zukunftsgestaltung.

Bei dem Versuch, die alttestamentliche Zukunftserwartung zu verstehen, können wir nicht daran vorbei, das zu bedenken, was wir »Geschichte« nennen - denn Geschichtsverständnis und Zukunftserwartung hängen im AT eng zusammen. Jetzt können wir vielleicht verstehen, weshalb ich im Rahmen der Vorlesungsreihe »Zukunftserwartung und Gegenwartsbewältigung« meinen Beitrag über das Alte Israel genannt habe »Geschichte und Zukunft im Alten Testament«.

2. Geschichte und Zukunft im Alten Testament.

Lassen Sie mich wieder auf den Vortrag von Herrn Gundlach hinweisen, aber nicht auf das, was er gesagt hat, sondern auf das, was er *nicht* gesagt hat - das kann ja manchmal ganz aufschlußreich sein. Nichts gesagt hat er über die Bedeutung der Geschichtsvorstellung der Ägypter für ihre Zukunftserwartung. Ich muß das Problem kurz entfalten, damit wir auf diesem Hintergrund die Eigenart des israelitischen Geschichtsverständnisses und seine Bedeutung für die Zukunftserwartung besser verstehen können.

Ich beginne mit einer einfachen, aber doch sehr hilfreichen Überlegung. Wenn jemand so etwas wie ein Geschichtsverständnis oder eine Geschichtskonzeption entwickelt, dann muß er aus der unendlichen Fülle des Geschehenden auswählen - denn alles, was geschieht, kann niemand bedenken oder darstellen. Folglich ist bei jeder Geschichtsdarstellung oder Geschichtskonzeption (ich will da im Augenblick gar nicht differenzieren) *immer* ein Auswahlvorgang mit einem Auswahlkriterium im Spiel - niemand kann daran vorbei, mag er sich auch noch so sehr um Objektivität bemühen, mag er sich auch noch so sehr darum bemühen, danach zu fragen, was wirklich gewesen ist. Wirkliche Objektivität kann deshalb niemand erreichen. Immer wird bei einer Geschichtsdarstellung nach einem als Sieb fungierenden Auswahlkriterium selektiert.

Wenn man eine Geschichtskonzeption verstehen will, muß man nach diesem Auswahlkriterium fragen und es zu fassen versuchen.

Nach diesen Vorbemerkungen wieder kurz zu den alten Ägyptern. Eine Reihe von Ägyptologen hat sich mit dem Problem des ägyptischen Geschichtsverständnisses befaßt: Eberhard Otto, Erik Hornung, Dieter Wildung, Jürgen von Beckerath - und auch Rolf Gundlach.[7] Ich versuche, kurz anzudeuten, was mir bei ihren Untersuchungen wichtig geworden ist.

In dieser Welt und speziell in Ägypten herrscht die Weltordnung, Maat genannt. Diese sowohl kosmische als auch irdische, also alles umfassende Ordnung war von Anfang an, also von der Weltschöpfung an, von der Urzeit an, vollkommen da - und mit ihr das Königtum, mit ihr der ägyptische Staat, mit ihr alles, was es an Schöpfungsgemäßem gibt. »Die Thronbesteigung jedes neuen Königs wurde als Neugründung des Staates angesehen«[8], also als Wiederholung des entscheidenden Gründungsaktes in der Urzeit, die auf Ägyptisch bezeichnenderweise »das erste Mal« heißt. Ich will diese Geschichtsauffassung mit einem Zitat aus Hornung charakterisieren:

»Welchen Sinn ... erkennt die ägyptische Geschichtsüberlieferung in der chaotischen Vielfalt des Weltgeschehens? Daß der Ägypter die Geschichte nicht als fortschreitende Entwicklung auf ein fernes Endziel hin begreift, hat man seit langem gesehen. Nach A. Hermann ist sie für ihn ›die Behebung einer Trübung der Weltordnung, nicht ein einem Ziele zustrebender Ablauf‹, nach W. Wolf ›eine sich ständig wiederholende Wiederherstellung der von Gott aufgerichteten und vom König garantierten Weltordnung‹. Wenn wir dem Ägypter selbst noch einmal das Wort geben, dann ist für Tutanchamon das Ergebnis all seines geschichtlichen Wirkens, daß ›die Welt wie bei ihrer Schöpfung ist‹. Denn für ihn ist die Welt in ihrem Urzustand, so wie sie aus der Hand des Schöpfers hervorgegangen ist, von paradiesischer Vollkommenheit, keiner Verbesse-

---

[7] Eberhard Otto, Geschichtsbild und Geschichtsdeutung in Ägypten: WO 3 (1966), 161-176; Erik Hornung, Geschichte als Fest, Darmstadt 1966; Jürgen von Beckerath, Geschichtsüberlieferung im Alten Ägypten: Saeculum 29 (1978), 11-17; Ders., Geschichtsschreibung, in: LÄ Bd. 2, 566-568; Dieter Wildung, Geschichtsauffassung, in: LÄ Bd. 2, 560-562; Ders., Geschichtsbild, in: LÄ Bd. 2, 562-564; Ders., Geschichtsdarstellung, in: LÄ Bd. 2, 564-566; Rolf Gundlach, Geschichtsdenken und Geschichtsbild im pharaonischen Ägypten: Universitas 40 (1985), 433-455.

[8] Gundlach, a.a.O. 446.

rung bedürftig. Die Zeit aber nutzt alles Seiende ab, die Vollkommenheit wird getrübt, Mächte der Zerstörung und Auflösung bedrohen die einstmals gesetzte Ordnung.«[9]

Jetzt dürfte klar sein, daß Herr Gundlach völlig zu Recht in seiner Vorlesung nichts von der Geschichtsvorstellung im Alten Ägypten gesagt hat - denn bei dem Auswahlkriterium »Am Anfang, beim ersten Mal war alles vollkommen da; danach kann es nur Störungen der Vollkommenheit geben, die beseitigt werden müssen« ist für den Gedanken einer vergangenen und erst recht künftigen Entwicklung kein Platz - alles, was in eine solche Richtung weisen könnte, fällt durch das Sieb dieses Geschichtsverständnisses durch. Allenfalls kann sich ein König darum bemühen, die Weltordnung besser zu verwirklichen als seine Vorgänger - aber Neues kann er nicht tun. Die Zukunft kann bestenfalls eine Wiederholung der idealen Vergangenheit sein.

Das eine dürfte jedenfalls jetzt schon deutlich sein: Bei dieser Art von Geschichtsverständnis *kann* es gar keine Zukunftsankündigung nach Art der Ankündigung der israelitischen Propheten geben. Sie müssen eine andere Geschichtsauffassung gehabt haben.

Doch ehe wir versuchen, diese als das Element bei der israelitischen Zukunftserwartung zu beschreiben, wollen wir unseren Verstehenshorizont noch etwas erweitern, in dem wir noch einmal kurz zu dem Beamten *Dhw.tj* zurückkehren, bei dem uns Herr Gundlach so einleuchtend demonstriert hatte, daß Erkenntnisse und Erfahrungen aus der Vergangenheit in die Zukunft hinein extrapoliert wurden. Man kann dieses Verfahren ja auch als Auswahlkriterium für eine Geschichtsdarstellung nehmen. Man kann nach Gesetzmäßigkeiten in der Fülle des Geschehenden fragen, so wie man nach Gesetzmäßigkeiten in der Naturwissenschaft fragt. Genau das haben, wie etwa Max Pohlenz für Herodot, Otto Luschnat für Thukydides und ganz allgemein Kurt von Fritz gezeigt haben[10], die beiden grossen griechischen Geschichtsschreiber Herodot und Thukydides getan. Herodot stellte in der Geschichte einen ständigen Wechsel fest: Großes wird klein und Kleines wird groß. Als Grund für das Kleinwerden von großen Reichen findet er z.B. die Hybris, die sich bei den Mächtigen bildet und die die Götter bestrafen - ein gerade in diesen Tagen bedrückend aktueller Gedanke. Thukydides geht noch weiter. Er arbeitet, so hat es Luschnat mei-

---

[9] A.a.O. 29.
[10] Max Pohlenz, Herodot. Der erste Geschichtsschreiber des Abendlandes, 1937 = Neudruck Darmstadt 1961; Otto Luschnat, Thukydides der Historiker, 1971; Kurt von Fritz, Die griechische Geschichtsschreibung I, Berlin 1968.

sterlich beschrieben, in der Natur des Menschen liegende Antriebe (Furcht, Hoffnung, Mehrhabenwollen) und intellektuelle, soziale und moralische Qualitäten (Voraussicht, Disziplin, Mut bzw. deren Gegenteil) heraus, die als letzte Ursachen des Geschehenen gelten können. Der Mensch mit seinen Eigenschaften macht die Geschichte. Und wenn er dann in seinem Methodenkapitel I 22 sagt: »Wer das Gewesene klar erkennen will und damit auch das Zukünftige, das wieder einmal, nach der menschlichen Natur (!!!), gleich oder ähnlich sein wird, der mag sie (sc. die Darstellung von Thukydides) für nützlich halten ...«, dann wird daraus sein Deuteprinzip ganz klar:

   a. Geschichte ist Produkt von Menschen mit ihren typischen menschlichen Eigenschaften,
   b. diese typisch menschlichen Eigenschaften ändern sich nicht, die menschliche Natur bleibt sich gleich,
   c. deshalb kann Kenntnis der vergangenen Folgen dieser menschlichen Eigenschaften (also Geschichte) auch in der Zukunft besser erkannt werden, vielleicht sogar vorher erkannt werden, wenn man die Erkenntnisse in die Zukunft extrapoliert.

Wirklich Neues kann es nach dieser Art von Geschichtsdeutung ebensowenig geben wie in Ägypten:
- dort deshalb nicht, weil die richtige Weltordnung und damit alles wichtige Geschehen schon von der Schöpfung an festgelegt waren,
- hier in Griechenland deshalb nicht (jedenfalls bei Thukydides), weil der Mensch als Autor der Geschichte sich selber gleich bleibt.

Und nun endlich nach Israel. Daß man in Israel Geschichte anders verstand als in Ägypten oder Babylon, leuchtet jedem ein, der auch nur ein wenig von den alttestamentlichen Berichten kennt.

Da erzählte man in Israel doch tatsächlich, daß man keineswegs von Urzeit an in dem Land Kanaan gelebt hat, sondern daß vorher andere Leute hier gewohnt hatten und man dieses Land erst erobern mußte - für einen Ägypter ist ebenso wie für einen Babylonier klar, daß Ägypten bzw. Babylon von Anfang an gemäß der Weltordnung den Ägyptern bzw. den Babyloniern zugeteilt worden ist.

Da erzählte man in Israel doch tatsächlich, daß das Königtum keineswegs von Anfang an *die* Herrschaftsform in Israel gewesen sei, sondern daß vorher Richter geherrscht hätten und daß das Königtum erst spät, nach einem Bericht sogar deshalb, weil das Volk Israel zu Unrecht so sein wollte wie andere Völker, zur herrschenden Regierungsform geworden ist. Keine Rede davon, daß diese Herrschaftsform gemäß der göttlichen Weltordnung von Anfang an dagewesen sei, daß es vom Himmel herabgestiegen sei, wie es in einem babylonischen Text heißt.

Doch wir wollen uns nicht damit aufhalten, weitere Unterschiede aufzuzählen - die beiden genannten mögen schon deutlich machen, daß in Israel Geschichte anders verstanden wurde als in Ägypten (und in Babylon). Wie nun läßt sich die israelitische Geschichtsauffassung positiv beschreiben? Wie kann man dieses Andersartige Israels zusammenhängend einsichtig machen?

Vielleicht am einfachsten durch den Hinweis darauf, daß es im Hebräischen zwei Wörter gibt, die wir beide im Deutschen mit »warum« übersetzen, die aber doch bei näheren Zusehen völlig verschiedene Fragerichtungen haben.[11] *Maddua‘* ist entstanden aus *ma jadua‘* und heißt wörtlich »Was ist gewußt?«. Mit diesem Fragewort will man den aufweisbaren und vorfindlichen, d. h. in aller Regel in der Vergangenheit liegenden Grund für ein Geschehen erfragen. Das ist die Frage, die Herodot und Thukydides beantwortet haben wollten: Kann man verstehen, aus welchem Grunde die Ergebnisse so passieren, wie sie passieren?

Man kann im Hebräischen aber auch ganz anders fragen: *lama*. Dieses Wort heißt wörtlich »Zu was?«, es entspricht etwa unserem »Wozu?«, wird aber im Hebräischen viel konsequenter und bewußter angewendet als unser Wozu.

Wenn man an ein Geschehen mit der Frage *lama* herantritt, will man nicht den (in der Vergangenheit liegenden) aufweisbaren und vorfindlichen Grund für etwas wissen, sondern sein Ziel, seinen Sinn.

Ich will den Unterschied zwischen beiden Fragearten an den Worten Jesu am Kreuz verdeutlichen: »Mein Gott, mein Gott, *lama* hast du mich verlassen?« - Wenn man diese Frage im Sinne unserer Warum-Frage als Frage nach einem vorfindlichen Grund versteht, wie es meistens geschieht, bedeutet sie: »Ich will den - sei es in mir, sei es in dir liegenden - Grund wissen, weshalb du mich verlassen hast.« Wenn man sie aber, wie allein richtig ist, als »Wozu-Frage« versteht, bedeutet sie: »Ich bin zwar

---

[11] Vgl. Diethelm Michel, »Warum« und »Wozu«? Eine bisher übersehene Eigentümlichkeit des Hebräischen und ihre Konsequenz für das alttestamentliche Geschichtsverständnis, in: Jochanan Hesse (Hg.), »Mitten im Tod - vom Leben umfangen«. Gedenkschrift für Werner Kohler (Studien zur interkulturellen Geschichte des Christentums 48), 1988, 191-210; im vorliegenden Band 13-34.

in Not und ahne nicht, was diese Not soll - aber ich habe das Zutrauen zu dir, Gott, daß du dir etwas bei dem allem, was ich nicht verstehe, gedacht hast, daß du ein Ziel in deinen Handlungen hast, auf das hin ich dich befragen kann und soll. Mein Gott, mein Gott, wozu hast du mich verlassen? Was hast du dir dabei gedacht?«

Und genau so, wie man einzelne Handlungen mit der Wozu-Frage daraufhin befragen kann, ob in ihnen ein intendiertes Ziel erkennbar sei, kann man Ketten von Handlungen, kann man Geschichtsabläufe befragen und verstehen.

Damit haben wir nun das Deutekriterium, das typisch ist für israelitisches Geschichtsverständnis, und das, so weit wir sehen können, von den Israeliten in die Geistesgeschichte der Menschheit eingebracht worden ist. Sie glauben, daß ihr Gott Jahwe sie erwählt habe und in den wechselnden Ereignissen auf ein von ihm bestimmtes Ziel hinführe, in eine Zukunft, die er ihnen verheißen hatte.

Den Vätern Abraham, Isaak und Jakob war das Land verheißen worden, in dem ihre Nachkommen später wohnen sollten - sie waren in Vorläufigkeit unterwegs zu diesem Ziel, das erst Generationen später erreicht werden sollte.

Israel wurde aus Ägypten herausgeführt mit dem Ziel, das Land Kanaan zu erobern; dieser Zweitakt »Exodus - Landnahme (besser: Landgabe)« ist typisch für alttestamentliche Berichte, wie Martin Noth gesehen hat[12], - eine isolierte Exodustheologie, wie sie in den letzten Jahren gelegentlich aufgetaucht ist, ist unalttestamentlich.

Gerhard von Rad hat einmal eindrücklich dargelegt[13], daß jedes erreichte Ziel bei dieser Art von Geschichtsdeutung dann wieder ein neues Ziel aus sich entließ: Als man im verheißenen Lande seßhaft geworden war, sah man im Königtum ein neues Ziel des Handelns Gottes. Als das Königtum scheiterte bzw. von den Neubabyloniern aufgehoben wurde, sah man das künftige Ziel des Handelns Jahwes in einem Idealkönig, einem Messias. Oder man erwartete eine künftige Völkerwallfahrt zum Berge Zion, von wo aus Heil für alle Völker ausgehen sollte.

---

12 Vgl. Martin Noth, Überlieferungsgeschichte des Pentateuch, Stuttgart 1948, 54f.
13 Vgl. Gerhard von Rad, Theologie des Alten Testaments Bd. 2, München ^{5}1960, 121-129 (»Die Eschatologisierung des Geschichtsdenkens durch die Propheten«).

Ich will hier keine weiteren Einzelheiten aufzählen - diese großen Markierungspunkte mögen genügen, um diese Struktur israelitischen Geschichtsverständnisses verständlich zu machen.

Hinweisen will ich nur noch auf das sogenannte deuteronomistische Geschichtswerk, die große Geschichtsdarstellung, von der Martin Noth gezeigt hat, daß sie von einer Einleitung im Buche Deuteronomium über die Bücher Josua, Richter und Samuel bis hin zu den beiden Büchern Könige geht und den Abschnitt von Mose bis zum Exil, also praktisch alles Wichtige der Geschichte Israels, darstellen will. Dabei, so Noth, lasse er seine Darstellung mit der Katastrophe des Exils enden, weil er »in dem göttlichen Gericht, das sich in dem von ihm dargestellten äußeren Zusammenbruch des Volkes Israel vollzog, offenbar etwas Endgültiges und Abschließendes gesehen und eine Zukunftshoffnung nicht einmal in der bescheidensten und einfachsten Form einer Erwartung der künftigen Sammlung der zerstreuten Deportierten zum Ausdruck gebracht« habe.[14] »Das eigentliche Anliegen seiner ganzen Geschichtsschreibung« sei gewesen, das abschließende Ende als göttliches Gericht verstehen zu lehren.[15] - Wenn das richtig wäre, fiele dieses Hauptwerk israelitischer Geschichtsschreibung aus dem heraus, was ich eben als deren Eigenart charakterisiert habe. Hans Walter Wolff aber hat folgendes gezeigt: In diesem Geschichtswerk ist die Geschichte strukturiert: Auf die Mosezeit folgt die Josuazeit, auf die Josuazeit die Richterzeit, auf die Richterzeit die Zeit der Könige. Wie schon Noth gesehen hat, hat der Deuteronomist an diesen Nahtstellen regelmäßig eine Rede oder ein deutendes Kapitel eingeschaltet. Und wenn man diese, in denen er überliefertes Material deutet, analysiert, dann wird klar: Er sieht in der Geschichte einen permanenten Abfall der Menschen - darin könnte man eine Parallele zur ägyptischen Geschichtsauffassung sehen, nach der ja auch in der geschichtlichen Entwicklung die anfängliche

---

[14] Martin Noth, Überlieferungsgeschichtliche Studien, 1943 = Nachdruck Darmstadt 1957, 108. - Gerade zum deuteronomistischen Geschichtswerk sind in den letzten Jahren viele Arbeiten erschienen, die auf der von Noth gelegten Basis weiterarbeiten und über sie hinauskommen wollen; einen guten Überblick bietet Helga Weippert, Das deuteronomistische Geschichtswerk. Sein Ziel und Ende in der neueren Forschung: ThR 50 (1985), 213-249. Aber ob man nun mit der Smend-Schule mehrere Schichten im dtr. Geschichtswerk annehmen oder mit der Cross-Schule und Lohfink mit mehreren Blöcken rechnet: mindestens für das jetzt vorliegende Gesamtwerk gelten die Überlegungen zu Noth und Wolff, und vermutlich auch zu einzelnen Schichten oder Blöcken - aber das ist hier jetzt nicht unser Thema.

[15] A.a.O. 109.

gute Ordnung getrübt worden ist. Aber anders als in Ägypten besteht die Lösung dieses Problems nicht in der Rückkehr zum »Ersten Mal«, zur Urordnung, sondern darin, daß Gott straft und auf die Umkehr der Menschen damit reagiert, daß er etwas Neues schafft. So ist z. B. das Begehren des Volkes, einen König zu haben wie alle Völker (1 Sam 8,5), ein Abfall vom Königtum Gottes (1 Sam 12,12), auf den Jahwe drohend mit einem Unwetter zur Zeit der Weizenernte seine Mißbilligung kundgetan habe - aber auf die Fürsprache Samuels hin akzeptiert Jahwe diese Institution und beginnt damit ein neues Kapitel in der Geschichte des Volkes. Nach H.W. Wolff nun liegt der eigentliche Sinn des dtr. Geschichtswerkes darin, den Menschen im Exil zu zeigen, daß Jahwe mehr sei als ein vergeltendes Prinzip, daß er auf Umkehr der Menschen antworte, indem er etwas Neues setze - das Alte ist ja durch die Handlungen der Menschen desavouiert worden. Vielleicht ist es nicht zu kühn, wenn man das Schweigen des Dtr über irgendeine Zukunftserwartung, das Noth zu der These geführt hatte, der Dtr sehe das Gericht als endgültig an, ganz anders deutet: Wenn Israel zu Jahwe umkehrt und Jahwe daraufhin ein *neues* Heilshandeln beginnen sollte, könnte man darüber keine Aussage machen - die Art des *neuen* Heilshandelns liegt ja ganz bei Jahwe. Auf Grund der Erfahrungen mit diesem Gott kann man nur das Daß, nicht aber ein Wie des neuen Handelns erwarten.[16]

Mir scheint, daß die Wolffsche Interpretation genau dem entspricht, was wir sonst aus dem Alten Testament über dessen Geschichtsauffassung wissen. Und vor allem spricht für sie, daß genau auf diese Weise das Volk Israel die Katastrophe des Exils überlebt hat und nicht, wie es allen anderen Völkern des Alten Orients in analogen Situationen geschehen ist, sich in der Katastrophe aufgelöst hat und von der Bühne des Weltgeschehens abgetreten ist. Die Erwartung eines kommenden *neuen* Handelns Jahwes hat das Überleben ermöglicht.

Damit sind wir nun bei dem Stichwort, das für alttestamentliches Geschichtsverständnis entscheidend ist: in ihm kann es, *muß* es von der Konzeption her *Neues* geben.

Wie sehr dies israelitischen Denkern selbst bewußt war - oder vielleicht besser in der Katastrophe des Exils bewußt geworden ist, kann ein

---

[16] Hans Walter Wolff, Das Kerygma des deuteronomistischen Geschichtswerkes: ZAW 73 (1961), 171-186 = Ders., Gesammelte Studien zum Alten Testament (TB 22), 1964, 308-324.

Text aus Deuterojesaja zeigen, der aus dieser Zeit stammt. Zu Beginn stellt sich Gott vor als derjenige, der in der Vergangenheit Heil gewirkt habe:

Jes 43,16-17
16 So spricht Jahwe,
der Bahner eines Weges im Meer,
eines Pfades durch gewaltige Wasser,
17 der Herauszieher von Rossen und Wagen
zusammen mit einem mächtigen Heer,
sie liegen am Boden und stehen nicht mehr auf,
sie sind erloschen und verglüht wie ein Docht.

Nach dieser Selbstvorstellung, in der Jahwe sich in Partizipien als derjenige vorstellt, der beim Auszug aus Ägypten geholfen hat, würde man erwarten, daß irgendeine Beziehung der Not der Gegenwart zu diesem vergangenen Heilshandeln hergestellt wird.

Hören Sie aber, wie es weitergeht:

18 Gedenket nicht des Früheren
und achtet nicht auf die urzeitlichen Ereignisse.
19 Siehe, ich mache Neues.
Jetzt sproßt es, erkennt ihr es nicht?
Ich mache einen Weg durch die Wüste
und Flüsse in der Einöde.
20 Ehren sollen mich die Tiere des Feldes,
die Schakale (?) und die Strauße.
Denn ich gebe in der Wüste Wasser,
Flüsse in der Einöde,
um mein erwähltes Volk zu tränken.

Ich will diesen schwierigen Text und seine Bildersprache jetzt nicht interpretieren - für unsere Zwecke ist ja auch ohne eine Einzelanalyse deutlich, daß hier ganz bewußt und ausdrücklich angesichts der betonten Tatsache, daß dieser Gott derjenige ist, der frühere Heilstaten getan hat, ein Gedenken an diese Heilstaten abgelehnt wird - und Gedenken bedeutet nicht nur einen intellektuellen Akt, sondern ein Wirksamwerdenlassen. Im Gegensatz dazu wird betont: Jahwe tut etwas Neues! Darauf soll man achten! Wir könnten auch sagen: Er hat ein neues Ziel in seinem Geschichtshandeln.

Hier ist nun ganz deutlich: In dieser Konzeption ist die Zukunft mehr als lediglich eine Wiederholung der Vergangenheit, mehr als eine Extrapolation vergangener Erfahrungen. Die Zukunft ergibt sich zwar aus gegenwärtigen Handlungen, aber sie wiederholt nichts, sondern bringt Neues. Wirklich Neues kann es nicht in ägyptischer oder griechischer Geschichtsauffassung, sondern nur in der hier skizzierten israelitischen geben.

Ganz deutlich ist das nun bei den Propheten. Und damit kommen wir wieder zum Anfang unserer Erörterungen zurück.

Gerhard von Rad hat im 2. Band seiner Theologie des Alten Testaments ein Kapitel »Die Eschatologisierung des Geschichtsdenkens durch die Propheten«. Aus diesem - wie ich finde: großartig durchdachten und formulierten - Kapitel will ich einiges zitieren, das nach den vorherigen, grundsätzlichen Ausführungen auch ohne längere Kommentare verständlich sein dürfte.

Für die Gerichtsbotschaft der Propheten gilt:

»Entscheidend ist ... vor allem die Feststellung des Bruches, der so tief ist, daß das Neue jenseits davon nicht mehr als Fortsetzung des Bisherigen verstanden werden kann. Es ist etwas wie eine 'Nullpunktsituation', auf die Israel mit all seinem religiösen Besitzstand zurückgeworfen wird.«[17]

»Das einzige, woran sich Israel halten kann, ist ein neues Geschichtshandeln Jahwes, das die Propheten sich schon abzeichnen sehen und auf das sie mit Leidenschaft hinweisen. Was die Botschaft der Propheten von der ganzen bisherigen, heilsgeschichtlich fundierten Theologie Israels unterscheidet, ist also dies, daß sie alles für die Existenz Israels Entscheidende, Leben und Tod, von einem kommenden Gottesgeschehen erwarten«[18].

Eine letzte Frage, die wir jetzt stellen müssen, auch wenn ein Narr mehr Fragen stellen kann, als zehn Weise beantworten können. Die Frage, die fast an unbeantwortbare Narrenfragen erinnert und die doch im Zuge einer wissenschaftlichen Erörterung der Eigenart des israelitischen Geschichtsbewußtseins und damit verbunden der israelitischen Zukunftserwartung gestellt werden muß, lautet:

Kann man etwas über den Ursprung dieser Eigenart Israels sagen?

Der Schweizer Religionswissenschaftler und Alttestamentler Victor Maag hat versucht, diese Frage zu beantworten.

In einem Aufsatz »Eschatologie als Funktion des Geschichtserlebnisses«[19] hat er sich mit dem Lebensgefühl von Nomaden beschäftigt. Ich zitiere:

---

[17] A.a.O. (vgl. Anm. 13) 125.
[18] A.a.O. 127.
[19] Victor Maag, Eschatologie als Funktion des Geschichtserlebnisses: Saeculum 12 (1961), 123-130 = Ders., Kultur, Kulturkontakt und Religion. Gesammelte Studien zur allgemeinen und alttestamentlichen Religionsgeschichte, Göttingen 1980, 170-180.

> »Die Transmigration, das Verlassen alter Weidewechsel und der Aufbruch zu neuen Horizonten sind es, welche Menschen dazu führen, das Dasein als ein zielhaftes Fortschreiten zu erleben. Da ist das Gestern nicht wie das Heute. Gestern war die Gruppe noch in einem Gebiet, das sie nun ein für allemal hinter sich gelassen hat; heute ist sie unterwegs ins Unbekannte. ...
>
> Dieses Heute der Gegenwart ist Engpaß, durch den es vorzustoßen gilt, ist transitorischer Zustand, den man aus eigenem Entschluß auf sich genommen hat. Der Sinn dieses Heute kann einzig von der Hoffnung erfaßt werden, und die Hoffnung muß sich am Ziele des Weges erfüllen. ...
>
> Einstige Wandervölker, wie Israel und die Iranier, die im späteren sedentären Leben die Impulse des Geschichtserlebnisses noch bewahrt haben, sind es darum, welche eine positive Eschatologie zu entwickeln vermochten. Sie haben, einmal seßhaft geworden, das abgeschlossene Erlebnis der Wanderung von Land zu Land transformiert zu einem permanenten Bewußtsein der Wanderung durch die Zeit.«[20]

Ein faszinierender Gedanke: Kann man so die Eigenart der israelitischen Geschichtsauffassung und mit ihr der Zukunftserwartung erklären, die Maag an anderer Stelle folgendermaßen beschreibt:

> »Dieser Gott führt zu einer Zukunft, die nicht bloße Wiederholung und Bestätigung der Gegenwart ist, sondern Ziel der jetzt in Gang befindlichen Ereignisse. Das Ziel ist Sinngebung für die Wanderung und ihre Nöte; und die heutige Entscheidung zum Vertrauen auf den berufenen Gott ist zukunftsträchtig. Das ist das Wesen der Verheißung in der Sicht der Transmigration.«[21]

Wie gesagt: Ein faszinierender Gedanke! Freilich kann man aber auch fragen, ob diese Erklärung wirklich so schlüssig ist. Weshalb haben denn andere Nomaden, die seßhaft geworden sind, etwa in Babylon oder in Mari, nicht analoge Geschichtsvorstellungen entwickelt?

Von daher kann man schon verstehen, wenn Martin Noth auf ganz andere Weise versucht hat, die Eigenart der israelitischen Geschichtsauffassung zu erklären:

> »Letztlich sind die Wurzeln der G.(eschichtsschreibung) in dem durch seine Gotteserfahrung und seinen Glauben geprägten besonderen Geschichtsbewußtsein Israels zu suchen. Damit ist auch zu erklären, daß im Unterschied zur altorientalischen Welt in Israel überhaupt eine G. entstanden ist, und zwar eine nicht politisch-staatlich inspirierte G.«[22]

---

[20] A.a.O. 127.
[21] Victor Maag, Malkut JHWH: VT.S 7 (1959) 129-153 = Ders., Kultur, Kulturkontakt und Religion. Gesammelte Studien zur allgemeinen und alttestamentlichen Religionsgeschichte, Göttingen 1980, 145-169; das Zitat in »Kultur...«, 156.
[22] Martin Noth, Geschichtsschreibung, biblische, I. Im AT, in: RGG³ Bd. 2, 1498-1501; 1500.

Damit scheinen die beiden Elemente genannt zu sein, die man bei einem Versuch, die Eigenart des israelitischen Geschichtsverständnisses zu erklären, bedenken muß:
- die Transformation des nomadischen Grunderlebnisses eines zielgerichteten Wanderns zu neuen Weidegründen (Transmigration in die zeitliche Dimension eines Wanderns in eine Zukunft hinein),
oder
- die Eigenart des Gottes Israels, der so erfahren wurde, daß er erwählend in der Geschichte sein Volk zu immer neuen Zielen führte.

Vielleicht aber liegt hier gar keine echte Alternative vor - warum sollte sich Gott nicht auch einer bestimmten soziologischen Lebensweise bedienen, um sein Ziel zu erreichen, um sich zu erkennen zu geben?

Und vielleicht darf man auch die eingangs behandelte Alternative »Geheime Offenbarung oder Gegenwartsanalyse« nicht so scharf sehen - weshalb sollte im Regelfall Gott nicht durch einen denkenden und erkennenden Menschen handeln und sprechen?

So oder so - bei beiden Positionen ist die Vorstellung von einer Zukunft, die anders ist als die Gegenwart, die etwas Neues bringt, vorausgesetzt, - und deshalb können wir dieses Problem hier für unsere Fragestellung auf sich beruhen lassen.

Wie dem auch sei: Die Vorstellung von einer Zukunft, die etwas anderes ist als die Gegenwart, die etwas Neues bringt, ist in Israel zum ersten Mal, soweit wir das feststellen können, systematisch durchdacht worden.

Diese Art der Zukunftsvorstellung ist, wie ich zu zeigen versucht habe, Konsequenz einer bestimmten Geschichtsdeutung.

Noch ein Wort zum Problem der Gegenwartsbewältigung, das im Generalthema unserer Ringvorlesung auftaucht. Ich will es kurz an Bildern klarmachen:

Nach ägyptischer Vorstellung wird auf der Bühne der Welt in einem endlosen Dacapo immer dasselbe Stück gespielt, dessen Rollen in der Urzeit beim ersten Mal festgelegt worden sind. An diesem ersten Mal haben sich Menschen, allen voran der König, zu orientieren. Wenn man diese erste Idealvorstellung erreichen kann, hat man alles erreicht, was zu erreichen möglich ist.

Nach griechischer Vorstellung wird auf der Bühne der Welt in einem endlosen Dacapo ein Stück gespielt, das sich letztlich nicht ändert, weil die Rollen der Menschen in diesem Stück gleich bleiben. Liebe und Haß, Mut und Feigheit, Mehrhabenwollen und Freigebigkeit - die Menschen ändern sich nicht und damit auch nicht das von ihnen gestaltete Stück. Es gibt nichts Neues unter der Sonne. Nur für sich persönlich kann der Mensch aus der Vergangenheit lernen. In Kenntnis der immer wieder gespielten Rollen kann er seine eigene Rolle besser lernen oder sogar zum Besseren ändern. Die Menschen und damit das Stück kann er nicht ändern.

Nach israelitischer Vorstellung findet auf der Bühne der Weltgeschichte ein Stück statt, ein einziges großes Drama, dessen letzter Akt noch nicht gespielt ist. Wir befinden uns gewissermaßen im vorletzten Akt, in dem noch nicht ausgemacht ist, wie man am Ende dasteht, wer wirklich der Übeltäter und wer der Rechte und Rechtschaffene ist. Veränderungen sind möglich - und nötig! Das letzte Wort ist ja noch nicht gesprochen - das Finale steht noch aus. Und wer will schon gerne im Lichte des Finales als Blinder oder als Bösewicht dastehen! Zwar sind solche Rollen in der Vergangenheit oft gut besetzt gewesen - aber sie müssen verschwinden, denn sie können verschwinden. Daran gilt es, jetzt zu arbeiten. Denn der letzte Akt soll einen guten, einen menschenwürdigen Abschluß bringen. Er kann nämlich - trotz aller bisherigen Erfahrungen - etwas Neues bringen!!

In dieser Weise bestimmt die Zukunftserwartung als ein Ergebnis der Geschichtsvorstellung die Gegenwartsbewältigung.

Einheit in der Vielfalt des Alten Testaments

Von den Wörtern Pluralismus und Vielfalt geht heute eine große Faszination aus. Mit ihnen assoziiert man Differenzierungsvermögen, Verständnis für Probleme und Nuancen, Offenheit und Großzügigkeit. Nicht zufällig trägt diese Festschrift den Titel »Vielfalt in der Einheit«, und zwar, wie ich wohl nicht zu Unrecht vermute, mit einem gewissen Stolz auf die mögliche und zugelassene Vielfalt. Freilich wird mit diesem Titel auch sofort das Problem angesprochen, das Pluralität und Vielfalt mit sich bringen: Gibt es bei aller möglichen und vielleicht auch erlaubten Vielfalt etwas Gemeinsames, das erlaubt, das vielleicht sogar dazu nötigt, die vielfältigen Einzelerscheinungen als eine Einheit anzusehen?

Und damit sind wir schon bei einem, vielleicht sogar *dem* Problem gegenwärtiger alttestamentlicher Diskussion. Die historisch-kritische Forschung hat uns differenzieren gelehrt; wir kennen jetzt eine Vielfalt von Vorstellungen und Glaubenszeugnissen innerhalb des Alten Testaments; mit fast jeder Doktorarbeit wird zu den bereits vorhandenen Differenzierungen eine neue hinzugefügt. Und dabei entgleitet uns die Vorstellung, hinter all dieser Vielfalt könne oder müsse es so etwas wie eine Einheit geben, immer mehr.

Ganz drängend und für jedermann offenbar wurde dieser Sachverhalt durch Gerhard von Rad. Zwar sind Versuche, nach einem »Prinzip« oder einer »Idee« (oder ähnlichem) des Alten Testaments zu fragen, so alt wie die historisch-kritische Forschung[1] - aber erst Gerhard von Rad hat mit seiner Gabe, »zitierfähige Sätze«[2] zu bilden, das Problem mit aller Schärfe ins allgemeine Bewußtsein gehoben: »Im Gegensatz zur Christusoffenbarung zerlegt sich die alttestamentliche Jahweoffenbarung in eine lange Folge von einzelnen Offenbarungsakten mit sehr verschiedenen Inhalten. Sie scheint

---

[1] Wer sich für frühere Versuche interessiert, sei auf die kenntnisreiche und brillant geschriebene Zusammenstellung von Rudolf Smend hingewiesen: Die Mitte des Alten Testaments (ThSt 101), Zürich 1970 = Ders., Die Mitte des Alten Testaments. Gesammelte Studien, Bd. 1, München 1986, 40-84.
[2] Diese Formulierung stammt, wenn ich mich recht entsinne, von Jörg Jeremias.

einer alles bestimmenden Mitte, von der aus die vielen Einzelakte ihre Deutung und auch das rechte theologische Verhältnis zueinander bekommen könnten, zu ermangeln. Man kann von der alttestamentlichen Offenbarung nur als von einer Mehrzahl von verschiedenen und verschiedenartigen Offenbarungsakten reden.«[3] Freilich schloß diese Mehrzahl von verschiedenen Offenbarungsakten und auch von verschiedenen im Alten Testament bereits vorhandenen »Theologien« für von Rad nicht aus, daß man nach dem für das Alte Testament Typischen fragen könne und müsse: »Haben wir uns nicht allzulange in der Vorstellung von einer Einheit des Alten Testaments häuslich niedergelassen, die eine Täuschung war und heute neu begründet werden müßte? Sie ist nicht damit zu gewinnen, daß wir ein universales religiöses Gebäude über Israel errichten, dessen Statik viel zu wenig von der Art und Weise erkennen läßt, wie Jahwe in Wirklichkeit seinem Volk offenbar und gegenwärtig wurde. Sondern paradoxerweise dadurch, daß wir uns in Bereitschaft all dem Disparaten und Divergierenden stellen, das die neuere Forschung sowohl auf dem Feld der politischen wie der Kultgeschichte Israels aufgewiesen hat, indem wir uns noch enger an das halten, was denn Israel von Jahwe zu sagen hatte und wie es ihm begegnet ist. M. a.W., es muß also die Frage nach dem für Israels Glauben Typischen neu gestellt werden.«[4]

Über die Versuche, nach von Rad das für das Alte Testament Typische oder gar eine Mitte des Alten Testaments namhaft zu machen, kann man sich bei Henning Graf Reventlow[5] oder zuletzt bei Horst Dietrich Preuß[6] informieren - durchsetzen können hat sich, soweit ich sehe, bis jetzt keiner. Auf den jüngsten Versuch von Preuß werde ich noch zurückkommen; er sei hier zunächst nur kurz zitiert: »So soll ›*JHWHs erwählendes Geschichtshandeln an Israel zur Gemeinschaft mit seiner Welt‹, das zugleich ein dieses Volk (und die Völker) verpflichtendes Handeln ist,* als Mitte des AT, damit als Grundstruktur atl. Glaubens ... bestimmt werden.«[7]

---

[3] Gerhard von Rad, Theologie des Alten Testaments, Bd. 1, München [4]1962, 128.
[4] Gerhard von Rad, Offene Fragen im Umkreis einer Theologie des Alten Testaments, in: ThLZ 88 (1963), 401-416 = Ders., Gesammelte Studien zum Alten Testament, Bd. 2 (TB 48) München 1973, 289-312; 406 (=295).
[5] Henning Graf Reventlow, Hauptprobleme der alttestamentlichen Theologie im 20. Jahrhundert (Erträge der Forschung 173) Darmstadt 1982, 138-147.
[6] Horst Dietrich Preuß, Theologie des Alten Testaments, Bd. 1, Stuttgart 1991, 25-30.
[7] Preuß, a.a.O. 29.

In den letzten Jahren hat sich die Forschungsgrundlage auf diesem Gebiet dramatisch zugespitzt. Für einige Forscher ist nicht nur die Frage nach der Mitte des Alten Testaments, sondern auch die nach dem für das Alte Testament Typischen der Erkenntnislage nicht mehr angemessen. Als Beispiel sei der Däne Niels Peter Lemche genannt[8]. Nach ihm sind die literarischen Zeugnisse des Alten Testaments historisch wertlos, da sie aus Vorstellungen des 6. Jahrhunderts oder einer noch späteren Zeit stammten. Wenn man aber die archäologischen Befunde interpretiere, die allein zuverlässig seien, dann ergebe sich kein Anhaltspunkt für die Annahme von größeren Zuwanderungen von außen, wie sie bei der biblischen Landnahmevorstellung vorausgesetzt sei. Und so kommt er zu der These, daß die Entstehung Israels durch eine innerkanaanäische Entwicklung zu erklären sei: durch wirtschaftliche Verschlechterungen (Verarmung) kam es dazu, daß sozial Schwache aus den Städten auszogen und sich in den dünn oder gar nicht besiedelten Gebirgsregionen niederließen, wo sie dann Stämme bildeten (Retribualisierung), aus denen schließlich durch Zusammenschluß »Israel« entstanden sei. Für die Religionsgeschichte Israels bedeutet das: die vorexilische Religion Israels hat man sich als eine kanaanäische Religion vorzustellen; erst in der Exilzeit habe sich der Jahweglaube entwickelt; man dürfe nicht nachexilische »ideas of the Jewish pariah-society« in die Frühzeit zurückprojizieren, hier handle es sich lediglich um ein »fanciful picture this society had created of its own past and the origins of its religion«[9].

Wir können hier Lemche in seinen Stärken und Schwächen nicht kritisch diskutieren[10] - für unseren Zusammenhang genügt zunächst die Fest-

---

[8] Niels Peter Lemche, Early Israel. Anthropological and Historical Studies on the Israelite Society Before the Monarchy (VT.S 37) Leiden 1985. Lemche ist hier nur als vieldiskutiertes Beispiel für einen modernen Trend genannt; über andere Autoren kann man sich z. B. bei Eckart Otto, Israels Wurzeln in Kanaan. Auf dem Weg zu einer neuen Kultur- und Sozialgeschichte des antiken Israels, in: ThRv 85 (1989), 3-10 informieren.

[9] Lemche, a.a.O. 433.

[10] Kritische Auseinandersetzungen z.B. bei Winfried Thiel, Vom revolutionären zum evolutionären Israel?, in: ThLZ 113 (1988), 401-410. - Siegfried Herrmann, Israels Frühgeschichte im Spannungsfeld neuerer Hypothesen, in: Studien zur Ethnologie, Bd. 2 (Rheinisch Westfälische Akademie der Wissenschaften Abhandlung 78), 1988, 43-95. - Ders., Die Abwertung des Alten Testaments als Geschichtsquelle. Bemerkungen zu einem geistesgeschichtlichen Problem, in: Hans Heinrich Schmid und Joachim Mehlhausen (Hgg.), Sola Scriptura. Das reformatorische Schriftprinzip in der säkularen Welt. VII. Europäischer Theologenkongreß Dresden 1990, 156-165. - Horst Seebass, Dialog über Israels Anfänge. Zum Evolutionsmodell von Niels Peter

stellung, daß bei dieser Konzeption die Frage nach dem für das Alte Testament Typischen transformiert wird zur Frage nach dem für eine kanaanäische Religionsentwicklung Typischen, wenn es denn ein solches Typisches gegenüber dem Gesamtkanaanäischen überhaupt geben sollte. Und damit haben wir eine Kritikmöglichkeit außerhalb der Einzeldiskussion gewonnen: Wenn nämlich doch wahrscheinlich gemacht werden kann, daß sich im Alten Testament etwas für Israel Typisches findet, das sich analog nicht in kanaanäischen Religionen, soweit sie uns bekannt sind, findet, kann das Konzept von Lemche letztlich nicht stimmen.

Nun steht ja Lemche hier keineswegs ganz isoliert - er hat nur besonders früh und scharf eine Folgerung gezogen, die man aus der Spätdatierung alttestamentlicher Texte ziehen kann (ob Lemche Recht damit hat, daß man sie ziehen *muß,* werden wir noch sehen). Neben Lemche will ich zunächst nur noch ein weiteres neueres Werk erwähnen, das mit aller Deutlichkeit zeigt, wohin die Spätdatierung literarischer Werke des Alten Testaments führen kann: das Buch von Herbert Niehr »Der höchste Gott«[11]. Niehr spricht von einem »Perspektivenwandel«: »Das Verhältnis von israelitischer und syrisch-kanaanäischer Religion kann nicht mehr bestimmt werden als das Verhältnis einer schon voll entwickelten JHWH-Religion, die von außerhalb kommend mit der syrisch-kanaanäischen Religion in Kontakt tritt, wobei sie einiges auswählend rezipiert und anderes ablehnt. Hingegen erhält die israelitische Religion eine gleichberechtigte Stellung im Kontext der anderen syrisch-kanaanäischen Religionen und erfährt keine Sonderstellung vor den anderen Religionen.«[12] Und in Aufnahme eines Zitates von M.D. Coogan[13] kann Niehr dann sagen: »Dementsprechend kann die israelitische Religionsgeschichte sachgemäß verstanden werden, wenn man sie als ›a development from a Canaanite matrix‹ versteht.«[14] -

---

Lemche, Early Israel, VT.S 37, Leiden (1985), in: Alttestamentlicher Glaube und Biblische Theologie (FS Horst Dietrich Preuß), Stuttgart 1992, 11-19.

[11] Herbert Niehr, Der höchste Gott. Alttestamentlicher JHWH-Glaube im Kontext syrisch-kanaanäischer Religion des 1. Jahrtausends vor Chr. (BZAW 190) Berlin 1990.

[12] Ebd. 12.

[13] Michael David Coogan, Canaanite Origins and Lineage: Reflections on the Religion of Ancient Israel, in: Patrick D. Miller/Paul D. Hanson/Samuel Dean McBride, Ancient Israelite Religion (FS Frank Moore Cross) Philadelphia 1987, 115-124.

[14] H. Niehr, a.a.O. 13.

Wohin man bei dieser methodischen Voraussetzung kommen *muß*, ist völlig klar: Irgendetwas für das Alte Testament [die israelitische Religion] Spezifisches oder Typisches, etwa gar so etwas wie eine sachliche Mitte, die es von anderen syrisch-kanaanäischen Religionen unterschiede, *kann* es dann gar nicht geben.

Auch hier kann und will ich auf das Werk von Niehr in seinen Einzelbeobachtungen nicht näher eingehen - mir kommt es auf die Konsequenzen aus der Gesamtkonzeption an. Und die sind ja deutlich genug: Wenn Niehr recht hätte, wäre die Frage nach der sachlichen Einheit in der Vielfalt der alttestamentlichen Zeugnisse falsch gestellt. Daß man in diesem Falle von etlichen gelernten und vielleicht auch liebgewonnenen Vorstellungen Abschied nehmen müßte, wäre zwar vielleicht bitter, müßte aber um der Wahrheit willen in Kauf genommen werden. Als Gegengabe erhielte man dann ein besseres Verständnis der alttestamentlichen Texte in ihrer Gesamtheit.

Aber gerade diese Gegengabe erhält man nach meinem Urteil nicht. Daß in Arbeiten wie denen von Lemche und Niehr Klärungen wichtiger Einzelprobleme erfolgt sind, soll gar nicht bestritten werden - aber man kann ja auch aus vielen richtigen Einzelbeobachtungen ein falsches Gesamtbild zusammensetzen.

Ansatzpunkt meiner Kritik ist folgendes: Es soll nicht bestritten werden, daß die jetzt vorliegenden Texte des Alten Testaments eine umfassende exilisch-nachexilische Bearbeitung erfahren haben, wobei natürlich auch zensierende Eingriffe vorgenommen worden und auch nachexilische (Wunsch-) Vorstellungen (besonders deuteronomisch/deuteronomistischer Art) in die ältere Zeit eingetragen worden sind. Aber unbestreitbar gibt es doch jedenfalls in *nachexilischer* Zeit Besonderheiten der Religion Israels, die es von seiner Umwelt unterscheiden und die typisch sind für das Alte Testament in der jetzt vorliegenden Form. Woher kommen denn diese Besonderheiten? Als Historiker und Religionsgeschichtler kann man doch nicht annehmen, daß sie vom Himmel gefallen sind und plötzlich einfach da waren! Vielmehr stellt sich die Aufgabe, die späteren Besonderheiten in ihrem Zusammenhang darzustellen und zu fragen, wie weit sie schon vorher dagewesen sein dürften.

Im Vergleich zu anderen Religionen fallen drei Besonderheiten auf, die *am Ende* der israelitischen Religionsgeschichte die Religion Israels von anderen altorientalischen Religionen unterscheiden:

1. der Monotheismus,
2. das Geschichtsverständnis,
3. die Begründung ethischen Handelns.

Über Monotheismus und Geschichtsverständnis ist schon oft und viel gehandelt worden, über die Begründung ethischen Handelns vergleichsweise weniger. Mir kommt es jetzt darauf an, daß diese drei Größen nicht als isoliert angesehen werden, sondern als ein zusammenhängender Komplex, als ein Syndrom.

Der Monotheismus[15] in der uns geläufigen Form des »theoretischen Monotheismus«, der die Alleinexistenz nur eines Gottes behauptet und alle anderen sogenannten Götter zu Götzen erklärt, ist für uns mit Sicherheit erst in der Exilszeit bei Deuterojesaja und in der Priesterschrift greifbar, möglicherweise auch schon im Deuteronomium (Braulik[16]). Aber schon vorher gab es, ganz deutlich bei Elia und Hosea, die Forderung nach einer exklusiven Alleinverehrung Jahwes. Darüber hinaus scheint mir manches für Lohfinks[17] Annahme zu sprechen, daß die Forderung einer exklusiven Jahweverehrung älter war und bereits in die Frühzeit hineingehört. Ähnliches

---

[15] Zum Problem des Monotheismus eine kleine Literaturauswahl:
Hans Peter Müller, Gott und die Götter in den Anfängen der biblischen Religion. Zur Vorgeschichte des Monotheismus, in: Othmar Keel (Hg.), Monotheismus im Alten Israel und in seiner Umwelt (Biblische Beiträge 14) Fribourg 1980, 99-142. - Fritz Stolz, Monotheismus in Israel, in: Othmar Keel (Hg.), Monotheismus im Alten Israel ..., 143-189. - Bernhard Lang, Die Jahwe-allein-Bewegung, in: Bernhard Lang (Hg.), Der einzige Gott. Die Geburt des biblischen Monotheismus, München 1981, 47-83. - Hermann Vorländer, Der Monotheismus Israels als Antwort auf die Krise des Exils, in: Bernhard Lang, Der einzige Gott, 84-113. - Manfred Weippert, Synkretismus und Monotheismus, Religionsinterne Konfliktbewältigung im Alten Israel, in: Jan Assmann und Dietrich Hardt (Hgg.), Kultur und Konflikt (edition suhrkamp 1612) Frankfurt 1990, 143-179. - Norbert Lohfink, Zur Geschichte der Diskussion über den Monotheismus im Alten Israel, in: Ernst Haag (Hg.), Gott, der einzige. Zur Entstehung des Monotheismus in Israel (Quaestiones Disputatae 104) Freiburg u.a. 1985, 9-25. - Erich Zenger, Das jahwistische Werk - ein Wegbereiter des jahwistischen Monotheismus?, in: Ernst Haag (Hg.), Gott, der einzige, 2-53. - Georg Hentschel, Elija und der Kult des Baal, in: Ernst Haag (Hg.), Gott, der einzige, 54-90. - Hans-Winfried Jüngling, Der Heilige Israels. Der erste Jesaja zum Thema »Gott«, in: Ernst Haag (Hg.), Gott, der einzige, 91-114. - Georg Braulik, Das Deuteronomium und die Geburt des Monotheismus, in: Ernst Haag (Hg.), Gott, der einzige, 115-159. - Josef Scharbert, Jahwe im frühisraelitischen Recht, in: Ernst Haag (Hg.), Gott, der einzige, 160-183.

[16] Vgl. die Anm. 15 genannte Arbeit.

[17] Vgl. die Anm. 15 genannte Arbeit, 25.

nimmt Werner H. Schmidt an[18]. Zu den bisher vorgetragenen Argumenten möchte ich im folgenden auf zwei weitere hinweisen: Von Jahwe (und seinem Alleinanspruch) her ist die Besonderheit des alttestamentlichen Geschichtsverständnisses und der Begründung der Ethik zu erklären.

Für unsere theologischen Väter (oder sind es schon Großväter?) war klar, daß die Vorstellung vom Handeln Jahwes in der Geschichte ein Spezifikum Israels war, durch das es sich von seiner Umwelt unterschieden habe. Selbst der in theologischen Äußerungen sehr zurückhaltende Martin Noth schrieb einmal: »Jedenfalls war die G.[eschichtsschreibung] in Israel von Anfang an nicht an den geschichtlichen Vorgängen als solchen interessiert, sondern am Wirken Gottes in der Geschichte ... Letztlich sind die Wurzeln der G.[eschichtsschreibung] in dem durch seine Gotteserfahrung und seinen Glauben geprägten besonderen Geschichtsbewußtsein Israels zu suchen. Damit ist auch zu erklären, daß im Unterschied zur altorientalischen Welt in Israel überhaupt eine G.[eschichtsschreibung] entstanden ist, und zwar eine nicht politisch-staatlich inspirierte Geschichtsschreibung.«[19] Und Gerhard von Rad schrieb von den Zeugnissen des Alten Testaments: »Sie umschreiben ja keineswegs den großen Kreis aller der in diesem Religionsbereich denkbaren und möglichen Aussagen über Gott, Mensch und Welt, ... sondern sie beschränken sich darauf, das Verhältnis Jahwes zu Israel und zur Welt eigentlich nur in einer Hinsicht darzustellen, nämlich als ein fortgesetztes göttliches Wirken in der Geschichte.«[20] Und mit der ihm eigenen Sprachkraft hat von Rad auch hier zitierfähige und oft wiederholte Sätze geschaffen: »Das Alte Testament ist ein Geschichtsbuch. Es stellt eine von Gottes Wort gewirkte Geschichte dar, von der Weltschöpfung bis zum Kommen des Menschensohns.«[21] Oder: »Der Glaube Israels bezog sich immer auf ein Geschehen, einen göttlichen Selbsterweis in der Geschichte.«[22] Neben diese beiden ließen sich etliche andere stellen, genannt seien nur aus

---

18 Werner H. Schmidt, Das erste Gebot (ThEx 165), München 1969.
19 Martin Noth, Geschichtsschreibung I. im AT, in: ³RGG, Bd. 2, 1498-1501; 1499-1500.
20 Gerhard von Rad, Theologie des Alten Testaments, Bd. 1, München 1957, 112 = ⁴1962, 196.
21 Gerhard von Rad, Typologische Auslegung des Alten Testaments, in: EvTh 12 (1952/3), 23 = Ders., Gesammelte Studien zum Alten Testament II (TB 48), 1973, 272-288; 278.
22 Gerhard von Rad, Aspekte alttestamentlichen Weltverständnisses, in: EvTh (1964), 57-73; 57.

dem angelsächsischen Bereich G. Ernest Wright[23] und John Bright[24]. Und bei allen ist die Grundüberzeugung: In der Umwelt Israels spielt die Geschichte als der ausgezeichnete Ort göttlichen Handelns deshalb keine Rolle, weil in ihr die Götter anders als in Israel Verkörperung von Naturkräften waren.

Diese Wertung der Geschichte als Ort göttlichen Handelns gilt heute weithin als überholt, und zwar eigenartigerweise aufgrund von zwei Argumentationsweisen, die sich eigentlich ausschließen. Hans Heinrich Schmid zog in seinem Aufsatzband von 1974[25] und einem Aufsatz von 1975[26] gewissermaßen das Fazit aus seinen früheren Arbeiten[27]: Er vertritt die These, daß das altorientalische Weltordnungsdenken formal wie inhaltlich den grundsätzlichen Bezugsrahmen alttestamentlich-religiöser Aussagen abgegeben habe[28]. Bei der Adaption kanaanäischer Vorstellungen nach der Landnahme gelte: Es wäre »zu kurzschlüssig, in diesem Adaptionsvorgang eine unsachgemäße Kanaanisierung des ursprünglichen, ›eigentlichen‹ Jahweglaubens sehen zu wollen. Einen solchen ursprünglichen, ›eigentlichen‹ Jahweglauben gab es zu jener Zeit noch gar nicht«[29]. Vielmehr dauerte es »lange Jahrhunderte, bis sich in Israel ein eigentliches, spezifisches Jahwebewußtsein ausgebildet hatte und wenigstens in Ansätzen sich durchzusetzen begann«[30]. Erst durch die Krise des Exils hat Israel nach Schmid zu einer Art Geschichtsverständnis gefunden, wobei die vorexilischen Propheten vorbereitende Dienste geleistet hätten. »Gestützt auf zahlreiche Hinweise des Alten Testaments vermute ich, daß sich die israelitische Religion der frühen Königszeit - besonders in Jerusalem - von den umliegenden altorientalischen Religionen gar nicht so wesentlich unterschieden hat und daß sich

---

[23] G. Ernest Wright, God who acts (Studies in Biblical Theology 8), London 1952, ^{8}1966.

[24] John Bright, Convenant & Promise. The Future in the Preaching of the Pre-exilic Prophets, London 1977.

[25] Hans Heinrich Schmid, Altorientalische Welt in der alttestamentlichen Theologie, Zürich 1974, daraus: Jahweglaube und altorientalisches Weltordnungsdenken, 31-63.

[26] Ders., Das alttestamentliche Verständnis von Geschichte in seinem Verhältnis zum gemeinorientalischen Denken, in: WuD 13 (1975), 9-21.

[27] Ders., Wesen und Geschichte der Weisheit (BZAW 101), Berlin 1966; Ders., Gerechtigkeit als Weltordnung (BHTh 40), Tübingen 1968.

[28] Vgl. Jahweglaube ... (Anm. 25), 31.

[29] A.a.O. 46.

[30] A.a.O. 49.

das, was wir als spezifisch israelitisch zu bezeichnen pflegen, erst im Zusammenhang dieser politischen und geistigen Umwälzungen allmählich herausgebildet hat«[31]. »Schöpfung und Geschichte sind ... in ihrer Funktion gegenseitig austauschbar, sie sind von gleicher ontologischer Qualität. Eine vorgängige, spezifische Gottesoffenbarung in der Geschichte, wie sie etwa v. Rad postuliert, ist in keinem einzigen dieser Textbereiche vorausgesetzt.«[32]

Damit sind wir wieder bei einer Position, die wir von Lemche und Niehr bereits kennen - nur rechnete Schmid immerhin noch mit einem spezifisch Israelitischen, das sich allerdings erst spätvorexilisch oder exilisch herausgebildet habe. An ihn muß man die Frage richten, woher denn plötzlich diese israelitische Sonderentwicklung gekommen sein soll - auch hier gilt: vom Himmel fällt in der geschichtlichen Entwicklung in der Regel nichts!

Von einer Schmid auf den ersten Blick entgegengesetzten Position bestritt der Schwede Bertil Albrektson[33] die Auffassung von der besonderen Bedeutung des göttlichen Handelns in der Geschichte für Israel; nach ihm findet sich dieser Vorstellungskomplex im Alten Orient ebenso wie in Israel. Albrektson hat so überzeugend gewirkt, daß Norbert Lohfink in einer Besprechung schrieb: »Texte verschiedenster Gattungen aus verschiedenen Zeiten und Bereichen zeigen, wie man hinter Kriegen, Zerstörungen, blühendem Gedeihen das Wirken der Götter sah, die zufrieden waren oder zürnten oder den Schuldigen straften ... So wird man dem Verfasser für seine gut dokumentierte und überzeugend geschriebene Kampfschrift dankbar sein und sich vornehmen, in Zukunft nicht mehr pauschal die religiöse Erfahrung in der Geschichte für Israel allein zu beschlagnahmen.«[34] Und der vorsichtige Rudolf Smend konnte schreiben: »Ferner stellte sich heraus, daß die Elemente des Geschichtsdenkens in Israel nicht nur von denen, die in der altorientalischen Umwelt heimisch waren, nicht prinzipiell unter-

---

[31] Ders., Altorientalisch-alttestamentliche Weisheit und ihr Verhältnis zur Geschichte, in: Ders., Altorientalische Welt in alttestamentlicher Theologie, Zürich 1974, 64-90, hier 76.
[32] Vgl. Verständnis (Anm. 26), 15 f.
[33] Bertil Albrektson, History and the Gods. An Essay on the Idea of Historical Events as Divine Manifestations in the Ancient Near East and in Israel (Coniectanea Biblica. Old Testament Series 1) Lund 1967.
[34] Biblica 49 (1968), 295-297.

schieden, ja daß auch die göttliche Wirksamkeit in der Geschichte hier wie dort in großenteils durchaus vergleichbaren Kategorien gedacht wurde.«[35]

In der Tat wirkt die Fülle der von Albrektson beigebrachten Texte, in denen außerhalb von Israel geschichtliches Handeln auf das Wirken von Göttern zurückgeführt wurde, überwältigend. Aber dennoch scheint mir hier keine echte Parallele zu den Geschichtsvorstellungen Israels vorzuliegen. Denn es kommt hier nicht darauf an, *daß* geschichtliche Ereignisse und Götter zusammengebracht werden, sondern *wie* das geschieht. Und da zeigen sich fundamentale Differenzen. - Wenn man so etwas wie ein Geschichtsverständnis oder eine Geschichtskonzeption entwickeln will, muß man aus der Fülle des Geschehenden auswählen - denn alles, was geschieht, kann niemand darstellen und bedenken. Wenn also der Mensch aus der Fülle des Geschehenden sich einen Teil mittels eines Auswahlkriteriums zu »Geschichte« transformiert, muß man, wenn man verschiedene Geschichtskonzeptionen vergleichen will, nach diesem Auswahlkriterium fragen und die verschiedenen Auswahlkriterien vergleichen. Und eben dies ist in der heutigen Diskussion weitgehend unterblieben. Und deshalb sind die Unterschiede zwischen israelitischem Geschichtsverständnis und dem der Umwelt nicht klar erkannt worden, deshalb ist dieses »Typische« Israels in der bisherigen Diskussion unbeachtet geblieben.

Über das Geschichtsverständnis der Ägypter gibt es eine Reihe von Untersuchungen[36], die dessen Eigenart gut herausarbeiten; über das der Babylonier sind die Arbeiten etwas spärlicher[37]. Deutlich ist folgendes:

---

[35] Rudolf Smend, Überlieferung und Geschichte. Aspekte ihres Verständnisses, in: Hartmut Gese/Rudolph Smend/Odil Hannes Steck/Walter Zimmerli, Zu Tradition und Theologie im Alten Testament (Biblisch-theologische Studien 2) Neukirchen-Vluyn 1978, 9-26; 1.

[36] Eberhard Otto, Geschichtsbild und Geschichtsdeutung in Ägypten: WO III (1966), 161-176. - Erich Hornung, Geschichte als Fest, Darmstadt 1966. - Jürgen von Beckerath, Geschichtsüberlieferung im Alten Ägypten: Saeculum 19 (1978), 11-17. - Ders., Geschichtsschreibung, in: LÄ, Bd. 2, 566-568. - Dietrich Wildung, Geschichtsauffassung, in: LÄ, Bd. 2, 560-562. - Ders., Geschichtsbild, in: LÄ, Bd. 2, 562-564. - Ders., Geschichtsdarstellung, in: LÄ, Bd. 2, 564 566. - Rolf Gundlach, Geschichtsdenken und Geschichtsbild im pharaonischen Ägypten, in: Universitas 40 (1985), 443-455. - Ders., »Ich sage etwas, was noch geschehen wird« - ›Propheten‹ im Staat der Pharaonen, in: Hans Wißmann (Hg.), Zur Erschließung von Zukunft in den Religionen, Würzburg 1991, 11-25.

[37] Ephraim Avigdor Speiser, Ancient Mesopotamia, in: R. C. Dentan (Hg.), The Idea of History in the Ancient Near East, New Haven/London 1955, 35-76. - Joachim Krecher/Hans-Peter Müller, Vergangenheitsinteresse in Mesopotamien und in Israel: Saeculum 26 (1975), 13-44. - Hayim Tadmor/Moshe Weinfeld (Hgg.), History, Hi-

1. Auswahlkriterium für das, was dem Ägypter in der Fülle des Geschehens als »Geschichte« galt, war eine feste Theorie über die Rolle des Menschen und besonders des Königs, die letztlich keine Veränderung zuließ und nur nach der immer wiederkehrenden Aktualisierung dieser Rolle fragte. Anders ausgedrückt: *Neues* konnte es in dieser Sicht der Geschichte im Geschichtsablauf nicht geben - jedenfalls nicht von der Theorie, von der Konzeption her.

2. Neues konnte es auch nicht geben in der Rolle, die Menschen und Götter in dieser Konzeption innehatten. So wäre es z. B. unmöglich, so über die Entstehung des Königtums zu berichten, wie es das Alte Testament tut, oder auch über die Landnahme. Das Königtum ist eine von Anfang an bestehende Einrichtung, und die Ägypter werden selbstverständlich als autochthon gedacht.

3. Wenn ein Geschehen aus dem Bereich, den wir politisches oder kriegerisches Geschehen nennen würden, auf ein Handeln von Göttern zurückgeführt wurde, dann so, daß hier ein gemäß der göttlichen Weltordnung (der Ma'at) geschehendes Ereignis so verwirklicht wurde, daß der Gott diese Ordnung durchsetzte.

4. Dieses Geschichtsverständnis ist von seiner Konzeption her notwendig ausschließlich daran interessiert, die von den Göttern bei der Schöpfung verwirklichte Weltordnung (die Ma'at) auch in der Gegenwart aufzuweisen und durchzusetzen. Ein künftiges Ziel in der Geschichte, das etwas Neues brächte, kann es in dieser Konzeption nicht geben, auch nicht ein mit vergangenen Ereignissen gegebenes Ziel, das über sie hinauswiese. Ziel allen Handelns ist es, daß die Welt wieder wie bei ihrer Schöpfung werde.

In wesentlichen Grundzügen entspricht auch die babylonische Geschichtsauffassung dieser Konzeption. Und damit ist klar, daß hier ein völlig anderes Geschichtsverständnis als in Israel vorliegt und daß es nicht genügt, lediglich festzustellen, auch in der Umwelt werde wie in Israel geschichtliches Geschehen auf das Handeln von Göttern zurückgeführt. Denn bei allen schwierigen Problemen, die das Geschichtsverständnis Israels aufwirft, ist eines klar: Wesentlich für israelitisches Geschichtsverständnis ist die Vorstellung, daß Jahwe, der Gott Israels, mit seinem Volk in der Geschich-

---

storiography and Interpretation. Studies in Biblical and Cuneiform Literatures, Jerusalem/Leiden 1983. - J. van Seters, In Search of History, Historiography in the Ancient World and the Origins of Biblical History, New Haven/London 1983.

te auf ein Ziel hin handelt. Hier gibt es Neues in der »Geschichte«, hier erzählt man, daß das Volk früher noch nicht im Lande Kanaan war, sondern es erst eingenommen hat; hier bewahrt man die Erinnerung daran, daß das Königtum keineswegs am Anfang der Schöpfung vom Himmel herabgestiegen, sondern in einer beschreibbaren geschichtlichen Situation als etwas Neues aufgekommen ist. Und hier erwartet man auch bei den Propheten ein neues Handeln Jahwes - bis hin zur Veränderung der Welt, bis hin zum Kommen eines neuen Königs, eines Messias. Und was etwa Jer 31,31-34 steht, ist in keiner Geschichtskonzeption des Alten Orients möglich. Vielleicht kann man den Sachverhalt leicht vereinfachend, aber im Kern doch wohl treffend, so skizzieren[38]: In Ägypten und im Zweistromland führte man geschichtliche Ereignisse so auf das Wirken von Göttern zurück, wie man auch Naturerscheinungen (etwa die Fruchtbarkeit, die Liebe, die Trokkenheit) auf das Wirken von Göttern zurückführte. Man fragte: »*Warum* geschieht das?« und bot als Antwort ein göttliches Wesen, das hinter dem Geschehen als Bewirker steht und gemäß der Weltordnung handelt. In Israel konnte man natürlich auch diese Warum-Frage stellen - aber daneben und als Typisches fragte man: »*Wozu* geschieht dies?« - Und als Antwort gab man die Auskunft, Jahwe handle auf ein Ziel hin. Um sich den Unterschied der beiden Frageweisen klarzumachen, braucht man nur etwas über Ps 22,2 nachzudenken: die Frage »Mein Gott, mein Gott, *warum* hast du mich verlassen?« impliziert eine andere Geschehensdeutung, ein anderes Geschichtsverständnis als die Frage »Mein Gott, mein Gott, *wozu* hast du mich verlassen?«

Daß diese Besonderheit der israelitischen Geschichtsdeutung, wenn sie denn richtig beschrieben sein sollte, erst im Exil oder meinetwegen kurz vor dem Exil aufgekommen sein sollte, ist höchst unwahrscheinlich, wenn nicht ausgeschlossen: Denn dann wäre kaum erklärbar, woher die Erzählungen von der Landnahme oder von der Entstehung des Königtums gekommen sein sollten, dann wäre nicht erklärbar, was etwa Hosea über die Zeit der wahren Jahweverehrung in der Wüste gesagt hat, über die Verände-

---

[38] Dazu vgl. Diethelm Michel, »Warum« und »wozu«. Eine bisher übersehene Eigentümlichkeit des Hebräischen und ihre Konsequenz für das alttestamentliche Geschichtsverständnis, in: Jochanan Hesse (Hg.), »Mitten im Leben vom Tode umfangen«. Gedenkschrift für Werner Kohler (Studien zur interkulturellen Geschichte des Christentums 48) Frankfurt u.a 1988, 191-210 [in vorliegendem Band S. 13-34] - Ders., Geschichte und Zukunft im Alten Testament, in: H. Wißmann (Hg.), Zur Erschließung von Zukunft in den Religionen, Würzburg 1991, 27-43 [in vorliegendem Band S. 35-52].

rungen durch das Seßhaftwerden. Für den Historiker spricht alles dafür, daß wir hier alte Konzeptionen greifen - und damit eine Besonderheit Israels, etwas Typisches, was in dieser Weise keine Entsprechung in der Umwelt hat.

Man kann natürlich fragen, woher denn eine solche Besonderheit komme, worin sie ihren Grund habe. Eine mögliche Antwort hat Victor Maag gegeben[39]: Bei der Transmigration von Nomaden »wird in urtümlicher Weise Existenz als Geschichte erlebt«. Wenn man unterwegs ist zu einem neuen Weideland, gilt: »Dieses Heute der Gegenwart ist Engpaß, durch den es vorzustoßen gilt, ist transitorischer Zustand ... Der Sinn dieses Heute kann einzig von der Hoffnung erfaßt werden, und die Hoffnung muß sich am Ziel des Weges erfüllen. ›Wandervölker‹ haben, einmal seßhaft geworden, das abgeschlossene Erlebnis der Wanderung von Land zu Land transformiert zu einem permanenten Bewußtsein der Wanderung durch die Zeit«[40]. Freilich bleibt bei dieser Erklärung, so einleuchtend sie auch sein mag, die Frage, weshalb denn nicht andere seßhaft gewordene Nomaden, etwa im Zweistromland, eine analoge Konzeption entwickelt haben.

So wird man doch vielleicht vorsichtiger sich mit dem bescheiden, was oben von Martin Noth zitiert wurde, der von einem »durch seine Gotteserfahrung und seinen Glauben geprägten besonderen Geschichtsbewußtsein Israels« spricht.

Aber auch wenn man ganz auf die Frage, ob das Ei oder die Henne vorher da war, verzichten will - ein Zusammenhang zwischen der besonderen Art des Geschichtsverständnisses Israels und der besonderen Art des Jahweglaubens dürfte auf jeden Fall bestehen - und zwar so, daß der in der Geschichte mit seinem Volk auf ein Ziel hin handelnde Gott für dieses Volk der alleinige Herr war; mindestens eine Monolatrie scheint mit dieser Geschichtskonzeption vorausgesetzt zu sein.

Über die Probleme der Ethik im Alten Testament gibt es bemerkenswert wenige monographische Arbeiten; ein Grund dafür ist sicherlich, daß die Ethik herkömmlicherweise einen Teil der Theologie des Alten Testaments

---

[39] Victor Maag, Eschatologie als Funktion des Geschichtserlebnisses: Saeculum 12 (1961), 123-130 = Ders., Kultur, Kulturkontakt und Religion. Gesammelte Studien zur allgemeinen und alttestamentlichen Religionsgeschichte, Göttingen 1980, 170-180.
[40] Alle Zitate a.a.O. 127 (= 176).

bildet[41]. So können denn die folgenden Bemerkungen nur fragmentarischen Charakter haben. - Lehrreich ist zunächst wieder ein Blick nach Ägypten[42]. Hier ist die Ma'at, die rechte Ordnung, der Maßstab für das Handeln der Menschen. Die Ma'at ist der vom Urgott bei der Schöpfung gesetzte Zustand der rechten Ordnung, den es zu wahren oder wiederherzustellen gilt und für dessen Wahrung bzw. Wiederherstellung der Mensch logischerweise Wohlergehen zu erwarten hat - wer die rechte Ordnung fördert, kann und soll auch deren Früchte genießen. Aber auch wenn die Ma'at von Gott gegeben ist, gilt doch, »daß die Lehren aus dem Geist der gottgesetzten Ma'at nicht beanspruchen, göttlichen Ursprungs zu sein - was um so schwerer wiegt, als man andererseits in Ägypten durchaus den göttlichen Ursprung bestimmter Texte behauptet hat ... Sie bieten nur Erfahrung an, die aus dem ›Innern‹ des Menschen kommt. ... Ist die Ma'at kein explizit vorliegendes Gottesrecht, so kann auch ihre Auslegung nicht auf göttliche Urheberschaft gegründet werden«[43]. Letztlich gehören die Probleme damit in das Gebiet der sogenannten Weisheit, in der der Mensch mittels nachdenkender Erfahrung Regeln für das menschliche Zusammenleben sucht und findet; entscheidend ist dabei die Erkenntnis des Menschen; rechtes Handeln ist im tiefsten Grunde nichts anderes als eine Frage der rechten Einsicht. Religion (als Verhalten des Menschen zu Gott oder Göttern) und Ethik (als Verhalten des Menschen zu anderen Menschen) sind zwei letztlich getrennte Bereiche[44].

Auch in Israel gab es analoge Vorstellungen: sie sind auch dort typisch für die »Weisheit«. Aber bezeichnenderweise können wir einen Prozeß zunehmender Theologisierung der Weisheit greifen[45], der darin seinen Grund

---

41 Vgl. dazu Rudolf Smend, Ethik III, in: TRE 10, 1982, 423-435. Erfreulicherweise sind für die nähere Zukunft zwei Bücher über »Ethik des Alten Testaments« angekündigt, und zwar von Rudolf Smend und von Eckart Otto. [Mittlerweile ist erschienen: Eckart Otto, Theologische Ethik des Alten Testaments (Theologische Wissenschaft 3,2) Stuttgart u.a 1994.]

42 Die folgende Darstellung stützt sich auf Siegfried Morenz, Ägyptische Religion (Die Religionen der Menschheit 8) Stuttgart 1960.

43 A.a.O. 125.

44 Daran ändert auch die (sich spät, d.h. in der 1. Zwischenzeit entwickelnde) Vorstellung nichts, daß der Mensch nach dem Tode in ein Totengericht muß und hier geprüft wird, ob er sich gemäß der Ma'at verhalten hat. - Vgl. auch Eberhard Otto, Ethik, in: LÄ, Bd. 2, 34-39, und Jan Assmann, Ma'at. Gerechtigkeit und Unsterblichkeit im Alten Ägypten, München 1990.

45 Hierzu vgl. Horst Dietrich Preuß, Einführung in die alttestamentliche Weisheitsliteratur (Urban Taschenbücher 383) Stuttgart u.a. 1987. - Diethelm Michel, Proverbia 2

haben dürfte, daß der Bereich der Ethik nicht isoliert vom Jahweglauben bleiben konnte - Jahwe als alleiniger Gott Israels mußte auch auf diesem Gebiet die Norm sein. »Das wichtigste Charakteristikum und zugleich die entscheidende Legitimation der sittlichen Forderung im Alten Testament liegen in ihrer *Zurückführung auf Jahwe,* den Gott Israels, der Gott der ganzen Welt ist. Der Satz ›Ich bin Jahwe‹ steht mit großem Gewicht am Anfang des Dekalogs und sollte eigentlich bei jedem einzelnen Gebot mitgehört werden« (Smend[46]). Ganz pauschal läßt sich im jetzigen Text diese Beziehung des Rechts auf Jahwe daran zeigen, daß Jahwe Mose am Berg Sinai die Gebote gibt: Sie sollen explizit als göttlichen Ursprungs gelten. Sicherlich ist dies eine spätere Konstruktion; sicherlich kann man zeigen, daß zumindest Teile der Rechtssätze etwa des Bundesbuches einmal eine profane Eigenexistenz gehabt haben und zumindest teilweise sogar aus kanaanäischem Recht stammen. Aber in Israel *mußten* sie auf Jahwe zurückgeführt werden, weil Jahwe gewissermaßen den Alleinvertretungsanspruch für alles, was in Israel wichtig war, beanspruchte. Hier können jetzt keine Einzelheiten diskutiert werden - hingewiesen sei nur darauf, daß Eckart Otto in etlichen Arbeiten[47] Einzeluntersuchungen zu diesem Themenkomplex vorgelegt hat. So legt er z.B. in einer Wertung von Codex Hammurapi I 1-19 dar: »Ist also die Bevollmächtigung des Königs zur Rechtsdurchsetzung theologisch legitimiert, so werden doch die Rechtssätze keineswegs auf göttliche Autorität, sondern auf die des Königs zurückgeführt.« Gegenüber dieser Eigenart des mesopotamischen Rechts, das hier den oben skizzierten ägyptischen Verhältnissen entspricht, findet sich im Alten Testament ein »in JHWH begründete(s) Ethos der Solidarität«. Jahwe wurde »zur Quelle des israelitischen Rechts als Ausdruck des Gotteswillens«[48].

Wir brauchen hier keine weiteren Einzelheiten vorzuführen. Klar ist, daß der Jahweglaube mit großer Konsequenz Recht und Ethik auf Jahwe zurückgeführt hat. Er tat dies, er mußte dies tun, weil Jahwe keine Verkör-

---

- ein Dokument der Geschichte der Weisheit, in: Alttestamentlicher Glaube und Biblische Theologie (FS Horst Dietrich Preuß), Stuttgart u.a. 1992, 233-243.
[46] A.a.O. (vgl. Anm. 42), 428.
[47] Eckart Otto, Die Bedeutung der altorientalischen Rechtsgeschichte für das Verständnis des Alten Testaments, in: ZThK 88 (1991), 139-168.
[48] Die Zitate a.a.O. 157; 167; 168. Zu diesem Problem vgl. auch Josef Scharbert, Jahwe im frühisraelitischen Recht (Anm. 15), 180-181.

perung einer Naturkraft war, sondern der in der Geschichte erwählende und handelnde Gott, der von seinen Erwählten ein Entsprechungshandeln erwartete. (Es sei hier an das eingangs gebrachte Zitat aus Preuß erinnert, der also m.E. mit seiner Formulierung auf dem richtigen Weg ist.)

Fazit: Wir haben drei m.E. zusammenhängende Bereiche, in denen für Israel Typisches nachweisbar ist, das sich so in der altorientalischen Umwelt nicht findet. Und damit wird klar, daß die alttestamentliche Religion auf keinen Fall als eine evolutionäre Entwicklung aus kanaanäischen Ursprüngen (Lemche) oder als Religionsvariante aus der Matrix der syrisch-kanaanäischen Religionen (Niehr) verstanden werden kann. Wie immer man sich die Religionsgeschichte Israels im einzelnen vorstellen mag - sie hat Besonderheiten, die sie von der Umwelt unterscheiden: Es gibt in ihr am Ende einen Monotheismus, der vermutlich seine Vorstufen in einer Monolatrie gehabt hat. Es gibt im Alten Testament eine Vorstellung vom göttlichen Wirken in der Geschichte, die (trotz Albrektson u.a.) im Alten Orient nicht ihresgleichen hat und die vermutlich mit der Monolatrie zusammenhängt. Und es gibt eine Begründung ethischen Handelns in Jahwe, die in dieser Form ebenfalls singulär ist und die wohl so zu verstehen ist, daß der in der Geschichte allein erwählend an Israel handelnde Gott von dem Erwählten ein korrespondierendes Handeln erwartet.

Daß dieser Vorstellungskomplex von Israeliten selber als typisch angesehen worden ist, geht daraus hervor, daß er im Laufe der (Religions-)Geschichte immer stärker zur Geltung gebracht worden ist. Dabei mögen dann im Zuge einer späteren Abfassung oder Redaktion manche Elemente getilgt oder gemildert worden sein, die dieser Entwicklung nicht entsprachen - aber daß dieser Entwicklung eine sachliche Logik innewohnt, wird man kaum bestreiten können. Es ist die Logik, mit der sich eine Besonderheit gegen Widerstände durchsetzt, es ist die Logik, mit der von einer Mitte aus auch Bereiche der Peripherie assimiliert werden, es ist die Logik, mit der von einer inneren Einheit her eine Vielfalt von Erscheinungen zusammengebunden wird.

Annäherungen
Gedanken zum Problem der fundamentalen Bedeutung des Alten und der normativen Bedeutung des Neuen Testaments

- Walter Schmithals zum 70. Geburtstag -

I. Von einer christlichen Grundentscheidung und ihrer Schwäche in der gegenwärtigen Theologie

Wenn man sich mit dem Problem beschäftigt, wie sich Altes und Neues Testament zueinander verhalten, ist man verblüfft und erstaunt über die Fülle der Lösungsvorschläge - und natürlich auch über ihre Verschiedenheit. Je länger ich aber darüber nachdenke, desto mehr weichen Verblüffung und Erstaunen - und ich komme immer mehr zu der Einschätzung, daß diese Fülle wohl sachgemäß ist, der darzustellenden Sache entsprechend. Das ist vielleicht ähnlich wie bei der Zweinaturenlehre: die Erscheinung Jesu Christi ist größer, als daß sie durch eine einfache Gleichsetzung angemessen wiedergegeben werden könnte. Daß die Alte Kirche zu der Formel »Vere Deus - vere homo« fand, war angemessen, war, wenn nicht sach-, so doch personengemäß. Anscheinend kann man nicht alles in einer glatten, einlinigen Darstellung angemessen wiedergeben.

Unaufgebbare Überzeugung des christlichen Glaubens ist, daß Gott sich in Jesus Christus - und nur in ihm - vollkommen und endgültig offenbart hat. Dieser Satz impliziert, daß alle anderen denkbaren Offenbarungen, z.B. in der Natur oder der Geschichte oder auch im Alten Testament, gegenüber der in Jesus Christus weniger gewichtig sind. Die Bereiche Natur oder Geschichte können und sollen uns hier nicht interessieren - wohl aber das Alte Testament.

Nun könnte man natürlich wie etwa Marcion ganz auf das Alte Testament verzichten und das Neue aus sich verstehen - und in der *Praxis* tun das ja nicht wenige Christen, obwohl ihnen natürlich etwa im Gottesdienst alttestamentliche Lesungen und gelegentlich auch Predigten begegnen. Wir werden aber noch sehen, daß dagegen schwerste Bedenken bestehen. Dann aber muß jeder Christ, der über seinen Glauben nachdenkt, sich damit auseinandersetzen, wie sich AT und NT zueinander verhalten.

Welche Schwierigkeiten da bestanden und bestehen, kann man schon bei Paulus sehen. Er wollte und mußte darlegen, wieso das neuentstandene Christentum sich im Gegensatz zum zeitgenössischen Judentum als die wahre Fortsetzung des im Alten Testament begonnenen Heilsgeschehens ansah. Er machte das z.B. so:

> Es steht geschrieben, daß Abraham zwei Söhne hatte, einen von der Sklavin, den anderen von der Freien. Aber der von der Sklavin ist nach dem Fleisch (d.h. auf natürliche Weise) geboren, der andere aber von der Freien ist nach der Verheißung geboren.
> Diese Worte bedeuten etwas anderes: Das sind die beiden Testamente, das eine vom Berg Sinai, das zur Sklaverei gebiert, welches ist Hagar. Denn Hagar heißt in Arabien der Berg Sinai und ist ein Gleichnis für das Jerusalem dieser Zeit, das dienstbar ist mit seinen Kindern. Aber das Jerusalem, das droben ist, das ist die Freie. Sie ist unsere Mutter, denn es steht geschrieben:
> Sei fröhlich, du Unfruchtbare, die du nicht gebierst.
> Brich hervor und rufe, die du nicht schwanger bist.
> Denn die Einsame hat viel mehr Kinder als die, die den Mann hat.
> Ihr aber, liebe Brüder, seid wie Isaak Kinder der Verheißung.
> (Gal 4,22-28)

Selbstverständlich argumentiert Paulus hier mit einem alttestamentlichen Text auf eine Weise, die zu seiner Zeit sicherlich aktuell und wohl auch instruktiv war, die aber heute nicht mehr nachvollziehbar ist. Darüber können wir uns schnell einigen. Aber wenn wir mit dieser Feststellung auch sagen wollten, daß das mit diesem Text Gemeinte deshalb für uns eigentlich nicht mehr bedeutsam ist, hätten wir einen vorschnellen und falschen Schluß gezogen. Denn die Sache liegt natürlich so, daß Paulus von dem ausgeht, was er als Glaubensüberzeugung hat (nämlich: der christliche Glaube ist die wirkliche und eigentlich intendierte Fortsetzung der alttestamentlichen Verheißung), und für diese Glaubensüberzeugung sucht er einen demonstrierbaren Beweis mittels seiner Auslegung der Abrahamsgeschichte. Der Weg führt hier also von seiner Glaubensüberzeugung zu seinem Verständnis des alttestamentlichen Textes.

Daß die ganze Angelegenheit aber keineswegs so einfach und glatt darstellbar ist, kann man ebenfalls bei Paulus in Römer 9-11 sehen. Hier denkt er das Problem von einem anderen Gesichtspunkt her durch, von der Frage, ob Gottes Erwählung und Treue hinfällig werden können. Wir können das hier nicht ausführlich erörtern - aber nach meiner Überzeugung sagt Paulus hier nichts, was im Widerspruch zu dem in Gal 4 Gesagten stünde - nur: der zu bedenkende Gesamtkomplex ist offenbar nicht so einfach durch eine einzige und in sich glatte Darstellung zu fassen. Ich komme noch darauf zurück.

Wir sollten uns jetzt an das erinnern, was die moderne Hermeneutik uns über den Verstehensprozeß gelehrt hat: Es gibt kein vorurteilsfreies Verstehen; bei jedem Verstehen bringen wir unser Vorverständnis mit. Zu den Erkenntnissen der historisch-kritischen Methode gehört eben auch die Einsicht, daß nicht nur der Text und seine Verfasser, sondern auch jeder heute Verstehende historisch bedingt sind. Und eben dies demonstriert Paulus hier: Er geht von seinem christlichen Vorverständnis aus, von seiner Glaubensüberzeugung, mit der er das Alte Testament liest und versteht.

Hier taucht ein Problem auf, das in der heutigen Diskussion noch genauso aktuell ist wie vor fast zwei Jahrtausenden: Bei den Versuchen, AT und NT zusammenzubringen, kann ein Christ nicht von seinem Vorverständnis absehen.

Das mag vielleicht banal erscheinen, ist es aber keineswegs. Ganz im Gegenteil: Wir können die im verschiedensten Gewand auftretenden Versuche, den christlichen Grundansatz beim Verstehen des AT durchzusetzen, nur richtig würdigen, wenn wir diesen Grundansatz in seiner Bedeutung verstehen.

Darum stehe ich etwas ratlos bis verständnislos vor Äußerungen, die dieses Bestreben ignorieren oder vermissen lassen. Gewiß ist richtig, daß historisch aus der Religion, deren Zeugnisse wir im Alten Testament haben, mindestens zwei Religionen entstanden sind: das Judentum und das Christentum (vom Islam will ich in diesem Zusammenhang absehen). Als historische Feststellung ist diese Aussage fast eine Banalität und hat nichts Aufregendes an sich. Das Problem entsteht für den christlichen Glauben dadurch, daß für ihn die Entwicklung zum Christentum die theologisch richtige und konsequente ist.

Freilich ist diese Aussage heute keineswegs immer selbstverständlich - sowohl in der katholischen als auch in der evangelischen Kirche finden sich immer häufiger ganz andere Stimmen. Nicht selten kann man die Meinung hören, eigentlich sei ja das Judentum die wirkliche Fortsetzung des Alten Testaments, eigentlich sei ein vom Christentum herkommendes Verständnis des AT illegitim. Am schärfsten hat dies Georg Fohrer 1977 in einem Vortrag auf dem »Seventh World Congress of Jewish Studies« in

Jerusalem vorgetragen.[1] Fohrer, der ja bekanntlich zum Judentum konvertiert ist, nimmt hier so etwas wie eine Generalabrechnung mit christlichen Interpretationen des AT vor. Seine Thesen:
»Die primitivste Art der Fehlinterpretation der Hebräischen Bibel ist der sog. Weissagungsbeweis.« (161) »Unbrauchbar ist ferner die allegorisch-christologische Interpretation.« (162) Bei der typologischen Interpretation handelt es sich »um ein sehr gekünsteltes Verfahren, das ebenso wie die Allegorie ein Verfahren zur Deutung alter Schriften war, das besonders in der Spätantike geübt wurde. Mit der Antike ist es vergangen und erledigt, so daß es verwunderlich ist, daß man es bis heute vertritt.« (163) »Am übelsten ist die ›heilsgeschichtliche‹ Interpretation der Bibel.« (163) »Alle erwähnten Arten der Fehldeutung der Hebräischen Bibel knüpfen an die Erwartung des sog. Messias an, die als wesentlich oder grundlegend betrachtet wird und die sich in Jesus verwirklicht haben soll. ... Entgegen einer verbreiteten Auffassung ist also festzustellen, daß der Messias in der Hebräischen Bibel keineswegs im Mittelpunkt steht. ... Darum wäre es völlig falsch, die Hebräische Bibel messianisch zu deuten und die Messiaserwartung als Bindeglied zwischen ihr und dem christlichen Neuen Testament zu betrachten.« (164f) Nach Fohrer haben diese »christlichen Fehldeutungen« falsche dogmatische Prämissen bzw. Grundsätze: »Ein derartiger Grundsatz besagt, daß die Hebräische Bibel von Jesus und also vom Neuen Testament her zu verstehen sei. Jedoch ist dies historisch und theologisch falsch.« (165) Sein Fazit: »Welche Folgerung ergibt sich aus der Ablehnung der erwähnten Arten der Fehldeutung der Hebräischen Bibel? Sie ist jedenfalls kein Buch, aus dem sich die christliche Religion begründen oder legitimieren läßt, weil die Messiaserwartung dem nicht dienen kann und sich dazu nicht heranziehen läßt. Die frühere geschichtliche Basis der christlichen Religion erweist sich als brüchig; sie gründet sich nicht mehr auf Abraham und die Propheten, sondern beginnt mit dem Auftreten Jesu im Rahmen des zeitgenössischen Judentums. Jede ältere geschichtliche Begründung oder Legitimation fehlt. Freilich kann die christliche Religion die Hebräische Bibel auch nicht entbehren und sie nicht aufgeben, weil sie soviel aus ihr übernommen hat und in solchem Maße aus ihr lebt, daß sie ohne die Hebräische Bibel unverständlich wäre und nicht bestehen könnte. In dieser Situation bleibt ihr nur übrig, sich unter Aufgeben jedes Abso-

---

[1] Der Vortrag ist abgedruckt in dem Aufsatzband »Studien zum Alten Testament (1966-1988)«, (BZAW 196) Berlin 1991, 160-166.

lutheits- und Ausschließlichkeitsanspruchs als Kind des biblisch-alttestamentlichen Glaubens und als eine Tochterreligion des Judentums zu verstehen.« (166) Und dasjenige, was hinter dem Ganzen als Grundsatzentscheidung steht, hat Fohrer schon vorher deutlich ausgesprochen: Er zitiert Luthers Satz, wenn das Alte Testament aus sich selbst verstanden werden könne, sei Christus vergeblich gestorben, und fährt dann fort: »Demgegenüber gehe ich davon aus, daß es nur eine einzige legitime Möglichkeit gibt: die Hebräische Bibel in sich selbst und aus sich selbst zu verstehen. Dies zu betreiben, ist übrigens die Aufgabe der alttestamentlichen Wissenschaft und insbesondere der Exegese.« (161)

Gegen Fohrer kann und muß man einwenden, daß seine Darlegungen zwar vielleicht eingängig sind, aber nur dann, wenn man die Ergebnisse der hermeneutischen Debatte, wie sie nach dem Ende des Krieges geführt worden ist, nicht genügend bedenkt. Einen antiken Text einfach »in sich selbst und aus sich selbst zu verstehen« ist unmöglich, da jeder Ausleger sich, d.h. seine »Vor-Urteile« (Gadamer) oder sein »Vorverständnis« (Bultmann) immer schon mitbringt - und dies hängt bei einem Christen notwendig irgendwie mit seinem Glauben zusammen. Das ist bei einem heutigen Juden natürlich in keiner Weise anders. Ich muß diese Selbstverständlichkeit ausdrücklich erwähnen, weil sie vielen gar nicht bewußt ist, weil nicht selten so getan wird, als sei das rabbinische und dann das heutige Judentum die selbstverständliche und gradlinige Fortsetzung des Alten Testaments, und es habe deshalb auch heute einen unmittelbareren und direkteren Zugang zu den alttestamentlichen Texten als das Christentum, als etwa ein christlicher Wissenschaftler. Dabei wird übersehen, daß das heutige Judentum von den alttestamentlichen Texten durch einen genauso breiten historischen Graben getrennt ist wie das heutige Christentum. Und etwa die allegorische Interpretation von Gen 22 durch einen heutigen Juden ist von dem ursprünglich Gemeinten ebenso weit entfernt wie die paulinische Interpretation der Hagar in Gal 4.

Daß dies alles keineswegs banal ist, mögen folgende Zitate zeigen:

»Historisch und theologisch ist - das ist vor allem gegenüber Gese festzuhalten - die Kontinuität zwischen dem ›Alten Testament‹ und der ›mündlichen Tora‹ des nachbiblischen Judentums, wie sie im Talmud vorliegt, enger und konsequenter als die zwischen Altem und Neuem Testament. Wenn es eine ›organische‹ Einheit gibt und wenn die Tora irgendwohin ›aufgehoben‹ ist, dann in der jüdischen Überlieferung.«[2]

---

2 *Erich Zenger*, Das Erste Testament, Düsseldorf 1991, 137.

> »Das Alte Testament ist *in sich* und *aus sich* Wort Gottes, weder vorläufiges noch vorlaufendes, sondern vollgültiges Wort, das meint, *was* es sagt, und *dieses* gilt es zu hören. Es will nicht beurteilt werden nach dem, was es *nicht* sagt, sondern will konfrontiert werden mit dem, was es sagt - in seinen vielfältigen Wörtern und Bildern, Fragen und Aufforderungen ...
> Darin ruft es zur Entscheidung: für den Gott, der Leben gibt.
> Als solches ist es weder ›vor-christlich‹, noch ›unter-christlich‹, noch ›un-christlich‹, noch ›nicht-christlich‹. Ein ›alttestamentliches‹ Wort ist schlichtweg ›christlich‹, wenn es von Christen als Teil ihrer Bibel gehört wird - ohne daß es aufhört, zugleich, nein: von seinem Ursprung her, ›jüdisch‹ zu sein. Ein ›alttestamentlicher‹ Text muß sich weder gegenüber dem Neuen Testament ›rechtfertigen‹, noch muß er erst christlich ›getauft‹ werden, damit er ›Wort Gottes‹ für Christen werden kann.«[3]

Zu Zenger:

1. Zenger macht m.E. nicht genügend Ernst mit der hermeneutischen Grunderkenntnis, daß auch der Verstehende historisch bedingt ist. Beispiel: »Nach Cezanne sieht man eine ottonische Miniatur anders als vorher«, hat einmal ein kluger Mensch gesagt. So liest man nach Jesus Christus das »Alte Testament« anders, als es vor Jesus Christus möglich war. Damit gibt es hermeneutisch selbstverständlich ein »vorchristliches« Verständnis des Alten Testaments.

2. Ebenso »unhistorisch« ist Zengers Verwendungsweise des Adjektivs »jüdisch« - als sei das Alte Testament »jüdisch« im heutigen Sinne des Wortes. Denn das »Judentum«, z.B. mit seinen Vorstellungen über Speisegesetze und Gesetzesauslegung ganz allgemein, hat sich erst im und nach dem Exil entwickelt.

In der Zeitschrift »Evangelische Theologie« konnte man folgendes lesen:

> »Wir gründen unsere christliche Existenz auf die Bibel. Es ist uns selbstverständlich, daß die jüdische Bibel dazugehört, und zugleich, daß der Kerninhalt der Bibel die Jesus-Botschaft des Neuen Testaments ist. Beim Stichwort Bibel denken Juden aber keineswegs an unser Neues Testament. Das Stichwort deckt also unterschiedliche Inhalte, mindestens was das Inhaltsverzeichnis der Bibel angeht. Die Frage ist, ob es im tieferen Sinn um unterschiedliche Inhalte geht. Ist die in der Heiligen Schrift, ich sage jetzt traditionell christlich: Alten und Neuen Testaments bezeugte Offenbarung in der Substanz unterschiedlich für Juden und Christen? Spricht derselbe Gott mit zwei Zungen, oder sprechen zwei verschiedene Götter? Es gibt eine alttestamentliche Hermeneutik im Bereich der Kirche, die sich grundlegend vom jüdischen Umgang mit der Bibel unterscheidet, indem sie sagt, das Alte Testament ziele insgesamt auf Jesus Christus und sei nur von ihm her zu verstehen. Mit dieser hermeneutischen Entscheidung ist die Frage nach der christlichen Identität wieder einfach geworden, weil jede jüdische Auslegung der Bibel damit für in der Hauptsache irrelevant erklärt wird. Nun ist

---

3   Ebd. 138f.

das Wahrheitsmoment dieser gemeinchristlichen Auffassung nicht zu übersehen, das darauf beruht, daß die Geschichte und insbesondere die Auferweckung Jesu bei seinen Nachfolgern eine erneuerte Lektüre der Bibel auslöste. Andererseits muß gesehen werden, daß uns gerade das Neue Testament anleitet, Jesus als seinen Mittelpunkt und seine Grenze von der Bibel Israels her zu verstehen. Es gibt keine andere Sprache, in der Jesus und seine Geschichte verständlich gemacht werden könnte, als die Sprache der Bibel, das heißt des Alten Testaments; ohne sie bleibt Jesus für uns stumm. Dann muß die traditionelle hermeneutische Entscheidung revidiert werden, dann bekommt nicht nur das sog. Alte Testament, sondern auch die jüdische Bibelauslegung einen in der Kirche bisher unbekannten hohen Stellenwert. Die Beschreibung der christlichen Identität auf der Grundlage der Bibel geschieht dann im Gespräch mit jüdischen Auslegungen.«[4]

Zu Seim:

Auch hier (wie bei Zenger) findet sich eine historisch falsche Verwendung des Begriffes »jüdisch«: Für Christen gehört »die jüdische Bibel« zur Bibel dazu; es gibt eine »jüdische Auslegung der Bibel«. Mit dieser Verwendungsweise wird suggeriert, die heutige »jüdische Auslegung« und die »jüdische Bibel« gehörten wesensmäßig zusammen; es wird völlig ignoriert, daß das heutige Judentum und damit auch dessen heutige jüdische Auslegung eine historische Erscheinung ist, die vom Alten Testament durch zweieinhalb Jahrtausende getrennt ist. Und weiter wird ignoriert, daß es eine »jüdische Auslegung« als einheitliche Größe keineswegs gibt. - Der Hauptmangel der Ausführungen Seims aber besteht m. E. in folgendem: Es wird nicht unterschieden zwischen dem (historisch-kritischen) Bemühen, die alten Texte zu verstehen und ihren ursprünglichen Sinn so genau wie möglich zu erfassen, und der Tatsache, daß sowohl Juden wie Christen sich in ihrer gegenwärtigen Existenz gründen auf dem, was die alten Texte an Sinngebung des Lebens anbieten. Sicherlich kann letzteres nicht ohne ersteres auskommen - aber man muß doch zwischen beiden unterscheiden.

Eine Erweiterung der Grundordnung der »Evangelische Kirche in Hessen und Nassau« von 1992 lautet:

> »Aus Blindheit und Schuld zur Umkehr gerufen, bezeugt sie [sc. die EKHN] neu die bleibende Erwählung der Juden und Gottes Bund mit ihnen. Das Bekenntnis zu Jesus Christus schließt dieses Zeugnis ein.«

Hier hat das (anerkennenswerte) Streben nach Aufarbeitung der von den Nazis begangenen Verbrechen zu theologischer Unschärfe geführt: Wie man etwa als Zeuge bei einem Unfall nur das »bezeugen« kann, was man

---

[4] *Jürgen Seim*, Zur christlichen Identität im christlich-jüdischen Gespräch: EvTh 51 (1991), 458-467; 462f.

selber gesehen hat, kann man in theologischer Sprache ebenfalls nur das »bezeugen«, was man selber im Glauben erfahren hat. »Die bleibende Erwählung der Juden und Gottes Bund mit ihnen« kann kein Christ »bezeugen«.

II. Gedanken zur Vielfältigkeit der Versuche, das Verhältnis AT-NT zu bestimmen

Fleißige und kluge Menschen haben es unternommen, die bisherigen Versuche, das Verhältnis AT-NT zu bestimmen, zusammenzustellen und zu beurteilen. Ich nenne zum Beispiel:
- *Henning Graf Reventlow*, Hauptprobleme der alttestamentlichen Theologie im 20. Jahrhundert, (EdF 173), Darmstadt 1982;
- *Henning Graf Reventlow*, Hauptprobleme der Biblischen Theologie im 20. Jahrhundert, (EdF 203), Darmstadt 1983;
- *Horst Dietrich Preuß*, Das Alte Testament in christlicher Predigt, Stuttgart u.a. 1984;
- *Manfred Oeming*, Gesamtbiblische Theologien der Gegenwart, Stuttgart u.a. 1985; ²1987.

Es kann hier nicht meine Aufgabe sein, diesen systematisierenden Darstellungen eine weitere hinzuzufügen; mein Ziel ist viel bescheidener: ich will einen groben Überblick über die Vielfalt geben und dann zu dieser Vielfalt etwas sagen.

Man kann die Versuche der Verhältnisbestimmung etwa folgendermassen klassifizieren:
- der Weg der Antithese (Paulus, Bultmann);
- Verheißung und Erfüllung (Matthäus, Zimmerli);
- christologische Deutung (Vischer);
- Modell einer durchlaufenden Heilsgeschichte;
- Modell der Typologie (von Rad, H.W. Wolff);
- Modell der Strukturanalogie (Westermann).

Aber diese Klassifizierung, die einen Schrank mit schönen Schubladen bastelt und die einzelnen Theorien dann fein säuberlich in sie hineinsteckt, weckt einen falschen Eindruck: die einzelnen Theorien lassen sich nämlich gar nicht so klar beschreiben, eine saubere Trennung ist oft gar nicht möglich. Ich will das am Beispiel von Walther Zimmerli verdeutlichen, der immer als Hauptvertreter des Modells »Verheißung und Erfüllung« angesehen wird - schließlich hat er ja einen viel beachteten und diskutierten Aufsatz mit diesem Titel geschrieben.[5]

Im Neuen Testament wird des öfteren von »Verheißung und Erfüllung« gesprochen: In Jesus Christus sind die alttestamentlichen Verheißungen erfüllt worden. Zimmerli stellt sich nun die Aufgabe, »in inneralttestamentlicher Prüfung festzustellen, wieweit die neutestamentliche Rede von Verheißung und Erfüllung auf ihr gemäße alttestamentliche Tatbestände trifft, sie aufgreift und in ihrem Aufgreifen als legitime Interpretation derselben angesprochen werden kann.«[6] Von den alttestamentlichen Texten, die Zimmerli bei dieser Prüfung bespricht, soll einer etwas ausführlicher vorgeführt werden. Galling[7] hat »darauf hingewiesen, daß sich im Alten Testament eine eigenartige Doppelung der Erwählungsaussage feststellen läßt. Neben der Rede von der Erwählung Israels im Geschehen der Herausführung aus Ägypten, die sich in gleichmäßiger Streuung über die verschiedenen Teile des Alten Testament hin findet, steht die viel schmaler bezeugte Behauptung, daß Israels Erwählung ihren Grund in der Erwählung seiner Väter Abraham, Isaak und Jakob habe.«[8] Nun wissen wir aber seit Albrecht Alt[9], daß die Erzählungen vom »Gott der Väter« aus einer Zeit stammen, als es Israel und die Verehrung des Gottes Jahwe noch gar nicht gab; der »Gott meines Vaters« war ein Sippengott, der nachträglich mit dem Gott Jahwe, der aus Ägypten herausgeführt und das Land Kanaan gegeben hatte, identifiziert wurde. Bei dieser Übernahme der alten Erzählungen vom »Gott der Väter« sind aber nun die Erzählungen nicht einfach übernommen, sondern sie sind bearbeitet worden. Ein deutlicher Fall ist Gen 15,7, wo Gott sich dem Abra(ha)m mit den Worten offenbart: »Ich bin Jahwe, der dich herausgeführt hat aus Ur Kasdim«. Dieser Satz ist ganz verblüffend, wenn man ihn mit Ex 6,2-3 vergleicht, wo noch die (sicherlich historisch zutreffende) Erinnerung daran aufbewahrt wird, daß das Israel zur Zeit Abrahams den Namen »Jahwe« noch gar nicht kannte! Wenn man dann noch Gen 15,7 mit dem Beginn des Dekalogs vergleicht (»Ich bin Jahwe, der dich herausgeführt hat aus Ägypten,

---

5 *Walther Zimmerli*, Verheißung und Erfüllung: EvTh 12 (1952/53), 34-59 = *Ders.* in: *Claus Westermann* (Hg.), Probleme alttestamentlicher Hermeneutik (TB 11), München 1960, 69-101.
6 *Zimmerli*, Verheißung und Erfüllung (Anm. 5), 69.
7 *Kurt Galling*, Die Erwählungstraditionen Israels, (BZAW 48), 1928.
8 *Zimmerli*, Verheißung und Erfüllung (Anm. 5), 70.
9 *Albrecht Alt*, Der Gott der Väter, (BWANT 3/12), 1929.

aus dem Hause der Knechtschaft« (Ex 20,2), dann wird völlig klar, daß Gen 15,7 historisch unzutreffend nach Ex 20,2 gestaltet ist. Weshalb? Weil so die göttliche Selbstvorstellung in Gen 15,7 für Sachkundige, die Ex 20,2 im Ohr hatten (und das gilt wohl für jeden Israeliten), zu einem Hinweis auf die göttliche Selbstoffenbarung am Sinai wurde, zu einer Art »Verheißung«, die dort erfüllt wurde.

Man kann fragen, ob der Begriff »Verheißung« für einen Sachverhalt wie den hier skizzierten angemessen ist. Was Zimmerli mit dem Paar »Verheißung-Erfüllung« für solche Sachverhalte meint, ist dagegen klar: »Verheißung und Erfüllung umgreifen auf jeden Fall einen bestimmten geschichtlichen Raum. Sie binden unweigerlich an die Geschichte ...«[10] Damit wird ein Gegensatz deutlich, der Israel von seiner Umwelt trennt: »In Israel rückt die Kategorie Verheißung-Erfüllung an die Stelle der mythischen Rektion, die in Israels Umwelt herrscht.«[11] »Wer von Verheißung und Erfüllung weiß, ist einem Gestern, von dem er etwas gehört hat, verantwortlich, und geht einem Morgen entgegen. Diese Kategorie wehrt jeder Flucht in ein zeitlos-mystisches (sic!) Verständnis der Gottnähe ganz ebenso wie einem existentialistisch-punkthaften, geschichtlich beziehungslosen Verständnis der Gottesbegegnung.«[12]

> Diese Orientierung an der Geschichte, durch die sich das Alte Testament von seiner altorientalischen Umwelt unterscheidet, ist das typische Charakteristikum des Alten Testaments. »Überblicken wir das ganze Alte Testament, so finden wir uns in eine große Geschichte der Bewegung von Verheißung zu Erfüllung hin gestellt.«[13] Zusammenfassend sagt dann Zimmerli folgendes: »Es wird nicht angehen, eine feste Systematik der Erfüllungen zu konstruieren. Folgende Feststellungen dürften aber doch über die Erfüllungen, von denen das Alte Testament redet, gemacht werden. Diese Erfüllungen führen nie aus dem geschichtlichen Raum in eine geschichtslose Welt hinaus. ... So bekommt denn aber auch immer mehr alles alttestamentliche Geschehnis den Charakter einer Erfüllung, die ihrerseits wieder auf die Frage tieferer Erfüllung drängt. Die ganze alttestamentliche Geschichte, insofern sie von Jahwes Wort gelenkte und geschenkte Geschichte ist, bekommt Erfüllungscharakter - aber in der Erfüllung neuen Verheißungscharakter.«[14]

Die Argumentation Zimmerlis mündet dann darin, daß er im Neuen Testament analoge Strukturen findet:

---

10 *Zimmerli*, Verheißung und Erfüllung (Anm. 5), 76.
11 Ebd.
12 Ebd. 76f.
13 Ebd. 91.
14 Ebd. 92.

»So wie das Israel, das Jahwe als seinen Gott kennt, der es aus Ägypten geführt hat, in der Aufnahme der Väterverheißung in sein Credo die legitime Explikation seines Bekenntnisses vollzog, so vollzieht der in der Begegnung mit dem lebendigen Christus aufgebrochene urchristliche Glaube in der Aufnahme der alttestamentlichen Verheißung die legitime Explikation des Christusgeschehnisses, an dem er hängt ...«[15]

Der Kern von Zimmerlis Argumentation besteht in folgendem: Im neutestamentlichen Umgang mit alttestamentlichen Texten, den er mit den Kategorien »Verheißung und Erfüllung« zu charakterisieren versucht, findet sich ein Umgang mit überlieferten Traditionen, der ganz dem im Alten Testament praktizierten entspricht. Wenn das stimmt, ist das Neue Testament keineswegs ein Fremdkörper, der gewissermaßen per nefas an das Alte Testament angehängt worden ist und sich immer gegenüber dem Judentum rechtfertigen muß, sondern ist, wenn vielleicht auch nicht *die* legitime, so doch sicherlich *eine* legitime Fortsetzung des Alten Testaments. Daß daneben das talmudische Judentum ebenfalls *eine* legitime Fortsetzung des Alten Testaments bildet, soll damit gar nicht bestritten werden - historisch gesehen haben sich aus dem Alten Testament des Alten Israel sowohl das Christentum als auch das Judentum entwickelt, die beide sich auf bestimmte Elemente des Alten Testaments berufen können, die sie fortführen.

Ein Problem bei Zimmerli ist seine Begrifflichkeit: Wenn man seine Gedanken nachvollzieht, fragt man sich, ob die zusammenfassende Terminologie »Verheißung und Erfüllung« wirklich dem von ihm Gemeinten gerecht wird. Der Sache nach geht es Zimmerli darum, daß im alttestamentlichen Israel sich eine Besonderheit findet, die im ganzen Alten Orient nicht ihresgleichen hat: Die Geschichte im Sinne einer fortschreitenden Entwicklung wird als der Bereich des Handelns Jahwes entdeckt. In dem geschichtlichen Ablauf gibt es nicht einfach nur eine ständige Wiederholung von typischen Grundsituationen, wie man in Ägypten, Babylon und letztlich auch in Griechenland glaubte, sondern ein ständiges Fortschreiten zu etwas Neuem - und eben dies suchte Zimmerli mit den Kategorien »Verheißung und Erfüllung« sub specie Dei zu charakterisieren. Und diese in sich stringente Entwicklung findet ihre Fortsetzung im Neuen Testament.

Gerhard von Rad hat eine Konzeption vorgetragen, die sich in wesentlichen Punkten mit der Zimmerlis berührt - freilich in einer anderen Terminologie.[16]

---

15 Ebd. 95.
16 Vgl. *Gerhard von Rad*, Theologie des Alten Testaments. Bd. 2, München 1960, ⁹1987, III. Hauptteil [= S. 339-436]

»Wohl, das Alte Testament läßt sich nicht anders lesen als das Buch einer ständig wachsenden Erwartung.«[17] »Nein, das Alte Testament kann nicht anders denn als das Buch einer ins Ungeheure anwachsenden Erwartung gelesen werden.«[18] - In diesen Sätzen wird ein Grundanliegen von Rads deutlich: Auch er sieht Ähnliches wie Zimmerli, wählt aber dafür eine andere Begrifflichkeit. Wo Zimmerli von »Verheißung und Erfüllung« spricht, redet von Rad von einer »ständig wachsenden Erwartung« und einer »radikalen Offenheit für die Zukunft«. Mit dieser verschiedenen Terminologie scheinen beide denselben Tatbestand erfassen zu wollen, der vorher so in dieser Schärfe noch nicht gesehen worden war und für den es keine adäquate Terminologie gab.

Sowohl bei Zimmerli als auch bei von Rad liegt den Ausführungen folgende Idee zugrunde: Beide gehen von einer inneralttestamentlichen Struktur aus, die eine Besonderheit des Alten Testaments sei und für die es Vergleichbares in der Umwelt Israels nicht gegeben habe. Diese Struktur setze sich nun im Neuen Testament fort, so daß das Neue Testament mit seiner Aufnahme des Alten Testaments sich ganz auf der Linie des Alten Testaments befinde und zwischen beiden kein Bruch existiere.

Es »mag ... nützlich sein, wenn hier schon vorwegnehmend darauf hingewiesen wird, daß in den noch folgenden Abschnitten die Diskussion eigentlich nur unter einem Gesichtspunkt aufgenommen wird, nämlich demjenigen, der uns bisher schon bei der Entfaltung der inneralttestamentlichen Überlieferungen geleitet hat, also dem überlieferungsgeschichtlichen. Die noch folgenden Abschnitte haben eigentlich nichts anderes im Sinn als diesen uns bisher bekannt gewordenen Prozeß noch einen Schritt weiter zu verfolgen, indem wir die Aufnahme des Alten Testaments im Neuen als einen Vorgang zu begreifen suchen, der vom und im Alten Testament schon vorbereitet wurde und dessen ›Gesetzlichkeit‹ sich bei dieser letzten Neuinterpretation gewissermaßen wiederholt.«[19]

Hier werden Methode und Theorie von Rads deutlich: im AT finden sich ständige inneralttestamentliche Neuinterpretationen und von ihnen her ist das AT das Buch einer ständig anwachsenden Erwartung; das Neue Testament ist der letzte Schritt dieser Bewegung. Wenn dies alles stimmt, ist damit von der Sache her die Einheit von Altem und Neuem Testament gewonnen.

---

[17] Ebd. 339.
[18] Ebd. 341.
[19] Ebd. 342.

»Das Gefälle der Geschichte Israels mit Gott drängt, wie wir sahen, ungestüm nach vorne, und dieses Phämomen einer immer gewaltiger aufgestauten Erwartung tritt nun doch im Neuen Testament in ein neues Licht; denn in ihm kommt es nach den vielen vorausgegangenen heilsgeschichtlichen Aufbrüchen zu seinem letzten hermeneutischen Umschlag und zu seiner endgültigen Deutung.«[20]

Sowohl bei Zimmerli als auch bei von Rad fällt es schwer, sie in eine der üblichen Schubladen zu stecken (vgl. oben); ganz allgemein kann man sagen, daß das von ihnen Gemeinte offenbar zu komplex ist, als daß es sich mit einer glatten simplen Theorie darstellen ließe. Wenn Zenger schreibt: »Die Globalzuordnung von Altem Testament - Neuem Testament als Verheißung - Erfüllung, Typos - Antitypos u.ä. nimmt die Vielschichtigkeit und Vielgestaltigkeit des Alten Testaments nicht ernst«[21], dann trifft er deshalb damit weder Zimmerli noch von Rad. - Bezeichnenderweise hat Oeming in einem scharfsinnigen Buch[22] die These verfochten, bei von Rad fänden sich in seiner Verhältnisbestimmung von AT und NT nicht weniger als vier verschiedene Denkmodelle ineinandergemixt: a) das verheißungsgeschichtliche Modell, b) das überlieferungsgeschichtliche Modell, c) das heilsgeschichtliche Modell und d) das sprachgeschichtliche Modell. Aber dies muß keineswegs ein Hinweis auf fehlende denkerische Schärfe bei von Rad, sondern kann auch ein Hinweis auf die Komplexität des Gegenstandes sein, der sich eben durch *ein* Denkmodell alleine nicht angemessen darstellen läßt; wenn das so wäre (und dies ist meine Meinung), kann jedes einzelne Denkmodell immer nur Annäherungscharakter haben.

III. Versuche, einen Zusammenhang zwischen AT und NT aufzuweisen, der in Gemeinsamkeiten besteht, die beide Testamente von der altorientalischen Umwelt unterscheiden

Sowohl bei Zimmerli als auch bei von Rad findet sich der Versuch, im Alten Testament etwas Typisches aufzuweisen, was sich nicht in der altorientalischen Umwelt, wohl aber im Neuen Testament findet. Durch diese Gemeinsamkeit wird dann klar, daß das Neue Testament mit Recht als eine legitime Fortsetzung des Alten angesehen werden kann.

---

[20] Ebd. 353.
[21] *Zenger*, Das Erste Testament (Anm. 2), 125.
[22] *Manfred Oeming*, Gesamtbiblische Theologien der Gegenwart. Das Verhältnis von AT und NT in der hermeneutischen Diskussion seit Gerhard von Rad, Stuttgart u.a. 1985, ²1987.

Durch diese Art der Argumentation werden sowohl Altes wie Neues Testament gegen die altorientalische Umwelt abgesetzt. In einer Zeit, in der unsere Kenntnis des Altens Orients und seiner Religionen rapide zunimmt und damit religionsgeschichtliche Gemeinsamkeiten zwischen dem AT und seiner Umwelt die Forschung faszinieren, ist dies eine besonders wichtige und einleuchtende Argumentationsweise - wenn es solche Gemeinsamkeiten zwischen AT und NT wie die von Zimmerli und von Rad aufgezeigten gibt, die sich im Alten Orient nicht finden, ist damit eine religionsgeschichtliche Einebnung des Alten (und Neuen!) Testaments in die religiöse Umwelt verwehrt.

Im folgenden soll kurz auf zwei weitere Versuche hingewiesen werden, die diese Zielrichtung (Aufweis von Gemeinsamkeiten in AT und NT und Abgrenzung von der Umwelt) verfolgen.

a. Otto Kaiser

Otto Kaiser hat unter der gerade skizzierten Fragestellung einen Aufsatz veröffentlicht: Die Bedeutung des Alten Testaments für den christlichen Glauben.[23]

Wenn man nach dem »Wesen des alttestamentlichen Gottes« fragen will, muß man das herausarbeiten, »was ihm im Kreise der Götter der Alten Welt seine unübersehbare Eigenart verliehen hat.« Es geht also um die Frage nach der »differentia specifica«.[24] Und die Antwort auf diese Frage lautet: Die Götter der Umwelt »waren zu Personen gewordene Naturgewalten ... Man brauchte an diese Götter nicht zu glauben; denn was die Mythen von ihren Kämpfen und Siegen, ihrem Lieben und Unterliegen erzählten, spiegelte sich immer erneut im Jahreslauf ...«.[25] Der Gott Israels aber war keine personifizierte Naturkraft, das Gottesverhältnis Israels beruhte nicht auf seinem naturhaften Sein, es wird »nicht mit der Schöpfung, sondern mit einer geschichtlichen Erwählung durch YHWH begründet«.[26] »Ist Gott als Person erkannt, ergibt sich daraus zugleich das Verständnis des Menschen als Person. Zwischen Theologie und Anthropologie besteht eine unauflösbare Verbindung. Daher verlangt Gott als Person von den Menschen als Personen, daß sie sich auch zueinander als solche verhalten. (...)

---

[23] ZThK 86 (1989), 1-17.
[24] Ebd. 5.
[25] Ebd. 7.
[26] Ebd. 8.

Weil YHWH der Gott des ganzen Volkes und nicht nur der Schutzgott des Einzelnen ist, verlangt er nicht nur sich selbst, sondern allen Gliedern der Gemeinschaft gegenüber den Erweis von (...) solidarischer Treue und Zuverlässigkeit.«[27] Und eine weitere Besonderheit, die das AT von seiner Umwelt unterscheidet: »YHWH verträgt seinem Wesen nach keine anderen Götter neben sich, Ex 20,3 par Dtn 5,7.«[28] Dieses Gottesverhältnis als Bindung an den personhaften Gott ist die »differentia specifica« des Alten Testaments, und es »bedarf jetzt nur noch der Erinnerung daran, daß die neutestamentliche und zumal die paulinische Botschaft den Christen und potentiell alle Menschen in ein gleichstrukturiertes Gottesverhältnis aufnimmt.«[29] »Es ist die analoge Struktur des Gottesverhältnisses, die beide Testamente weit über das einzelne hinaus miteinander verbindet und es dem Christen ermöglicht, durch die Worte des Alten Bundes hindurch die Worte des Neuen Bundes zu hören.«[30]

Wenn wir Kaisers Thesen kurz zusammenfassen, läßt sich sagen: Das AT unterscheidet sich von seiner altorientalischen Umwelt vor allem durch drei Sachverhalte:

1. YHWH ist keine Verkörperung einer Naturkraft, sondern der als Person handelnde Schöpfer der Welt, der der Welt gegenübersteht und sich dem Volk Israel in seinem personhaften Handeln zuwendet.

2. Weil YHWH sich in diesem seinem personhaften Handeln Israel zuwendet, verlangt er auch von den Menschen ein analoges Handeln in personhafter Zuwendung zueinander.

3. Dieser personhaft handelnde Gott verträgt keinen anderen Gott neben sich.

In diesen drei Punkten, die Kaiser verschieden stark akzentuiert, haben wir Elemente, die Altes und Neues Testament gemeinsam als differentia specifica gegenüber ihrer (altorientalischen und hellenistischen) Umwelt haben. Freilich aber gibt es auch zwischen den beiden Testamenten »einen gravierenden Unterschied (...), den wir hier mit einer gewissen Vorläufigkeit als den zwischen einer nationalen und einer universalen Religion bezeichnen können.«[31]

---

[27] Ebd.
[28] Ebd. 10.
[29] Ebd. 15.
[30] Ebd. 16.
[31] Ebd. 3.

b. Diethelm Michel

Nach meinem Urteil hat Kaiser in seiner grundsätzlichen Argumentationsrichtung das gesagt, was uns heute weiterbringen kann; ich selber habe parallel zu Kaiser und unabhängig von ihm eine Position entwickelt, die sich in vielem mit Kaiser berührt.[32]

Die Ermöglichung einer christlichen Annahme des Alten Testaments besteht für mich in der Erkenntnis, daß sich im Alten wie im Neuen Testament Gemeinsamkeiten finden, die beide von ihrer Umwelt unterscheiden. Ich nenne hier vor allem:
1. Die Vorstellung von Gottes Handeln in der Geschichte,
2. die Begründung der Ethik durch göttliche Forderungen,
3. der Monotheismus.

Zu 1: In der Umwelt Israels waren die Göttinnen und Götter vergöttlichte Erscheinungen dieser Welt. Assmann hat diesen Tatbestand scharf pointiert formuliert: »Die ägyptischen Götter sind nicht nur *in* der Welt, sondern sie *sind* die Welt.«[33] Für diese Götter war die »Geschichte« allenfalls insofern ein Bereich des Handelns, als etwa ein für die Schaffung der Ordnung bei der Schöpfung zuständiger Gott eine Trübung dieser Ordnung beseitigte und so die anfängliche Ordnung wiederherstellte. Für solches »Geschichtsverständnis« kam der Gedanke einer Entwicklung oder gar eines Fortschritts in der Geschichte gar nicht in den Blick.

Wem das befremdlich erscheint, möge folgendes bedenken: Wenn jemand so etwas wie ein Geschichtsverständnis oder eine Geschichtskonzeption entwickelt, dann muß er aus der unendlichen Fülle des Geschehenen auswählen - denn alles, was geschieht, kann niemand bedenken oder darstellen. Folglich ist bei einer Geschichtsdarstellung oder Geschichtskonzeption immer ein Auswahlvorgang mit einem Auswahlkriterium im Spiel - niemand kann dem entgehen, mag er sich auch noch so sehr um »Objektivität« bemühen. Wenn man also eine Geschichtskonzeption verstehen will, muß man nach diesem Auswahlkriterium fragen.

---

[32] Vgl. *Diethelm Michel*, Geschichte und Zukunft im Alten Testament, in vorliegendem Band S. 35-52; *Ders.*, Einheit in der Vielfalt des Alten Testaments, in vorliegendem Band S. 53-68.

[33] *Jan Assmann*, Ma'at. Gerechtigkeit und Unsterblichkeit im Alten Ägypten, München 1990, 35.

Für den Bereich der Ägyptologie liegen hier zahlreiche und instruktive Untersuchungen vor.[34] Hornung schreibt einleuchtend: »Welchen Sinn (...) erkennt die ägyptische Geschichtsüberlieferung in der chaotischen Vielfalt des Weltgeschehens? Daß der Ägypter die Geschichte nicht als fortschreitende Entwicklung auf ein fernes Endziel hin begreift, hat man seit langem gesehen. Nach A. Hermann ist sie für ihn ›die Behebung einer Trübung der Weltordnung, nicht ein einem Ziele zustrebender Ablauf‹, nach W. Wolf ›eine sich ständig wiederholende Wiederherstellung der von Gott aufgerichteten und vom König garantierten Weltordnung‹. Wenn wir dem Ägypter selbst noch einmal das Wort geben, dann ist für Tutanchamon das Ergebnis all seines geschichtlichen Wirkens, daß ›die Welt wie bei ihrer Schöpfung ist‹. Denn für ihn ist die Welt in ihrem Urzustand, so wie sie aus der Hand des Schöpfers hervorgegangen ist, von paradiesischer Vollkommenheit, keiner Verbesserung bedürftig. Die Zeit aber nutzt alles Seiende ab, die Vollkommenheit wird getrübt, Mächte der Zerstörung und Auflösung bedrohen die einstmals gesetzte Ordnung.«[35]

Hier handelt es sich nicht um eine Besonderheit des alten Ägypten; ähnliche Geschichtsvorstellungen finden sich z.B. auch in Babylon. Denn diese Geschichtskonzeption korrespondiert mit der Eigenart der Götter in der gesamten Umwelt Israels.

Auf diesem Hintergrund erst kann man ermessen, wie exzeptionell die Besonderheit des israelitischen Geschichtsverständnisses ist: Israel erzählte, daß sein Gott die Welt erschaffen, die Väter erwählt, Israel aus Ägypten errettet habe, dann das Land Kanaan gegeben, alle Feinde vertrieben und abgewehrt habe: kurz, das charakterische und einmalige Handeln seines Gottes lag für Israel in der Geschichte. Und dabei wurde Geschichte völlig anders verstanden als in der altorientalischen Umwelt: in dem Geschichtslauf wiederholen sich nicht bestimmte menschliche Grundsituationen (so bei Herodot und Thukydides), die Geschichte strebt auch nicht zu dem uranfänglich guten Schöpfungszustand zurück oder soll zu ihm zurückstre-

---

34 Vgl. *Eberhard Otto*, Geschichtsbild und Geschichtsdeutung in Ägypten: WO 3 (1966), 161-176; *Erik Hornung*, Geschichte als Fest, Darmstadt 1966; *Jürgen von Beckerath*, Geschichtsüberlieferung im Alten Ägypten: Saeculum 29 (1978), 11-17; *Ders.*, Geschichtsschreibung, in: LÄ Bd. 2, 566-568; *Dieter Wildung*, Geschichtsauffassung, in: LÄ Bd. 2, 560-562; *Ders.*, Geschichtsbild, in: LÄ Bd. 2, 562-564; *Ders.*, Geschichtsdarstellung, in: LÄ Bd. 2, 564-566; *Rolf Gundlach*, Geschichtsdenken und Geschichtsbild im pharaonischen Ägypten: Universitas 40 (1985), 433-455.
35 *Hornung*, Geschichte (Anm. 34), 29.

ben (so in Ägypten und Babylon), sondern die Geschichte entwickelt sich weiter, weil Gott mit seinem Volk auf ein zukünftiges Ziel hin handelt. Daß in dieser Konzeption Zukunft notwendig etwas anderes bedeutet als in Ägypten, sei wenigstens am Rande vermerkt.

Und diese alttestamentlich-israelitische Geschichtskonzeption findet ihre Fortsetzung im Neuen Testament, wo Jesus Christus als die Erfüllung der geschichtlichen Entwicklung verstanden wird. Daß diese israelitische Geschichtskonzeption auf dem Weg über das Christentum das Abendland ganz stark beeinflußt und geprägt hat, hat der Philosoph Karl Löwith gezeigt;[36] es soll wenigstens kurz erwähnt werden.

Zu 2: Die vergöttlichten Naturkräfte können keine ethischen Forderungen an die Menschen stellen, dies ist gewissermaßen nicht ihr Metier. Deshalb wird im Alten Orient der Bereich der Ethik durch die sog. Weisheit geregelt: Die Menschen bringen mittels der Empirie Ordnung in die Fülle der auf jeden Menschen einstürmenden verschiedensten Erscheinungen und stellen dabei auch fest, welche Art von Handlungen und Verhaltensweisen zu einem guten Ende führen, also »erfolgversprechend« sind. Die so gewonnenen ethischen Regeln beruhen auf der Überzeugung, daß der Mensch mittels seines Verstandes herausbekommen könne, was für ihn und für andere gut ist.[37]

Auch in Israel gab es den Bereich der »Weisheit« mit seinen Handlungsanweisungen. Für Israel charakteristisch und spezifisch aber ist, daß ethische Forderungen durch Zurückführung auf Gott begründet wurden, und zwar so, daß der Gott Israels, der zuvor in der Geschichte an Israel heilvoll gehandelt habe, nun ein entsprechendes Handeln und Verhalten von Israel erwarte. Seinen klassischen Ausdruck hat dies im Dekalog gefunden. In einer Präambel wird auf das vorweglaufende Handeln Gottes hingewiesen, aus dem dann Folgerungen für die Menschen gezogen werden. Um dieses Verhältnis ganz deutlich zu machen, übersetze ich etwas ungewohnt, aber sprachlich mindestens möglich (und m.E. sogar besser):

---

36 *Karl Löwith*, Weltgeschichte und Heilsgeschehen. Die theologischen Voraussetzungen der Geschichtsphilosophie, Stuttgart 1953.
37 Eine instruktive Einführung in diesen Komplex bietet: *Bernhard Lang*, Klugheit als Ethos und Weisheit als Beruf. Zur Lebenslehre im Alten Testament, in: *Aleida Assmann* (Hg.), Weisheit. Archäologie der literarischen Kommunikation III, München 1991, 177-192; *Ders.*, Weisheit als Ethos. »Common sense« und einfache Sittlichkeit im Buch der Sprichwörter, in: RHS 33, Düsseldorf 1990, 281-288; grundlegend noch immer: *Gerhard von Rad*, Weisheit in Israel, Neukirchen 1970.

»Nur ich bin Jahwe, dein Gott, der dich aus Ägypten, aus dem Hause der Knechtschaft herausgeführt hat.
Deshalb darfst/sollst du keine anderen Götter neben mir haben.
Deshalb darfst/sollst du dir kein Gottesbild machen ...
Deshalb darfst/sollst du den Namen Jahwes, deines Gottes, nicht zum Nichtigen gebrauchen.
Gedenke des Sabbattages ...
Ehre deinen Vater und deine Mutter ...
Deshalb darfst/sollst du nicht morden.
Deshalb darfst/sollst du nicht die Ehe brechen.
Deshalb darfst/sollst du nicht stehlen.
Deshalb darfst/sollst du nicht falsch Zeugnis ablegen gegen deinen Nächsten.
Deshalb darfst/sollst du nicht nach dem Haus deines Nächsten verlangen ...«

Zu 3: Das Problem des alttestamentlichen Monotheismus kann in diesem Rahmen nur ganz knapp angedeutet werden. Vermutlich war der Monotheismus in vorexilischer Zeit nicht so herrschend, wie es die (nachexilisch bearbeiteten) Texte jetzt darstellen. Über diesen Fragenkomplex gibt es zur Zeit eine sehr kontrovers geführte wissenschaftliche Debatte. Mir scheint es aber auf jeden Fall wahrscheinlich zu sein, daß mindestens eine Vorform des Monotheismus, die Monolatrie, in die Zeit vor der Seßhaftwerdung Israels zurückgeht.[38]

IV. Schlußgedanken

a) Wenn auch, historisch gesehen, das Christentum nur eine mögliche und faktisch geschehene Fortsetzung des Alten Testaments ist, so ist doch für den Glauben das Christentum die im AT angelegte und eigentlich gemeinte Fortsetzung des AT. Das hat nichts mit Antijudaismus oder gar Antisemitismus zu tun. Selbstverständlich wird jedem Juden das Recht zugestanden, ebenfalls die Glaubensüberzeugung zu haben, daß im talmudischen (oder modern-reformerischen ...) Judentum die im AT angelegte und eigentlich gemeinte Fortsetzung des AT besteht. Schließlich hat historisch das Alte Testament zwei Fortsetzungen gehabt, das Judentum und das Christentum, die beide überzeugt waren, mit Recht die im AT angelegte und von der Sache des AT her gemeinte Fortsetzung zu sein. Das ist deshalb möglich, weil das AT in sich verschiedene Strömungen und Tendenzen enthält, die dann eben in

---

[38] Monolatrie [griechisch latreuein = verehren] nennt man eine Religionsform, in der über die Existenz anderer Götter nichts ausgesagt wird, die aber die ausschließliche Verehrung nur eines Gottes fordert. Beispiel: Das Gebot »Du darfst/sollst keine anderen Götter neben mir haben« ist nicht monotheistisch, sondern monolatrisch!

verschiedene Fortsetzungen gemündet sind. Doch dies auch nur andeutungsweise darzulegen, würde den Rahmen dieses Aufsatzes völlig sprengen.

b) Annäherungen habe ich als Überschrift gewählt. Damit wollte ich ausdrücken und hoffe gezeigt zu haben: Der von Christen geglaubte Zusammenhang AT-NT ist so vielfältig und so geheimnisvoll, daß man alle Versuche, ihn zu erfassen und darzustellen, als tastende Annäherungen begreifen sollte. Hier ist etwas, was unser Denken übersteigt und was also zu immer neuem Durchdenken herausfordert.

c) Eines aber sollte klar sein: Für Christen wird das, was ihren Glauben begründet, im Neuen Testament berichtet. Sie lesen das Alte Testament als ein für ihren Glauben relevantes Buch, weil es als mit der durch das Neue Testament gesetzten Norm übereinstimmend angesehen werden kann. Insofern hat das Neue Testament für das Alte eine normative Funktion.

Andererseits ist aber gerade wegen der erkennbaren (und zu glaubenden) geschichtlichen Entwicklung das Neue Testament nicht freischwebend gewissermaßen im luftleeren Raum entstanden, sondern als Fortführung der im Alten Testament berichteten Gottesoffenbarung. Deshalb können Christen auf das Alte Testament nicht verzichten, es hat »fundamentale« Bedeutung für das Neue Testament, insofern gerade die Besonderheiten, die das Neue Testament von seiner Umwelt unterscheiden (Geschichtsverständnis, Ethik, Monotheismus), aus dem Alten Testament stammen. In diesem Sinne hat das Alte Testament für das Neue eine fundamentale Bedeutung; ohne Schaden können Christen nicht auf das Alte Testament verzichten.

d) Heutige Juden halten analog mit demselben Recht den Tenach[39] für das Buch, das im Judentum und speziell im Talmud gemündet ist. Auch sie sehen Verbindungslinien (etwa in den Gesetzen) zwischen dem Tenach und späteren jüdischen Schriften, die für sie eine Zusammengehörigkeit konstituieren.

e) Daß der Tenach bzw. das Alte Testament sowohl im Judentum als auch im Christentum eine Fortsetzung gefunden hat, die die jeweiligen Angehörigen dieser »Gruppen« mit subjektivem Recht als *die* legitime Fortsetzung ansehen, hat seinen Grund darin, daß bereits der Tenach/das Alte Testament in sich nicht einheitlich ist, sondern verschiedene Tendenzen enthält, die auf verschiedene Fortsetzungen hinzielen.

---

[39] Das ist die jüdische Bezeichnung für das sog. »Alte Testament«; da Juden kein »Neues Testament« haben, können sie ihre Heilige Schrift natürlich nicht »Altes Testament« nennen.

Überlieferung und Deutung in der Erzählung von Isaaks Opferung (Gen 22)[1]

Früher hat man anders erzählt als heute. Wenn heute jemand eine Kurzgeschichte schreibt, stellt er seine augenblickliche Auffassung dar. Und die Erzählung bleibt dann unverändert, bis sie schließlich im Idealfall nach vielen Jahren in den gesammelten Werken erscheint. Früher dagegen wurde eine Erzählung über einen langen Zeitraum hinweg von Mund zu Mund weitergegeben. Viele Menschen haben über sie nachgedacht, viele haben sie erzählt, und viele haben beim Erzählen ihre Gedanken und Erfahrungen in ihr wiederentdeckt und vielleicht auch durch kleine Ergänzungen deutlicher gemacht.

Wer über die Geschichte von Isaaks Opferung nicht nur einmal, sondern öfter nachdenkt, spürt das. Sie ist vielschichtig. Sie handelt davon, daß Gott keine Menschenopfer will. Und sie handelt auch von Versuchung und Gehorsam. Und sie handelt auch von der rechten Opferbereitschaft. Und sie handelt auch davon, daß Gott für den Menschen mehr sein will als seine Gabe. Man kann so vieles aus der Geschichte heraushören, weil so viele an ihr gearbeitet haben, weil so viele sie erzählt haben, weil so viele ihre Gedanken in sie haben einfließen lassen.

Der Bibelwissenschaftler kann das sogar mit den heutigen Methoden der Textforschung beweisen. Denn in dem jetzt vorliegenden Text kann man noch eine Urfassung erkennen, die einmal erzählt hat, wie Gott die bis dahin üblichen Menschenopfer ablehnte und durch ein Tieropfer ersetzt haben wollte - Gott will nicht den Tod von Menschen. Und spätere

---

[1] Dieser Beitrag ist die leicht veränderte Fassung einer am 24.10.76 im SFB gesendeten Rundfunkbetrachtung. Ziel war nicht, neue Erkenntnisse über die Überlieferungsgeschichte von Gen 22 vorzutragen, sondern einen Einblick in die Eigenart des überlieferungsgeschichtlichen Wachsens alttestamentlicher Texte zu geben. In der Analyse des Textes bin ich weitgehend R. Kilian (Isaaks Opferung, Stuttgarter Bibelstudien 44, 1970) gefolgt. Beim Erzählen der rekonstruierten Urfassung hat sich über Kilian hinaus allerdings gezeigt, daß die kursiv gedruckten Sätze so oder so ähnlich im Text gestanden haben *müssen* - anders läßt sich die Geschichte nicht erzählen.

Erzähler haben dann neue Seiten an dieser Erzählung entdeckt, und sie haben diese Entdeckungen durch Ergänzungen deutlicher gemacht und stärker hervortreten lassen. So ist die Erzählung vielschichtig und hintergründig geworden.

Ich will jetzt einmal erzählen, wie etwa die Urform der Geschichte gelautet hat. Und dann wollen wir versuchen, gemeinsam die Überlegungen nachzuvollziehen, zu denen diese Geschichte die alten Erzähler offenbar angeregt hat. Also zunächst die Urfassung:

Eines Morgens machte sich Abraham früh auf, sattelte seinen Esel, nahm seine zwei Knechte mit sich und seinen Sohn und ging *zu dem Ort, wo man herkömmlicherweise das Opfer des ersten Sohnes darzubringen hatte.* Am dritten Tage erhob er seine Augen und sah den Ort von ferne. Abraham sprach zu seinen Knechten: Bleibet hier zurück mit dem Esel. Ich und der Knabe werden zu dem bewußten Ort gehen und anbeten. Dann kamen die beiden zu dem Ort, und Abraham baute den Altar, fesselte seinen Sohn, legte ihn oben auf den Altar und streckte seine Hand aus, um ihn zu schlachten. Da rief ihn Gott vom Himmel an: Abraham, Abraham! Lege deine Hand nicht an den Knaben, tue ihm nichts! *Denn ich will kein Menschenopfer!* Da erhob Abraham seine Augen und sah einen Widder, der sich mit seinen Hörnern im Gestrüpp verfangen hatte. Und er nahm den Widder und brachte ihn als Brandopfer dar anstelle seines Sohnes. Und er nannte den Namen dieses Ortes "Gott sieht", *weil Gott an ihm den Menschen angesehen hatte.*

So etwa hat also die Vorstufe dieser Erzählung gelautet. Und nun stelle ich mir vor, ich sei einer der Menschen, die früher diese Erzählung von Jugend auf oft gehört hatten, die oft über sie nachgedacht hatten. Und mir kommen Fragen. Menschenopfer kenne ich ja nicht mehr, die gibt es schon lange nicht mehr. Wie kann ein Vater dazu kommen, seinen Sohn zu opfern? Wie kann er einen so grausamen Plan fassen? Von sich aus doch sicher nicht. Das tut doch kein Mensch. Das muß ihm doch befohlen worden sein. Aber wer kann und darf so etwas befehlen? Und jetzt denke ich nach über Befehlen und Gehorsam. Und ich komme zu der Erkenntnis: Einen so unbedingten Gehorsam bis hin zum Opfer des Sohnes kann eigentlich nur jemand verlangen, zu dem ich das absolute Vertrauen habe, daß er meinen Gehorsam nie ausnutzen würde, daß er immer mein Bestes will. Und dann erkenne ich plötzlich: Dieser Gott, der ja ausdrücklich festgestellt hat, er wolle keine Menschenopfer, verdient einen solchen vertrauenden Gehorsam. Und wenn ich jetzt die Geschichte weitererzähle, will ich natürlich das, was ich erkannt habe, noch deutlicher ausdrücken. Und so erzähle ich einleitend: "Nach diesen Begebenheiten versuchte Gott Abraham und sprach: Abraham! Und der antwortete: Hier bin ich. Und Gott sprach weiter: Nimm deinen Sohn und opfere ihn zum Brandopfer!" Durch diese interpretierende Ausmalung klingt nun eine Seite der Erzählung, die vorher nur leise tönte, viel lauter und voller. Jetzt wird dem Hörer schon von Anfang an klar: Hier geht es um das Recht Gottes, unbedingten Gehorsam zu fordern. Gott darf solchen Gehorsam fordern bis hin zum Opfer des Sohnes, weil er, wie am Ende der Geschichte über jeden Zweifel hinaus klar wird, ein solches Opfer gar nicht will, weil er das Wohl des Menschen will.

Und ich denke weiter nach. Die Gehorsamsprobe, die Gott dem Abraham stellt, war ja für ihn noch unendlich viel schwerer als sie für mich wäre. Denn für Abraham war ja Isaak, sein einziger Sohn, der Garant der Verheißungen Gottes. Gott erwartet also von Abraham, daß er im Vertrauen auf Gott sogar die Verheißung Gottes aufs Spiel setzt. Was kann der Sinn einer solchen Forderung sein? Und jetzt kommt mir die Erleuchtung: Gott will Abraham in Erinnerung rufen, daß die Verheißung auf Gottes Zuwendung beruht und nicht ohne Gott in dem Sohn allein zu haben ist. Gottes Heil geht nicht im Innerweltlichen, nicht im Materiellen auf, auch nicht in einem Sohn. Und deshalb muß anscheinend Abraham durch eine solche Gehorsamsprobe davor bewahrt werden, Gott über seiner Gabe zu vergessen. So - und nur so - hat er am Ende schließlich beides: Gott als den, dem er vertrauen kann, und seinen Sohn, in dem Gott seine Zuwendung sichtbar gemacht hat. Und wenn ich jetzt die Erzählung weitererzähle, betone ich diese neue Erkenntnis vielleicht dadurch, daß ich sage: "Gott sprach: Nimm deinen *einzigen* Sohn, den du liebhast, Isaak!" Und ich erzähle zweimal: "Und es gingen die beiden miteinander", um dem Hörer eindrücklich vor Augen zu stellen, wie schwer der Gehorsam für den geplagten und versuchten Vater ist, der mit seinem unschuldigen, nichtsahnenden Sohn voll stiller Verzweiflung einhergeht.

Und ich betone das Ausweglose der Situation noch dadurch, daß ich Isaak fragen lasse: "Hier sind Feuer und Holz - wo aber ist das Schaf zum Brandopfer?" Und ich lasse den verzweifelten Vater fast gegen alle Vernunft mit einem leisen Hoffnungsschimmer antworten: "Mein Sohn, Gott wird sich ein Schaf zum Brandopfer ersehen." Und auf dem Höhepunkt der Spannung, als Gott eingreift und das Opfer ablehnt, lasse ich ihn sagen: "Nun weiß ich, daß du Gott fürchtest und deinen einzigen Sohn nicht verschonen würdest um meinetwillen" - was anders sollte denn der Sinn dieser Prüfung sein?

Und um Gottes Zuwendung ganz unzweifelhaft klarzumachen, füge ich am Ende der Erzählung an, daß Gott dem Abraham noch einmal eine Verheißung gibt. Jetzt hat Abraham wirklich beides in der Weise, die sich geziemt: Gott und den Sohn.

So oder so ähnlich sind in einer langen Erzähltradition immer neue Aspekte der ursprünglichen Geschichte entdeckt und dann beim Weitererzählen verdeutlicht worden.

Früher hat man anders erzählt als heute, sagte ich zu Beginn. Tiefer, hintergründiger, vielschichtiger. Nachdenken von Generationen hat sich in dieser Geschichte niedergeschlagen. Und wenn solches Nachdenken bei der erzählenden Weitergabe zu verdeutlichenden Ergänzungen führte, weil man neu gewonnene Aspekte klarer ausdrücken wollte, so war dies alles andere als ein Akt der Willkür. Vielleicht darf man hier sogar von einer letzten Treue gegenüber dem Überlieferten reden. Denn kann man seine Treue besser und anders bewähren als dadurch, daß man das Überlieferte in seiner Zeit neu reden läßt und das Gehörte dann auch ausdrückt?

Ihr werdet sein wie Gott
Gedanken zur Sündenfallgeschichte in Genesis 3

Einführung

"Menschwerdung Gottes und Vergöttlichung von Menschen" - so lautet das Thema dieser Ringvorlesung. Es trifft sicherlich keinen zentralen Gegenstand des Alten Testamentes. Gott wird in ihm nicht zu einem Menschen - und schon gar nicht wird in ihm ein Mensch zu einem Gott.

Eine Ausnahme kann man allenfalls nennen: in einigen Psalmen finden sich Vorstellungen über das Königtum, nach denen der König als Adoptivsohn Gottes galt[1]. Doch da das Königtum in Israel erst spät entstanden ist, ist dieser Vorstellungskomplex gewiß nicht genuin israelitisch, sondern wesentlich durch Vorstellungen der Umwelt beeinflußt. Und er ist wohl auch nie als typisch israelitisch angesehen worden; die Erinnerung an die königslose Vergangenheit ist immer wachgehalten worden, es hat immer Widerstand gegen das Königtum gegeben, nach der Aufhebung des Königtums durch die Neubabylonier hat die jüdische Gemeinde auch ohne ein Königtum weiterexistiert[2].

Wieso haben eigentlich Vorstellungen wie die vom sakralen Königtum in Israel eine geringere Rolle gespielt als in seiner Umwelt, als z.B. in Ägypten? Wieso gab es in Israel nicht die Vorstellung einer Menschwerdung Gottes und allenfalls am Rande, wie ich gerade skizziert habe, die Vorstellung einer Vergöttlichung eines Menschen in der Person des Königs? Lassen sich für diese Besonderheit Gründe aufzeigen?

---

[1] Vgl. Ps 2 und Ps 110.
[2] Es ist ja eine höchst überraschende Eigentümlichkeit Israels, daß es anders als etwa Ägypten und Babylon immer die Erinnerung an die königlose Vergangenheit aufbewahrt hat.

1. Erster Durchgang durch den Text und seine Probleme

Zur Beantwortung dieser Frage wollen wir einen Text näher betrachten, in dem es um eine "Vergöttlichung des Menschen" geht, nämlich den Sündenfallbericht im 3. Kap. des Buches Genesis. Es mag vielleicht zunächst so scheinen, als würden wir das Thema der Ringvorlesung verlassen - aber ich kann versichern, daß wir schnell wieder bei ihm sein werden.

> 1 Die Schlange aber war klüger als alle Tiere des Feldes, die Jahwe-Gott gemacht hatte, und so sprach sie zu der Frau: "Gott hat ja wohl gesagt: Ihr dürft von keinem Baum des Gartens essen!" 2 Da sprach die Frau zu der Schlange: "Von den Früchten der Bäume des Gartens dürfen wir essen. 3 Nur von den Früchten des Baumes mitten im Garten hat Gott gesagt: Ihr dürft von ihnen nicht essen, dürft auch nicht daran rühren, damit ihr nicht sterbet!" 4 Da sprach die Schlange zu der Frau: "Ihr werdet gewiß nicht sterben, 5 sondern Gott weiß genau, daß an dem Tage, an dem ihr von ihnen eßt, eure Augen aufgetan werden und ihr sein werdet wie Gott, indem ihr nämlich Gut und Böse kennt." 6 Da sah die Frau, daß der Baum gut wäre hinsichtlich des Essens und reizvoll anzusehen und begehrenswert hinsichtlich des Klugwerdens - so nahm sie von seinen Früchten, aß, gab auch ihrem Mann bei ihr, und der aß (auch). 7 Da wurden ihrer beider Augen aufgetan und sie erkannten, daß sie nackt waren. Da flochten sie Feigenlaub zusammen und machten sich Schurze.

"Eure Augen werden aufgetan und ihr werdet sein wie Gott, indem ihr nämlich Gut und Böse kennt!" So sagt die kluge (und keineswegs böse!) Schlange zu der Frau, und damit sind wir bei unserem Thema und bei dem Thema dieser Vorlesungsreihe. Nur: was ist hier genau gemeint mit der "Vergöttlichung des Menschen"? Dies ist eine der vielen schwierigen und nach meinem Urteil noch nicht endgültig gelösten Fragen dieser Erzählung. Und wir können schnell weitere anschließen: Was ist eigentlich gemeint mit dem "Gut und Böse kennen", das nach dem Text ja das Charakteristikum des vergöttlichten Menschen sein soll, des Menschen, der ist wie Gott? Sie können sich denken, daß es über diese Frage eine Fülle von Meinungen und entsprechend eine Fülle von Spezialliteratur gibt. Ich kann und will sie hier nicht referieren - wir werden schon noch sehen, was hier gemeint sein muß.

Zunächst aber weiter mit den Problemen des Textes. Als die beiden, der Mann und die Frau, von dem Baum gegessen hatten, wurden ihre Augen tatsächlich aufgetan, wie es die Schlange verheißen hatte, "und sie erkannten, daß sie nackt waren".

Wie ist diese "Erkenntnis" nun zu bewerten? Wie verhält sie sich zu dem verheißenen Erkennen von Gut und Böse? Hat die Schlange die Menschen betrogen oder gibt es irgendeinen Zusammenhang zwischen dem Erkennen von Gut und Böse und der Erkenntnis der Nacktheit? Und weiter: Wie ist das mit dem Sterbenmüssen, das als Strafe für das Essen der Frucht angedroht war? Hat die Schlange hier nicht gegen Gott Recht behalten?

Der Text beantwortet diese Fragen nicht direkt - etwa durch eine Feststellung, also habe die Schlange die Menschen hinsichtlich der Erkenntnis von Gut und Böse betrogen oder hinsichtlich des Sterbenmüssens gegen Gott Recht behalten. Wir müssen also die Antwort auf diese Fragen aus dem Kontext, aus dem weiteren Verlauf der Erzählung entnehmen. Und der bringt als nächstes die Verhörszene V. 8-13:

> 8 Da hörten sie das Geräusch Jahwe-Gottes, der im Garten beim Abendwind spazieren ging, und der Mensch und seine Frau verbargen sich vor Jahwe-Gott inmitten der Bäume des Gartens. 9 Da rief Jahwe-Gott nach dem Menschen und sprach: "Wo bist du?" 10 Er aber antwortete: "Das Geräusch von dir habe ich im Garten gehört, da fürchtete ich mich, weil ich nackt bin, und versteckte mich." 11 Er aber sprach: "Wer hat dir mitgeteilt, daß du nackt bist? Hast du etwa von dem Baum gegessen, von dem zu essen ich dir verboten hatte?" 12 Da sprach der Mensch: "Die Frau, die du mir beigegeben hast, die hat mir von dem Baum gegeben - da habe ich (eben) gegessen." 13 Da sagte Jahwe-Gott zu der Frau: "Was hast du da getan?" Und die Frau antwortete: "Die Schlange hat mich getäuscht - da habe ich (eben) gegessen."

Wir können diesen Text nicht ausführlich betrachten, können z.B. nicht bei der wichtigen Erkenntnis verweilen, daß Sünde gegen Gott und Sünde gegen Mitmenschen hier als eng zusammenhängend dargestellt werden: Das Übertreten des göttlichen Gebotes hat als Folge, daß die Schuld auf den anderen geschoben und der als Zu-Bestrafender herausgestellt wird: Der Mann schiebt die Schuld auf die Frau, die Frau auf die Schlange. Offenbar soll gezeigt werden: Die Zerstörung des Verhältnisses zu Gott zerstört auch zwischenmenschliche Verhältnisse.

Doch dies nur als kurze Randbemerkung. Für unsere Fragen nach dem Zusammenhang von Erkenntnis von Gut und Böse und Nacktsein gibt der Text den Hinweis, daß das Nacktsein zu (Scham), Furcht und Sich-Verstecken geführt habe. Wenn die Menschen sich wegen der Folgen dieser Erkenntnis vor Gott verstecken müssen, können sie offensichtlich durch sie nicht wie Gott geworden sein. Damit scheint die eben gestellte Frage beantwortet: Die Menschen sind durch das Erkenntnis der Nacktheit bewirkende Essen der Frucht nicht wie Gott geworden hinsichtlich der Erkenntnis von Gut und Böse.

In den V. 14-19 folgen Strafandrohungen:

> 14 Da sprach Jahwe-Gott zu der Schlange: "Weil du dieses getan hast, seist du verflucht vor allem Vieh und vor allem Getier des Feldes. Auf deinem Bauch sollst du gehen und Staub fressen dein Leben lang. 15 Und Feindschaft will ich setzen zwischen dir und der Frau und zwischen deinen Nachkommen und ihren Nachkommen. Er soll trachten, dir den Kopf zu zertreten, und du sollst nach seiner Ferse schnappen."
> 16 Zu der Frau sprach er: "Ich will deine Beschwerden zahlreich machen. Was deine Schwangerschaft anlangt: in Schmerzen sollst du Kinder gebären. Nach deinem Mann soll dein Verlangen sein, während er über dich herrschen soll."
> 17 Und zu dem Menschen sprach er: "Weil du auf die Stimme deiner Frau gehört und von dem Baum gegessen hast, von dem zu essen ich dir verboten hatte: Verflucht ist der Ackerboden um deinetwillen. In Mühe sollst du dich dein ganzes Leben lang von ihm nähren! 18 Dornen und Disteln soll er dir sprossen lassen, und du sollst das Kraut des Feldes essen.
> 19 Im Schweiße deines Angesichts sollst du Brot essen, bis du zum Ackerboden (*'adama*) zurückkehrst, denn von ihr bist du genommen. Ja: Du bist Staub und mußt zum Staube zurückkehren."

Wir nehmen diese Verse jetzt nur zur Kenntnis und stellen lediglich fest, wie sie gegliedert sind:
- in V. 14 eine Strafe für die Schlange allein,
- in V. 15 eine Strafe für Frau und Schlange gemeinsam,
- in V. 16 eine Strafe für die Frau allein,
- in V. 17-19 eine Strafe für den Mann allein.

> 20 Da nannte der Mensch seine Frau Eva (*chawwa*), denn sie war die Mutter von allem Lebendigen (*chajja*).

V. 20 ist im Kontext einigermaßen rätselhaft. In einem Wortspiel (einer Etymologie) soll der Name Eva (im Hebräischen *chawwa*) von *chajja* "das Lebendige" hergeleitet werden. Möglicherweise wird *chawwa* hier mit der Erde als der großen Mutter, aus der alles Leben stammt, gleichgesetzt (vgl. Hi 1,21; Ps 139,13-15; Sir 40,1).

> 21 Da machte Jahwe-Gott dem Menschen und seiner Frau Fellkleider und ließ sie sie anziehen.

V. 21 ist anscheinend ein Echo auf V. 7: dort flechten die Menschen sich Schurze aus Feigenblättern, hier macht ihnen Jahwe selbst die sicherlich viel höher einzuschätzenden Fellkleider.

Und nun V. 22:

> 22 Da sagte Jahwe-Gott: "Siehe, der Mensch ist geworden wie einer von uns hinsichtlich der Erkenntnis von Gut und Böse! Nun soll er nicht auch noch seine Hand ausstrecken und von dem Baum des Lebens nehmen, essen und ewiglich leben!"

Der Vers kommt völlig überraschend. Eben hatten wir aus V. 10 entnommen, die Schlange müsse die Menschen betrogen haben, weil die Erkenntnis der Nacktheit Furcht und Verstecken bewirkte und die Menschen dadurch also nicht wie Gott geworden sind, wissend, was Gut und Böse ist - und nun steht hier das Gegenteil! Mehr noch: Jahwe-Gott stellt selber fest, die Menschen seien nun "wie einer von uns hinsichtlich der Erkenntnis von Gut und Böse". Das von der Schlange verheißene Ziel der Vergöttlichung des Menschen ist also eingetreten, und zwar nach dem Urteil Gottes eingetreten! Daran kann gar kein Zweifel bestehen: Aber auf welchem Gebiet ist der Mensch denn gottgleich? "Hinsichtlich der Erkenntnis von Gut und Böse" kann hier doch nicht bedeuten "Allwissenheit". Sollte vielleicht gemeint sein "Unterscheidungsfähigkeit zwischen Gut und Böse, die vorher nicht vorhanden war, solange es nur das Gute gab"? Wieso aber wäre die ein Grund, den Menschen ihretwegen aus dem Paradies zu vertreiben?

Und noch ein erklärungsbedürftiger Tatbestand: Wieso verwendet Gott hier den Plural "der Mensch ist geworden wie einer von *uns* hinsichtlich der Erkenntnis von Gut und Böse"? Gibt es denn mehrere Götter? Und wenn hier so etwas wie ein göttlicher Hofstaat gemeint sein sollte analog etwa zu dem Hiobprolog: warum taucht der hier dann so unvermittelt auf, ohne vorher auch nur andeutungsweise erwähnt zu sein? - Man kann übrigens das Problem des Plurals nicht mit leichter Hand dadurch abtun, daß man hier einen pluralis majestatis annimmt ("Wir, Wilhelm, Kaiser von Gottes Gnaden, haben beschlossen") - den gab es nämlich im biblischen Hebräisch nicht.

Abschließend wird dann die Vertreibung aus dem Garten geschildert, und zwar wird sie eigenartigerweise zweimal geschildert: V. 23-24:

> 23 Da schickte ihn Jahwe-Gott weg aus dem Garten Eden, den Ackerboden (*'adama*) zu bebauen, von dem er genommen war. 24 Dann vertrieb er die Menschen und ließ östlich vom Garten Eden die Cheruben sich lagern und die Flamme des Zickzackschwertes, den Weg zum Baum des Lebens zu bewachen.

In V. 23 findet sich ein deutlicher Rückbezug auf V. 17-19: das Themawort *'adama* (Erdboden) taucht wieder auf und ebenfalls die Bemerkung, der Mensch sei von der *'adama* genommen. (Dies verbindet übrigens diesen Abschnitt mit der Erschaffung des Menschen in Gen 2,7.) V. 24 dagegen bezieht sich ebenso deutlich auf V. 22: auch hier geht es wieder um den Baum des Lebens, von dem der Mensch nicht essen soll.

2. Der Rahmen für die Lösung der Probleme

Eine erste Lektüre des Textes hat etliche Probleme zutage gefördert, die wir klären müssen, wenn wir den Text verstehen wollen. Bei diesem Unternehmen müssen wir das berücksichtigen, was die moderne Bibelwissenschaft über Entstehung und Eigenart alttestamentlicher Texte im Allgemeinen und der Texte aus der Urgeschichte im Besonderen herausgefunden hat. Ehe wir uns den Problemen im einzelnen zuwenden, soll deshalb der Problemlösungsrahmen abgesteckt werden.

Die moderne Bibelwissenschaft geht von der Erkenntnis aus, daß die biblischen Texte ursprünglich von Menschen für Menschen verfaßt worden sind, und zwar von Menschen mit bestimmten Vorstellungen und einem bestimmten zeitbedingten Sprachgebrauch für Menschen mit bestimmten Vorstellungen und einem bestimmten zeitbedingten Sprachgebrauch. Zweifellos haben sich die Vorstellungen und die Eigentümlichkeiten des Sprachgebrauchs in den zweieinhalb bis dreitausend Jahren, die seitdem vergangen sind, verändert. Wenn wir die Texte verstehen wollen, wie sie ursprünglich gemeint waren und wenn wir nicht dem verbreiteten Fehler verfallen wollen, unsere Denkarten, unsere Probleme, unsere Eigentümlichkeiten des Sprachgebrauchs in den alten Text hineinzutragen, dann müssen wir versuchen, den geistigen Hintergrund, der zur Zeit der Abfassung die selbstverständliche Folie der Aussagen bildete, zu rekonstruieren. Nur so können wir den Fehler vermeiden, vorschnell unsere Gedanken in den Text hineinzulesen.

Zu den Eigentümlichkeiten der Umwelt Israels, die den Israeliten zweifellos bekannt waren und die sich auch in alttestamentlichen Texten spiegeln, gehört, daß Einsichten über von Göttern verursachte und garantierte Ordnungen in Form von Erzählungen vorgetragen wurden, von Erzählungen, die die heutige Wissenschaft "Mythen" nennt. Ein Mythos hat zwar rein äußerlich die Form einer "Erzählung", aber er wurde nicht erzählt um der Unterhaltung willen, wie das heute bei Erzählungen üblich ist. Ein Mythos wurde auch nicht so erzählt, wie wir heute historische Novellen oder Romane erzählen: um nämlich Aufschluß über historische Tatsachen zu geben, wobei die Tatsächlichkeit im Bereiche des faktisch Geschehenen liegt. Ein Mythos sollte vielmehr eine gegenwärtige Ordnung aus dem Lebenskreis der Erzähler als unveränderbar, verläßlich, gültig charakterisieren, und dies geschah dadurch, daß man sie auf göttliches Handeln zurückführte - denn Götter können und wissen ja per definitionem mehr als wir Menschen. Wir werden auf das Problem des Aussagewillens des Mythos noch zurückkommen.

Eine weitere Erkenntnis der modernen Bibelwissenschaft brauchen wir noch zur Erklärung unseres Textes.

Das Alte Testament unterscheidet sich, wie allgemein bekannt ist, dadurch von seiner Umwelt, daß es das Ausschließlichkeitsgebot kennt: Nur Jahwe, der Gott Israels, darf von den Israeliten angebetet werden - einen anderen Gott, andere Götter darf es für Israel nicht geben. In der gesamten Umwelt Israels dagegen finden wir die Religionsform des Polytheismus, in der ein Götterensemble, ein Götterpantheon angenommen wird.

Die Ausschließlichkeitsforderung mit dem auf ihr beruhenden Monotheismus hat nun eine ganz bestimmte, in sich logische Konsequenz gehabt: Während im Polytheismus gewissermaßen für jede als göttlich angesehene Kraft oder Mächtigkeit ein einzelner Gott oder eine einzelne, bestimmte Göttin zuständig war, mußte im Monotheismus alles ohne Unterschied auf den einzigen Gott zurückgeführt werden, von dem ja alles kommt und "ohn' den nichts ist, was ist". Diese Entwicklung führt dann mit logischer Konsequenz zum Problem der Theodizee, weil ja auch das Böse irgendwie mit dem einzigen Gott zusammengebracht werden muß - polytheistische Religionen haben es da leichter. Doch das soll uns hier nicht beschäftigen, sondern lediglich die Grundtatsache, daß im Monotheismus logischerweise alles, was es in der Welt an göttlichen Aktivitäten nach der Erkenntnis der Gläubigen gibt, auf eben diesen einzigen Gott und Urheber allen Geschehens zurückgeführt werden muß. Dies führt nämlich in Israel zu einem auf den ersten Blick befremdlichen Phänomen, das aber seine Anstößigkeit verliert, wenn man es als logische und notwendige Konsequenz des Monotheismus erkannt hat. Der Jahweglaube als "Ein-Gott-Verehrung" erweist sich als usurpatorisch. Alles, was nicht innerweltlich, sondern durch göttliches Wirken erklärt werden soll, muß seinen Ursprung in dem einzigen und alleinigen Gott Israels haben.

Ein Beispiel: Die israelitischen Nomaden hatten sich vor ihrer Seßhaftwerdung keine großen Gedanken gemacht, wer denn die Fruchtbarkeit des Kulturlandes gebe - als sie seßhaft wurden und dann von den ansässigen Kanaanäern hörten, die Fruchtbarkeit sei von dem Regengott Baal gegeben worden und werde immer wieder von ihm gegeben, indem er mit dem als seinem Sperma gedeuteten Regen die große Mutter Erde befruchte, haben sie diese Erklärung zunächst teilweise übernommen, dann aber zunehmend von ihrer Ein-Gott-Verehrung her abgelehnt und Aussagen, die ursprünglich von Baal gemacht wurden, auf Jahwe übertragen. Wenn jemand Fruchtbarkeit gibt, dann Jahwe und nicht Baal. Glaubensinhalte wurden so vom Jahweglauben usurpiert - Glaubensinhalte, die ursprünglich typisch waren für den kanaanäischen Regengott Baal und seine Funktionen in dem kanaanäischen Götterpantheon.

Und gleichzeitig mit der Übernahme der Glaubensinhalte wurden auch Vorstellungen und Vorstellungskomplexe übernommen und teilweise auch

Mythen, in denen diese Vorstellungen ausgedrückt waren. Freilich wurden die außerisraelitischen "Mythen", in denen bestimmte Gegebenheiten dieser Welt auf göttliches Handeln zurückgeführt werden sollten, nicht unverändert übernommen. Sie wurden vielmehr auf Jahwe bezogen und damit notwendigerweise uminterpretiert und verändert. Denn Jahwe ist ja z.B. kein Regengott in einem Götterpantheon neben z.B. der großen Mutter Erde, sondern er ist der einzige und alleinige Gott. Und nicht nur in veränderter und uminterpretierter Form übernommen wurden religiöse Texte (Mythen) der Umwelt, sondern sie wurden auch polemisch bearbeitet.

Ein bekanntes Beispiel für die interpretierte Übernahme eines außerisraelitischen mythischen Textes haben wir etwa in der Sintflutgeschichte, deren akkadische und sumerische Vorlagen wir inzwischen kennen. Grundsätzlich gilt: nicht das Faktum der Übernahme eines Textes aus der religionsgeschichtlichen Umwelt ist heute wissenschaftlich interessant und aufregend, sondern die Art und Weise der Interpretation durch den Jahweglauben, die bei dem Vorgang der Usurpation durchweg stattgefunden hat.

Doch ich muß die weitere Beschreibung dieses Vorgangs der Usurpation abbrechen. Klar aber ist folgendes:

Bei Texten, die nicht zu dem eigentlichen und charakteristischen Glaubensbestand Israels gehören, muß der Ausleger heute immer auch fragen, ob nicht eine Bearbeitung eines außerisraelitischen Textes vorliegen kann und ob sich dafür Anzeichen finden lassen. Und noch einmal sei es gesagt: Texte über Schöpfung sind in der Regel kein ursprüngliches und charakteristisches Glaubensgut Israels.

3. Überlieferungskritische Erklärung

Damit kommen wir nun endlich wieder zu unserem Text. Spannungen hatten wir in ihm festgestellt, und wenn wir jetzt versuchen wollen, eine Erklärung für die Spannungen des Textes zu finden, so muß auch die Frage geprüft werden, ob sie nicht entstanden sein können bei der Bearbeitung einer außerisraelitischen Vorlage. Die Fachexegeten nennen das: eine "überlieferungsgeschichtliche Erklärung", weil die Spannungen bei der "Überlieferung" und selbstverständlich auch "Bearbeitung" des alten Textes entstanden sind.

Wenden wir uns nun unter dieser Prämisse wieder den aufgezeigten Schwierigkeiten zu. Die meisten Schwierigkeiten bereitete V. 22: In ihm wird festgestellt, der Mensch sei gottgleich geworden, indem er wisse, was gut und böse ist. In ihm taucht der schwierige Plural "wie einer von uns" auf, der mit dem biblischen Monotheismus nur schwer vereinbar ist. Und eine weitere Schwierigkeit bietet V. 22, die jetzt nachgeholt werden muß. Die übliche Übersetzung lautet: "Da sprach Gott: Siehe, der Mensch ist geworden wie einer von uns ...". Das Wort "siehe", mit dem üblicherweise die hebräische deiktische Partikel *hen* oder *hinne* übersetzt wird, ist kein gängiges Wort unserer Alltagssprache; in Übersetzungen wirkt dieser Hebraismus immer etwas vornehm und gestelzt. Im Hebräischen aber war diese Partikel Bestandteil der Alltagssprache, sie diente dazu, mit Nachdruck auf einen Tatbestand hinzuweisen und drückte fast immer eine Überraschung aus. Andersen[3], der sich mit den durch *hen/hinne* eingeleiteten Sätzen befaßt hat, spricht von "surprise clauses", von Überraschungssätzen. In der Tat, die wohl beste Übersetzung wäre etwa: "Da sprach Gott: Der Mensch ist nun tatsächlich geworden wie einer von uns ...". Wenn wir diese sprachlich korrekte Übersetzung wählen, wird der V. 22 noch schwieriger: für eine Überraschung Gottes ist es nach der Verhörszene V. 8-13 und nach den Strafandrohungen V. 14-19 doch wohl reichlich spät. Einen sinnvollen Platz hätte die Überraschung Gottes doch wohl nur nach V. 7. Tatsächlich ergibt V. 22 eine sinnvolle Fortsetzung von V. 1-7, wobei dann auch noch V. 24, der nach unserer einleitenden Analyse ja die Fortsetzung von V. 22 bildet, hinzunehmen ist.

Ehe wir diesen Gedanken weiter verfolgen eine Bemerkung vorweg: Nach einigen Forschern soll sich die "Erkenntnis von Gut und Böse" auf den sexuellen Bereich beziehen. Dafür spricht als starkes Argument, daß das Verb "erkennen" alleine bereits zur Umschreibung des Geschlechtsverkehrs dienen kann, vgl. z.B. im folgenden Kapitel "Und der Mensch erkannte Eva, seine Frau, und sie wurde schwanger und gebar Kain ..." (Gen 4,1). Mit dem Objekt "Gut und Böse" wird das Verb erkennen an einer weiteren Stelle im AT in sexuellem Sinn gebraucht: 2 Sam 19,35-36.

Der Greis Barsillai antwortet dort auf das Angebot Davids, mit ihm an den Hof nach Jerusalem zu kommen: "Wie lange habe ich denn noch zu leben, daß ich mit dem König nach Jerusalem hinaufziehen sollte? Kann ich denn noch (zwischen) Gut und Böse erkennen? Oder kann dein Knecht noch schmecken, was er ißt und trinkt? Oder kann er noch mit Freude die Stimme der Sänger und Sängerinnen hören?" Man hat vermutet, Erkenntnis von Gut und Böse bedeute hier "den Geschlechtsverkehr vollziehen"; Barsillai

---

[3] Francis I. Andersen, The Sentence in Biblical Hebrew (Janua Linguarum Series Practica 231), Paris 1974, 94ff.

lehne deshalb ab, an den Königshof zu gehen, weil er als alter Greis keinen Gefallen an Wein, Weib und Gesang mehr habe. Diese Deutung scheint in der Tat dem Zusammenhang am besten zu entsprechen; denn daß ein Greis an Klugheit nachgelassen habe, wäre ein unhebräischer Gedanke.

Ein weiteres Argument taucht gelegentlich in Kommentaren auf, ohne daß seine volle Tragweite nach meinem Urteil bereits erkannt wäre: Als Folge dessen, daß ihre Augen aufgetan werden, erkennen sie, daß sie nackt sind und machen sich Schurze - selbstverständlich zur Bedeckung ihrer Blöße. Man hat in diesem Schurzflechten das Rudiment einer "Errungenschaftserzählung" sehen wollen: hier werde von der Errungenschaft der Kleidung berichtet, mit der die Menschen ihre Blöße bedecken. Es taucht auch die Vermutung auf, hier werde ursprünglich berichtet, wie die Menschen aus dem Stadium der Kinder in das der Erwachsenen übergehen, die sich ihrer Geschlechtlichkeit bewußt sind und deshalb ihre Blöße bedecken.

Doch nun endlich zu dem Text, der sich ergibt, wenn wir versuchsweise einmal V. 22 und 24 mit V. 1-7 verbinden!

Die Schlange aber war klüger als alle Tiere des Feldes, (die Jahwe-Gott gemacht hatte) und so sprach sie zu der Frau: "Gott hat ja wohl gesagt: Ihr dürft von keinem Baum des Gartens essen!" Da sprach die Frau zu der Schlange: "Von den Früchten der Bäume des Gartens dürfen wir essen. Nur von den Früchten des Baumes mitten im Garten hat Gott gesagt: Ihr dürft nicht von ihnen essen, dürft auch nicht an sie rühren, damit ihr nicht sterbt!" Da sprach die Schlange zu der Frau: "Ihr werdet keineswegs sterben - sondern Gott ist sich klar darüber, daß an dem Tage, an dem ihr von ihnen esset, eure Augen aufgetan werden und ihr wie Gott seid, indem ihr nämlich 'Gut und Böse kennt'." Da sah die Frau, daß der Baum gut wäre hinsichtlich des Essens und reizvoll anzusehen (und begehrenswert hinsichtlich des Klugwerdens); so nahm sie von seinen Früchten und aß, gab (dann) auch ihrem Mann bei ihr und der aß. Da wurden ihrer beider Augen aufgetan und sie erkannten, daß sie nackt waren. Da flochten sie Feigenlaub zusammen und machten sich Schurze. Da sprach (Jahwe-)Gott: "Der Mensch ist doch tatsächlich geworden wie einer von uns hinsichtlich der Erkenntnis von Gut und Böse! Nun soll er nicht auch noch seine Hand ausstrecken und von dem Baum des Lebens nehmen, essen und ewiglich leben!" Dann vertrieb er die Menschen und ließ östlich vom Garten Eden die Cheruben lagern und die Flamme des Zickzackschwertes, den Weg zum Baum des Lebens zu bewachen.

Diese Aneinanderreihung der V. 1-7.22.24 aus dem 3. Kap. der Genesis ergibt überraschenderweise eine in sich geschlossene Erzählung, und zwar, was noch überraschender ist, eine in sich geschlossene Erzählung ohne Spannungen und Widersprüche. Wir erinnern uns daran, daß die Israeliten gerade für den Bereich der Urgeschichte Stoffe von ihren Nachbarn übernommen und einer interpretatio israelitica unterzogen haben. Sollten wir hier auf einen solchen vorisraelitischen Stoff gestoßen sein? Diese Frage läßt sich nur beantworten, indem wir versuchen, diese Erzählung als Einheit anzusehen und zu interpretieren. Gibt sie einen Sinn? Sie ist offensichtlich vergleichbar mit dem Prometheusmythos: Mit Hilfe der klugen und listigen Schlange lernen die Menschen etwas kennen, was die Götter eigentlich sich selber vorbehalten und den Menschen nicht geben wollten: die Erkenntnis des Guten und Bösen. Diese Erkenntnis, die Nacktheit erkennen läßt und die Menschen vergöttlicht, kann in diesem Kontext nur meinen: Geschlechtlichkeit.

Wir müssen das noch präzisieren. Ein jüdischer Ausleger[4], der vor etwa 30 Jahren auch schon die Meinung vertreten hat, Erkenntnis von Gut und Böse beziehe sich auf die Geschlechtlichkeit, will die "Vergöttlichung des Menschen", das hier von ihnen erreichte "Sein-wie-Gott", darin sehen, daß die menschliche Zeugung als Gegenstück zur göttlichen Schöpfung angesehen werde; durch die Zeugung von Nachkommen kann der Mensch sein wie Gott. Doch scheint mir dies mindestens zu eng gesehen zu sein; in dieser Erzählung findet sich nirgendwo ein Hinweis auf Zeugung und Nachkommen - das wird erst Thema im nächsten Kapitel bei der Geburt von Kain. Und außerdem dürfte auch in der eben angesprochenen Parallele aus 2 Sam 19, wo eine Parallele im Sprachgebrauch vorliegt, die Wendung "Gut und Böse erkennen" sich keineswegs auf die Zeugung beziehen, sondern vielmehr auf geschlechtliche Lust. So dürfte Hans Schmidt recht haben, der bereits 1931 zu dem Schluß gekommen war, die Erzählung in Gen 3 handle von "der Entstehung der sinnlichen Liebe"[5]. Er hat sich zwar mit dieser Ansicht nicht durchsetzen können und hat keinerlei Anerkennung gefunden - aber das liegt nach meiner Überzeugung daran, daß er noch nicht verschiedene Ebenen der Erzählung überlieferungsgeschichtlich auseinanderhalten konnte. Auch wenn die jetzt vorliegende Erzählung keineswegs nur "von der Entstehung der sinnlichen Liebe" handelt, wie wir noch sehen werden, gilt dies doch wohl von einer Vorstufe. Schmidt hat hier ein besseres Gespür bewiesen als viele seiner Kritiker[6].

Mit den Freuden und Möglichkeiten der Geschlechtlichkeit besitzen die Menschen in ihrem Leben ein Element, das sie "vergöttlichen" kann, das sie sein läßt wie Götter. Klar ist nun, daß eine solche Aussage nur möglich

---

4   Robert Gordis, The Knowledge of Good and Evil in the Old Testament and the Qumran Scrolls, in: JBL 76 (1967) 123-138.
5   Hans Schmidt, Die Erzählung von Paradies und Sündenfall (SGV 154), Tübingen 1931, 22.
6   Vgl. z.B. Claus Westermann, Genesis 1-11 (BK I), Neukirchen 1974, 330-334.

ist bei Menschen, die an ein Götterpantheon glauben, in dem es männliche und weibliche Götter gibt und in dem es also auch Liebe zwischen männlichen und weiblichen Göttern gibt. Wenn wir in diesen Versen wirklich eine alte Erzählung oder auch nur das Fragment einer alten Erzählung greifen können, dann kann sie nicht aus Israel stammen - Jahwe, der Gott Israels, ist einziger Gott und hat keine Gefährtin neben sich und steht damit letztlich jenseits des geschlechtlichen Bereichs. Von ihm wird zwar immer als von einem maskulinen Wesen geredet - aber durch das Fehlen eines weiblichen Gegenparts ist dieses Männliche offenbar nicht signifikant gemeint. Die polemische Aussage "Gott ist nicht Mensch" (Hos 11,9; Num 23,19) schließt in letzter Konsequenz auch sein "Männlichsein" aus.

Mit den Freuden und Möglichkeiten der Geschlechtlichkeit besitzen die Menschen in ihrem Leben ein Element, das sie "vergöttlichen" kann, das sie sein läßt wie Götter. Die Wertschätzung dieses Elementes wird nun erzähltechnisch durch das Motiv des "Götterneides" hervorgehoben: diese schöne Möglichkeit wollten die Götter sich selber vorbehalten. Als sie (!) feststellen, daß die Menschen gegen den Willen der Götter mit Hilfe der listigen Schlange diese schöne Möglichkeit doch erlangt haben, reagieren sie mit entsprechenden Maßnahmen:

- Das andere göttliche Element, nämlich ewiges Leben, wird den Menschen unzugänglich gemacht (V. 24).
- Gegen Schlange und Frau ergehen Strafmaßnahmen, die in V. 14-16 geschildert werden:

"Da sprach (Jahwe-)Gott zu der Schlange:
Weil du dieses getan hast, seist du verflucht vor allem Getier des Feldes.
Auf deinem Bauch sollst du gehen und Staub fressen dein Leben lang.
Und Feindschaft will ich setzen zwischen dir und der Frau und zwischen deinem Samen und ihrem Samen.
Er soll trachten, dir den Kopf zu zertreten,
und du sollst nach seiner Ferse schnappen.
Zu der Frau sprach er:
Ich will deine Beschwerden zahlreich machen.
Was deine Schwangerschaft anlangt:
In Schmerzen sollst du Kinder gebären.
Nach deinem Mann soll dein Verlangen sein,
während er über dich herrschen soll."

Es scheint mir außer Frage zu stehen, daß in den Strafandrohungen gegen die Schlange und wohl auch gegen die Frau (die V. 17-19 dürften sekundäre Ergänzung sein) die ursprüngliche Fortsetzung der Erzählung vorliegt - wie Prometheus wird die listige Schlange mit einer fürchterlichen

Strafe belegt: sie muß fortan auf dem Bauch kriechen und Staub fressen. An Stelle der Komplizenschaft zwischen Schlange und Frau wird in Zukunft unerbittliche Feindschaft zwischen Mensch und Schlange herrschen, und die Frau wird ebenfalls bestraft: ihre Schwangerschaft soll Schmerzen mit sich bringen, und ihre Sehnsucht nach dem Mann soll überschattet sein von den Strukturen der Herrschaft.

Die moderne Bibelwissenschaft nennt solche Erklärungen, wie sie in den V. 14-16 vorliegen, Ätiologien. Eine Ätiologie versucht, einen Tatbestand aus der Gegenwart der Erzähler, der als schwierig, erklärungsbedürftig, nicht ordnungsgemäß angesehen wird, durch eine Erzählung über seine Entstehung aufzuklären. Erklärungsbedürftig ist das seltsame Geschick der Schlange, die auf ihrem Bauch kriechen und Staub fressen muß; erklärungsbedürftig ist, daß die Schwangerschaft, die als höchstes Glück der Frau galt, so sehr mit Schmerzen verbunden ist; erklärungsbedürftig ist, daß die Sehnsucht der Frau nach dem Mann davon überschattet wird, daß - entsprechend den damaligen Gesellschaftsordnungen - diese Sehnsucht sich auf denjenigen richtet, der patriarchalisch über die Frau herrscht. Das alles wird als nicht gut empfunden und darum als Strafe für ein schweres Vergehen erklärt.

Wir wollen und können aber hier nicht länger bei diesen "Strafen" verweilen, so Interessantes es auch noch dazu zu sagen gäbe. Interessanter für unsere heutige Fragestellung ist nämlich die andere "Strafe", die in V. 22 und 24 mitgeteilt wird - vielleicht sollte man weniger von Strafe als vielmehr von Vorsichtsmaßnahme sprechen: Damit die Menschen nicht auch noch vom Baum des Lebens nehmen, essen und ewiglich leben, vertreibt Gott sie aus dem Garten Eden und versperrt den Zugang zu ihm durch mythologische Ungeheuer.

Viel ist von seiten der Ausleger über die Frage diskutiert worden, ob denn nun in der ursprünglichen Erzählung von einem Baum oder zwei Bäumen die Rede gewesen sei. In dem gesamten Kap. 3 taucht der Baum des Lebens hier zum ersten Mal auf; vorher (V. 3) ist nur von dem Baum in der Mitte des Gartens die Rede; vom Baum der Erkenntnis des Guten und Bösen hören wir nur in Kap. 2 in den V. 9.17: in 2,9 kommen beide nebeneinander vor, wobei aber der Baum der Erkenntnis sprachlich wie ein Nachtrag wirkt:

<small>Da ließ Jahwe-Gott aus dem Ackerboden allerlei Bäume sprossen, begehrenswert anzusehen und gut zu essen, und den Baum des Lebens mitten im Garten - und den Baum der Erkenntnis von Gut und Böse.</small>

Ich will jetzt die zu diesem Problem vorgetragenen Meinungen keineswegs referieren oder auch nur andeuten. Ich meine nämlich, wenn wir hier einen alten Mythos über die Erlangung der vergöttlichenden Sexualität greifen können, ergibt sich der Sinn des Baums des Lebens von selber:

Zwei Dinge, sagt der alte Mythos, gibt es für Menschen, die das Menschliche übersteigen und die den Menschen gottgleich machen: die Geschlechtlichkeit (Sexualität) mit ihren Möglichkeiten von Schöpfung und Lust - und die Überwindung des Todes, die Vermeidung des Todes, die Möglichkeit des ewigen Lebens.

Die erste göttliche Möglichkeit ist dank der klugen Schlange den Göttern geraubt worden und den Menschen bekannt. Daraufhin haben die Götter ein Gleiches für das ewige Leben verhindert. Diese göttliche Eigenschaft ist den Menschen auf ewig unerreichbar. Vielleicht hat man sich sogar vorgestellt, die Menschen hätten vor dem Diebstahl der Sexualität Zugang zum Baum des ewigen Lebens gehabt. Wie dem auch sei - jedenfalls hat der Diebstahl der Sexualität zur Folge, daß sie nicht (mehr) an den Baum des Lebens herankönnen, daß sie sterben müssen, daß sie sterblich sind.

Für die Frage, ob ein Baum oder beide Bäume in der Geschichte ursprünglich sind, heißt das natürlich, daß beide ihren unaufgebbaren Platz in dem ursprünglichen Mythos hatten.

Der an seiner jetzigen Stelle deplazierte V. 22 paßt sinnvoll hinter V. 7 und ergibt zusammen mit V. 24 eine in sich geschlossene Erzählung, so hatten wir gesehen. Und wir hatten gesagt, die Frage, ob wir hier eventuell einen vorisraelitischen Text als überlieferungsgeschichtliche Vorstufe des jetzt vorliegenden Textes greifen können, sei nicht zuletzt davon abhängig, ob der hier sichtbar gewordene Text bei einer Interpretation einen Sinn ergebe.

Ich denke, diese Frage können wir jetzt vorbehaltlos mit "ja" beantworten. Der rekonstruierte Text stammt aus einer polytheistischen Religion, in der Götter offenbar paarweise vorhanden waren und sexuelle Beziehungen untereinander kannten. Er preist die Geschlechtlichkeit (Sexualität) als dasjenige Element im menschlichen Leben, durch das die Menschen ihre normalen Alltagsgrenzen transzendieren und gottgleich werden können. Ob sich diese "Vergöttlichung" auf die Zeugung oder auf die geschlechtliche Lust bezieht, ist nicht genau dem Text zu entnehmen; möglicherweise (wahrscheinlich) sollte man hier nicht trennen. Die Wertschätzung der Sexualität wird erzähltechnisch nach typischer Mythenweise dadurch unterstrichen, daß die Sexualität als ein Besitz bezeichnet wird, den die Götter ursprünglich für sich selbst behalten wollten und den die Menschen ihnen nur mit Hilfe der klugen Schlange entrissen haben, die dann dafür furchtbar bestraft wurde. Die andere Möglichkeit, das menschliche Leben zu transzendieren, nämlich die Überwindung des Todes durch ewiges Leben, ist den Menschen durch die jetzt neidisch handelnden Götter verwehrt worden.

Wenn wir diesen hier durchschimmernden alten Mythos ausführlich auslegen wollten, müßten wir jetzt auf die Rolle der Schlange im Kult der Umwelt und sogar Israels eingehen. Immerhin erfahren wir ja aus 2. Kön 18,4, daß bis in die Zeit Hiskias im Tempel von Jerusalem sich eine eherne Schlange mit Namen Nechuschtan befand - ob sie allerdings wirklich von Mose stammt und ob wirklich 4. Mose 21,4-9 den historischen Hintergrund für diese eherne Schlange bildet, ist zumindest zweifelhaft. Im Bereich der altorientalischen Umwelt Israels finden wir durchaus Schlangengottheiten, die mit dem Bereich von Erde und Fruchtbarkeit zu tun haben[7]. In diesem Zusammenhang hier nur noch eine Beobachtung, die - wenn ich mich nicht täusche - den Auslegern bisher entgangen ist. Man hat oft gefragt, weshalb die Schlange sich ausgerechnet an die Frau wende, und die vorgeschlagenen Antworten sind nicht immer schmeichelhaft für das weibliche Geschlecht. Die richtige Antwort dürfte ganz einfach sein: Im Hebräischen ist das Wort für Schlange maskulin - es handelt sich also nicht um *eine Schlange*, sondern um *einen Schlangerich*. Das bei uns so beliebte Bild von der falschen Schlange geht also an der Erzählung vorbei - es handelt sich allenfalls um einen falschen Schlangerich! Und da dieser männliche Versucher nicht homosexuell ist, wendet er sich natürlich mit seinen Verführungskünsten an die Frau. Vielleicht haben sogar diejenigen recht, die in dem Schlangerich ein Phallussymbol sehen wollen.

Doch wir können solchen Spuren hier nicht weiter nachgehen. Einige knappe Sätze müssen aber doch noch zu dem allgemein religiösen Hintergrund gesagt werden, auf dem dieser Mythos seinen Sinn hat. Aus dem Propheten Hosea erfahren wir, daß viele Israeliten die Fruchtbarkeit des Landes nicht auf Jahwe, sondern auf den kanaanäischen Regengott Baal zurückgeführt haben. Und sie haben offenbar an kanaanäischen Kulten

---

[7] Vgl. z.B. K.R. Joines, The Bronze Serpent in the Israelite Cult, in: JBL 87 (1968) 245-256 und neuerdings die sogenannte Schlangenbeschwörung aus Ugarit; vgl. z.B. Matitiahu Tsevat, Der Schlangentext von Ugarit, in: UF 11 (1979) 759-778.

teilgenommen, in denen die Befruchtung der Erde durch den Regengott kultisch-magisch von Menschen nachvollzogen wurde, wo also Sexualität und sexuelle Riten eine zentrale Rolle spielten[8]. Hosea wendet sich ganz scharf gegen solche Kultpraktiken; für ihn sind sie Abfall von Jahwe, der allein als Geber aller Kulturlandgüter anzusehen ist; er nennt solche Kultpraktiken "Hurerei".

In einem solchen religiösen Umfeld könnte eine Erzählung wie der rekonstruierte Mythos seinen Platz gehabt haben. Hier könnte die Theorie gewesen sein, daß man in sexuellen Orgien temporär göttliches Handeln nachvollzieht, daß man vergöttlicht wird. Ich habe mich mit der vorsichtigen Behauptung "könnte" bewußt zurückhaltend ausgedrückt - nach meiner Überzeugung stammt der rekonstruierte Mythos aus diesem kanaanäischen Bereich.

Doch ich soll ja hier nicht über Probleme der Religionsgeschichte Kanaans handeln, wo offenbar die Vergöttlichung durch sexuelle Riten eine wichtige Rolle spielte, sondern über das Problem der Vergöttlichung des Menschen aus der Sicht des Alten Testamentes. Deshalb nun abschließend einige kurze Bemerkungen zu dem uns heute in unserer Bibel vorliegenden Text.

4. Die israelitische Interpretation

1. Der kanaanäische Mythos ist nicht einfach übernommen, sondern bearbeitet worden. Wie wir noch sehen werden, hatte die Bearbeitung, die interpretatio israelitica, einen eindeutig polemischen Akzent.

2. Die Bearbeitung erfolgt zunächst einmal dadurch, daß der Mythos nicht isoliert überliefert, sondern in einen größeren Zusammenhang gestellt wurde. Und in diesem Zusammenhang wird im 2. Kap. bereits berichtet, daß Jahwe aus freien Stücken, weil es nicht gut sei, daß der Mensch allein ist, dem Manne die Frau zugeführt habe, nachdem er sie aus der Rippe geschaffen hatte. Wenn dort davon die Rede ist, daß beide "ein Fleisch" werden, so ist damit sicherlich die sexuelle Vereinigung gemeint. Nach dem Kontext, in den jetzt der alte Mythos gestellt wird, hat also Jahwe, der Gott Israels, den Menschen von sich aus bereits die Geschlechtlichkeit als eine

---

[8] Dazu vgl. z.B. Helgard Balz-Cochois, Gomer. Der Höhenkult Israels im Selbstverständnis der Volksfrömmigkeit (EHS.T 191), Frankfurt a. M./Bern 1982.

gute Gabe gegeben, die sie sich nach dem kanaanäischen Mythos erst als eine von den Göttern eifersüchtig gehütete Möglichkeit der Vergöttlichung haben stehlen müssen.

3. Im jetzigen Erzählkontext hat damit die sexuelle Bedeutung der Wendung "Gut und Böse erkennen" ihren Sinn verloren - was Jahwe vorher schon freiwillig gegeben hat, brauchen die Menschen ja nicht mehr durch List zu erlangen. Vermutlich deutet der Jahwist dies bereits durch eine Erweiterung der Eigenschaften von Baum und Früchten an. In dem einleitenden Vers Gen 2,9 wurde allgemein von den Früchten der Bäume Aussehen und Geschmack betont ("begehrenswert anzusehen und gut zu essen"); in 3,6 wird diese sinnliche Zweiheit (ansehen und genießen) durch ein drittes Element erweitert, das stärker die intellektuelle Seite betont, in der sprachlichen Konstruktion aber deutlich nachklappt:

> Da sah die Frau, daß der Baum gut wäre hinsichtlich des Essens und daß er begehrenswert wäre für die Augen und daß der Baum begehrenswert wäre zum Klugwerden.

Durch das vermutlich im Zuge der interpretatio israelitica hinzugesetzte 3. Glied wird das "Sein-Wollen-Wie-Gott" aus dem mythisch-sexuellen Bereich in den intellektuellen Bereich des Klugsein-Wollens transponiert und damit generalisiert. Und bei diesem Selber-Klug-Sein-Wollen geht es jetzt nicht mehr darum, daß die Menschen durch List den neidischen Göttern ein kostbares Gut entreißen, sondern darum, daß Menschen aus ihrem Plan heraus eine Grenze überschreiten wollen, die ihnen Gott aus Fürsorge gesetzt hat - der Gott, der ihnen die guten Gaben samt und sonders bereits gegeben hat. Diese geänderte Zielsetzung wird ganz deutlich in der Verhörszene V. 8-13, in der von einem Götterneid keine Spur zu finden ist. Hier ist Jahwe derjenige, der Gehorsam fordert und auch zu fordern berechtigt ist; der Mensch ist derjenige, der Gehorsam schuldig ist und der in dem Bestreben, selber gottgleich werden zu wollen, die Grenze zwischen Schöpfer und Geschöpf unzulässig zu seinem eigenen Schaden überschreitet. Das ist die Grundaussage des Jahwisten (also der Textschicht, der unser Text angehört): Nur in Respektierung der Grenze zwischen Schöpfer und Geschöpf, d.h. im Gehorsam gegen den Willen Gottes kann der Mensch sein Heil finden. Wenn er sich dagegen an die Stelle Gottes setzen will, wenn er seine Einsicht höher wertet als die Gebote Gottes, wenn er also sein will wie Gott, dann verfehlt er seine Geschöpflichkeit und damit sein Menschsein.

Es ist anzunehmen, daß den ersten Lesern oder Hörern des jetzt in Gen 3 vorliegenden Textes der alte kanaanäische Mythos bekannt war. Nur so ist zu verstehen, daß er zwar vollständig zitiert wird, daneben aber auch durch Umstellungen und interpretierende Einschübe polemisch verändert wird. Durch diese polemische Neuinterpretation sind all die Schwierigkeiten entstanden, auf die wir beim ersten Durchgang durch den Text gestossen waren.

Die interpretatio israelitica will einschärfen: Die von der kanaanäischen Umwelt angebotene Möglichkeit der Vergöttlichung des Menschen im Sexualkult ist ein Irrweg, aus dem Unheil folgt. Schärfer noch: für den Jahwisten wird das "Sein-Wollen-Wie-Gott", das ihm im kanaanäischen Kult seiner Umwelt begegnet, zum Inbegriff der Sünde, zu der Ursünde, aus der die konkreten Einzelsünden erst folgen.

Wir hatten als Besonderheit des Glaubens Israels genannt, daß durch die "Ein-Gott-Verehrung" der Glaube zu dem Phänomen der Usurpation gedrängt werde. Die Usurpation kann erklären, daß hier ein kanaanäischer Mythos aufgenommen und auf Jahwe uminterpretiert wurde. Nicht erklären aber läßt sich mit dem Phänomen der Usurpation die Eigenart der polemischen Interpretation. Zu ihr abschließend noch einige kurze Bemerkungen.

In den uns bekannten Mythen des Alten Orients werden *in dieser Welt* wirkende Kräfte, die als Fascinosum und Tremendum (um Termini von R. Otto zu verwenden) erfahren werden, als *göttliche* Kräfte gedeutet. Entscheidend ist dabei, daß diese Kräfte (z.B. die Fruchtbarkeit, der Regen, die Sonne, der Mond, die Pest, das Meer) *Größen dieser Welt* sind - hier liegt gewissermaßen eine Transzendierung von Immanentem vor. Fruchtbarkeit ist eine immanente Größe - wenn sie als Wirken des Gottes Baal verstanden wird, wird dieses Immanente als im Transzendenten begründet angesehen. Geschlechtlichkeit ist eine immanente Größe - wenn sie als Möglichkeit, wenigstens temporär "gut und böse zu erkennen und dadurch wie Götter zu werden", angesehen wird, wird die immanente Geschlechtlichkeit transzendiert. Und diese "transzendierte Geschlechtlichkeit" eröffnet dem Menschen die Möglichkeit der "Vergöttlichung", des "Sein-wie-Gott".

Jahwe, der Gott Israels aber, ist seinem Wesen nach keine Transzendierung einer immanenten Größe. Er wird konsequent als nicht-immanent vorgestellt, als immer schon der Welt gegenüberstehend. Er ist so wenig eine Größe dieser Welt, daß er durch nichts in dieser Welt darstellbar ist -

das Bilderverbot ist neben dem Ausschließlichkeitsgebot charakteristisch für das Alte Testament. Jahwe ist so wenig eine Größe dieser Welt, daß er durch nichts in dieser Welt darstellbar ist und nur erkannt werden kann durch sein Wort, das er durch Menschen äußert.

Deshalb erklärt der Jahwist das in anderen Religionen anzutreffende Bestreben der Vergöttlichung, des Sein-Wollens-Wie-Gott, zu der Ursünde.

Gott ist nicht Mensch. Und kein Mensch kann Gott werden.

Gott ist im Himmel und der Mensch ist auf der Erde.

Anhang

In dem Vortrag konnte natürlich, wie es für eine allgemeinverständliche Ringvorlesung charakteristisch ist, die Auseinandersetzung mit anderen in der wissenschaftlichen Diskussion vertretenen Positionen nur andeutungsweise geschehen. Auf Wunsch des Herausgebers soll in einem Nachtrag wenigstens kurz etwas zu einigen Positionen gesagt werden - eine ausführliche Behandlung der Probleme soll an anderem Ort folgen.

1. Für die oben gebotene Auslegung wird natürlich die entscheidende Weiche mit der Annahme gestellt, die im Text erkennbaren Spannungen seien am sachgemäßesten durch die Annahme der Bearbeitung einer älteren Vorlage zu lösen, also durch das überlieferungsgeschichtliche Modell. Gegen diese vor allem in Deutschland entwickelte Methode erhebt sich besonders im angelsächsischen Bereich zunehmend Widerspruch; man will z.B. versuchen, die Einheit vorliegender Texte mit den Mitteln der Strukturanalyse darzulegen. Bei dieser Vorgehensweise wird in der Regel die Voraussetzung gemacht, daß wir mit unseren heutigen Fragestellungen dem nicht gerecht werden, was die alten Israeliten dachten und ausdrücken wollten: "the Hebrew writer may have known what he was doing but we do not"[9]. Richtig an dieser Vorgehensweise ist nach meinem Urteil, daß auch der jetzt vorliegende Textbestand auf eine bewußte Planung zurückgeht und daß er deshalb als eine geplante Einheit behandelt werden muß. Damit ist nach meinem Urteil aber keineswegs gesagt, daß man auf die Frage nach eventuellen Vorstufen des Textes verzichten kann oder auch nur darf. Eine Entscheidung wird letzten Endes nur dadurch zu treffen sein, daß man verschiedene Vorgehensweisen einmal durchspielt und vergleicht, zu welchen Ergebnissen sie jeweils kommen. Das kann hier natürlich nicht geschehen; ich will mich deshalb mit dem Hinweis zu einem neueren Versuch begnügen, daß mir z.B. mindestens nicht einleuchtend ist, ob der Text in seinen Einzelheiten durch die Annahme einer Analogie zu Träumen erklärbar ist[10]. Weitere Beispiele sind leicht zugänglich z.B. in Semeia 18 (1980).

---

[9] Robert Alter, The Art of Biblical Narrative, New York 1981, 136.
[10] Vgl. z.B. Dan E. Burns, Dream Form in Genesis 2.4b-3.24: Asleep in the Garden: JSOT 37 (1987) 3-14.

2. Von denjenigen, die nach einer eventuellen Vorgeschichte des Textes fragen, wird in der Regel auf Ez 28,11-19 als Parallele hingewiesen, vgl. in jüngerer Zeit z.B. Werner H. Schmidt[11] und Claus Westermann[12], die allerdings beide mit dieser "Parallele" sehr behutsam umgehen und auch die Unterschiede zwischen den Texten betonen; ferner Odil Hannes Steck[13], der allerdings nach meinem Urteil gänzlich unbegründet schreibt: "... die ältere, isolierbare Paradiesesgeschichte kannte nur den Menschen als Akteur, die Einfügung von Frau und Schlange geschah aber nach allem, was der Text erkennen läßt, erst im Zuge der Gestaltung der vorliegenden Erzählung durch J, bei dem die Erkenntnis nicht zur Entdeckung der Geschlechtlichkeit führt, die für ihn zweifellos schon in 2,23f. eingeschlossen ist, sondern zum Aufkommen der Scham (vgl. 2,25b mit 3,7) als des Anzeichens einer Störung ursprünglicher Gemeinschaft." (S. 63, Anm. l09). Wie Steck zu seiner "älteren, isolierbaren Paradiesesgeschichte" kommt, die "nur den Menschen als Akteur" kannte, ist mir unerfindlich - nach meiner Überzeugung verhält es sich genau umgekehrt: in 3,1-7 wird die Handlung von Schlangerich und Frau getragen, der Mann spielt hier keine Rolle und kommt erst in 3,6b in die Erzählung hinein, als das Entscheidende schon passiert ist. Man versuche doch einmal, 3,1-7 ohne Schlangerich und Frau zu erzählen! In den Strafworten 3,14-19 zeigt sich m.E. dasselbe Bild: Frau und Schlangerich werden zunächst bestraft; zwischen beider Nachkommen soll ein ewiger Kampf herrschen (V. 15), dann erst wird mit einer neuen Begründung die Bestrafung des Mannes angefügt, die sekundär (d.h. jahwistisch) sein dürfte. Am interessantesten ist vielleicht der Hinweis von Steck, in 3,7 gehe es um das Aufkommen der Scham - interessant deshalb, weil er demonstriert, wie suggestiv der vom Jahwisten verfaßte Übergangsvers 2,25 ist! Denn der stammt natürlich nicht aus der Vorlage, sondern ist ihr vorangestellt, um die Scham als neues Element einzufügen und damit den Sinn des alten Mythos umzubiegen; für eine überlieferungsgeschichtliche Rekonstruktion ist er also ohne Wert.

3. Das religionsgeschichtliche Vergleichsmaterial und die Diskussion über die Bedeutung der Erkenntnis von Gut und Böse bedürfen einer ausführlicheren Diskussion, als sie hier im Rahmen dieses Anhangs möglich ist. Ich

---

[11] Die Schöpfungsgeschichte der Priesterschrift. Zur Überlieferungsgeschichte von Genesis 1,1-2,2a und 2,4b-3,24 (WMANT 17), ²1967, 222f.
[12] Genesis I (BK I/1), 1974, 334ff.
[13] Die Paradieseserzählung (BSt 60), 1970.

will mich deshalb damit bescheiden, auf einen Text hinzuweisen, der bisher der Forschung entgangen ist und auf den mich nach der Vorlesung mein Kollege Christoph von Campenhausen hingewiesen hat. Im "Physiologus", einem zwischen dem 2. und 3. Jahrhundert n. Chr. wahrscheinlich in Alexandrien verfaßten Text[14], heißt es vom Elephanten: "In diesem Tier ist keine Begierde nach Vereinigung. Wenn es nun Junge zeugen will, geht es fort ins Morgenland, nahe beim Paradies. Dort aber ist ein Baum, Mandragora genannt, dorthin also geht das weibliche und das männliche Tier; und die Elephantin nimmt zuerst von dem Baum, und sogleich wird sie hitzig; dann gibt sie auch dem Männchen davon, und sie reizt ihn mit Neckerei so lange, bis er auch davon nimmt, und dann frißt er davon, und auch er wird hitzig und so vereinigt er sich mit ihr und sie wird trächtig. ... Nun laßt uns beginnen, das Gleichnis aufzulösen: Es ist das Abbild von Adam und Eva. Als Adam und sein Weib im Garten Eden waren vor der Übertretung, da wußten sie nichts von Vereinigung und dachten nicht an Beisammensein. Aber als das Weib von dem Baume aß, nämlich von der Mandragora im Geiste, und auch ihrem Mann davon gab, da erst erkannte Adam die Eva, und sie gebar den Kain."[15]

Die Einsicht, daß das Essen vom Baum der Erkenntnis die Entstehung der Geschlechtlichkeit bewirkt, ist also keineswegs neu, sondern bereits in der Antike bezeugt.

---

[14] Vgl. B.E. Perry, Physiologus, in: PRE 39. Hlbbd., 1941, 1074-1129.
[15] Der Physiologus, übertragen und erläutert von Otto Seel (Lebendige Antike), Zürich 1960, 39ff.

Beschneidung und Kindertaufe

Längst bekannt ist die Beobachtung, daß in dem priesterschriftlichen Bericht von den Sinaiereignissen (Ex 19,1-2a; 24,15b-18; 25-31; 35-40) nichts von einem Bundesschluß mit folgender Gesetzesverkündigung gesagt wird: Vom Berg zurückgekehrt, gibt Mose lediglich detaillierte Anweisungen hinsichtlich verschiedener kultischer Einrichtungen; *ein* Gebot nur wird genannt: die Israeliten sollen den Sabbat halten "als ewigen Bund" (Ex 31,16), er ist ein ewiges Zeichen zwischen Jahwe und den Israeliten (31,17). In 31, 18 werden dann noch die Tafeln der Bezeugung genannt: "Als er mit Mose zuende geredet hatte, gab er ihm auf dem Berge Sinai die beiden Tafeln der Bezeugung - sie waren Steintafeln und beschrieben mit dem Finger Gottes."

Dieser Befund schreit natürlich nach einer Erklärung. Wie schwierig eine solche ist, mag man exemplarisch daraus ersehen, daß Gerhard von Rad im Laufe seines Forscherlebens zwei verschiedene vorgetragen hat: einmal[1] meinte er, daß "angesichts der ganz besonders starken Akzentuierung der Abrahamberit eine Sinaiberit darüber hinaus gar nichts Neues bringen könnte", dann[2] schrieb er: "Von einem Sinaibund spricht P, so wie er uns erhalten ist, nicht. In einem vielleicht sekundären Stück ist allerdings das Halten des Sabbaths als Bundeszeichen gefordert (Ex 31,12-17). So ist immerhin mit der Möglichkeit zu rechnen, daß P ursprünglich auch einen Sinaibund enthalten hat, daß dieser Teil aber bei der Zusammenlegung mit JE (in Anbetracht von Ex 24) in Wegfall gekommen ist."[3]

---

[1] G. von Rad, Die Priesterschrift im Hexateuch, 1934 (BWANT IV 13), S. 175.

[2] Theologie des Alten Testaments, Bd.1, ⁴1962, S. 148.

[3] Auf eine weitere Erklärungsmöglichkeit sei wenigstens anmerkungsweise hingewiesen. Nach E. Kutsch soll "Bund" eine Fehlübersetzung von *b^{e}rit* sein, das Wort bedeute "vielmehr die 'Bestimmung', die 'Verpflichtung', und zwar ... im theologischen Bereich, d.h. bei einem Gegenüber von Gott und Mensch, a) die Selbstverpflichtung Gottes, seine 'Zusage' (z.B. Gen 15,18), b) die Verpflichtung, die Gott Menschen auferlegt (z.B. Ex 19,5). Es ist wichtig zu sehen, daß das Alte Testament eine wechselseitige *b^{e}rit* zwischen Gott und Mensch nicht kennt." (E. Kutsch, "Ich will euer Gott sein". *b^{e}rit* in der Priesterschrift, in: ZThK 71 (1974) S. 361-388; S. 361. Wenn Kutsch recht hätte, wäre damit natürlich die ganze Fragestellung obsolet; doch scheint mir die

Zur zweiten Theorie von Rads wäre zu sagen, daß sie dem widerspricht, was wir sonst über die Redaktion des Pentateuch wissen, daß nämlich in P als Grundlage eine Kombination von J und E eingetragen ist; daß irgendwo P-Stücke bei der Redaktion weggefallen wären, wäre ganz singulär und m.E. kaum vorstellbar. Aber auch die erste, von von Rad selber aufgegebene Theorie hat große Schwächen: es bliebe dann unerklärt, weshalb in der Priesterschrift die Abrahamberit so stark betont worden sei, daß die Sinaiberit daneben nichts Neues hätte bringen können; ideal wäre eine Theorie, die erklären kann, weshalb aus sachlichen (d.h. für P natürlich: theologischen) Gründen die Abrahamberit gegenüber der Sinaiberit so starkes Gewicht gewinnen konnte, daß auf die Sinaiberit verzichtet werden konnte oder gar mußte.

Eine solche Theorie hat Walther Zimmerli vorgetragen[4]: Mit dem Sinaibund untrennbar verbunden war im vorexilischen Israel die Proklamation des Bundesrechts, das göttlichen Segen für den Fall des Haltens und göttlichen Fluch für den Fall des Übertretens vorsah. Das Exil wurde theologisch als Ergebnis der Strafe Gottes für die Übertretungen des Bundesrechts gedeutet, d.h. vom Sinaibund war nur noch Strafe, unsägliches Leid und Elend geblieben. Konnte dieser Bund noch zur Begründung eines Gottesverhältnisses dienen? In dieser Lage besann man sich auf den Abrahambund[5], der ja, wie aus Gen 15 deutlich wird, ganz als Erweis göttlicher Gnade gesehen wurde und der keine Verpflichtung zum Halten bestimmter Satzungen und Gebote enthielt - die folgten ja erst im Sinaibund[6]. "Der Si-

---

    von Herrmann vorgetragene Kritik einleuchtend zu sein, vgl. S. Herrmann, "Bund" eine Fehlübersetzung von "$b^e rit$"? Zur Auseinandersetzung mit Ernst Kutsch, in: Ders., Gesammelte Studien zur Geschichte und Theologie des Alten Testaments, München 1986 (TB 75), S. 210-220.

4 W. Zimmerli, Sinaibund und Abrahambund. Ein Beitrag zum Verständnis der Priesterschrift, in: ThZ 16 (1960) S. 268-280 = Ders., Gottes Offenbarung, München 1963 (TB 19), S. 205-216.

5 Ein anderer Versuch mit einer theologisch analogen Tendenz findet sich in Jer 31,31-34: weil Israel den (Sinai)bund nicht gehalten hat, wird Jahwe einen (er)neu(ert)en Bund schließen, der dadurch charakterisiert sein soll, daß Jahwes Gesetz den Menschen ins Herz gegeben und in den Sinn geschrieben ist.

6 Bei dieser Theorie wird die übliche relative Datierung vorausgesetzt, nach der Gen 15 älter ist als Gen 17 - die gegenteilige Datierung von Thomas Römer (Genesis 15 und Genesis 17. Beobachtungen und Anfragen zu einem Dogma der "neueren" und "neuesten" Pentateuchkritik, in: DBAT 26 [1989/90] S. 32-47) kann mich nicht überzeugen.

naibund in seiner alten Gestalt ist P als Grundlage des Gottesverhältnisses fraglich geworden. So wird die ganze Begründung des Bundesstandes in den Abrahambund zurückverlegt, der schon nach den alten Quellen ein reiner Gnadenbund gewesen ist. Die heimliche Spannung, die in JE ... im Nebeneinander von Abraham- und Sinaibund bestand, ist hier beseitigt. Was unter Mose am Sinai geschieht, ist in P ganz rein als Einlösung jener früheren Gnadenzusage, auf welcher der Bund nun allein ruht, verstanden. Die Proklamation des Gottesrechtes und die daraufhin erfolgende Bundesschließung unter den Möglichkeiten von Segen und Fluch ist verdrängt. An seine Stelle ist die große Stiftung des Gottesdienstes, in welcher Gott seine Bundeszusage an Abraham einlöst, getreten."[7]

Für denjenigen, der nicht mit der alttestamentlichen Forschung der letzten Jahre vertraut ist, wird diese Theorie Zimmerlis vermutlich recht befremdlich klingen. Soll man wirklich annehmen, daß die Priesterschrift um einer theologischen Aussage willen in den ihr überlieferten Ablauf der Geschichte eingegriffen und ihn verändert hat? Norbert Lohfink hat aber nun für diese kühne Annahme Zimmerlis den umfassenderen Rahmen und damit die letzte Begründung geliefert[8]. Er hat etliche weitere Beispiele solcher Veränderungen aufgezeigt und er hat vor allem die "Theologie" entdeckt, die hinter der priesterschriftlichen Art der Geschichtsdarstellung stand: "Wie soll man die Intention, die hinter solchem Erzählen steht, benennen? Sie geht auf schon Geschehenes. Doch bleibt es ihr dabei gleichgültig, wann etwas geschah, wie es mit allem vorher Geschehenen zusammenhängt, wie es alles Spätere beeinflußt. Wichtiger ist, daß alles, was irgendwann einmal geschah, zur Zeit des Lesers wiederkommen kann. Dadurch kann das Damalige das Jetzige erhellen. Dies ist ein Verständnis von Geschichte, für das es gewissermaßen einen Vorrat paradigmatischer Weltkonstellationen gibt, die alle schon da waren und die wiederkommen können. Es lohnt sich, von ihnen zu erzählen, denn wenn sie wiederkehren, kann ihre Kenntnis nützlich sein."[9] "Die Stabilität der in zwei Schüben von Gott in ihre endgültige Form gebrachten Welt wird garantiert durch die doppelte Berit. Die Berit mit Noach garantiert die Stabilität des Weltgebäudes, die Berit mit Abraham die Volkszahl, den Landbesitz und

---

[7] Zimmerli, TB (vgl. Anm. 4) S. 215f.
[8] N. Lohfink, Die Priesterschrift und die Geschichte, in: Congress Volume Göttingen 1977 (VT.S 29), Leiden 1978, S. 189-225 = Ders., Studien zum Pentateuch, Stuttgart 1988 (SBAB 4), S. 213-253.
[9] Lohfink, SBAB (vgl. Anm. 8) S. 240.

die Gegenwart Gottes im Heiligtum in Israels Mitte. In beiden Fällen handelt es sich um eine *b^{e}rit ʿolam*, 'eine ewige Zusage'. Ihre Geltung ist nicht mehr, wie die der deuteronomischen *b^{e}rit*, von der Bundestreue der Menschen abhängig. Wenn eine menschliche Generation sündigt, fällt sie zwar heraus, es trifft sie Strafe. Aber von Gott aus ist nichts zurückgenommen, und die nächste Generation kann wieder in die stabile Endgültigkeitsgestalt der Welt zurückkehren."[10]

Man kann nun natürlich fragen, ob man bei dieser Konzeption noch von "Geschichte" reden soll und kann. Lohfink selber hat die von ihm herausgearbeitete Funktion der priesterschriftlichen Darstellung so gedeutet, daß hier Geschichte gewissermaßen in Mythos zurückverwandelt werde: Die Priesterschrift "kommt ... von ausgebreiteter historischer Substanz her. Sie bleibt ihr auch, bei aller Freiheit, etwa in der Abfolge der Hauptgeschehnisse, treu. Dennoch erzählt sie nun alles, als erzähle sie Mythen. Sie verwandelt gewissermaßen Geschichte in Mythos zurück. Deshalb muß man den Eindruck gewinnen, als handle es sich bei aller zeitlichen Abfolge letztlich um eine große, nach künstlerischen Prinzipien zusammengestellte Bildersammlung. Sie kommt von der Geschichte her, doch sie tendiert auf Paradigmata."[11] Wir können und wollen hier nicht erörtern, ob man die Beobachtungen Lohfinks nicht auch innerhalb eines "Geschichtsverständnisses" unterbringen kann[12], uns genügt, daß mit seinen Beobachtungen die Theorie Zimmerlis durch grundsätzliche Erkenntnisse über Wesen und Funktion des priesterschriftlichen Umgangs mit der "Geschichte" abgesichert ist: Es dürfte sicher sein, daß die Priesterschrift in einem bewußten theologischen Akt auf die Sinaiberit und die damit verbundene Gesetzesproklamation verzichtete, weil sie den Bund Gottes mit seinem Volke als reinen Gnadenbund verstand, der von der Seite Gottes her immer unverbrüchlich fest steht, auch wenn die Menschen sich so verhalten, daß sie den Bund brechen. Lohfink hat sicher damit recht, daß die Priesterschrift weniger "Geschichte" darstellen als vielmehr theologische Paradigmata bieten will.

Was nun aber eigenartigerweise weder von Zimmerli noch von Lohfink in diesem Zusammenhang erörtert wird, ist folgendes: Als "Bundes-

---

[10] Lohfink, SBAB (vgl. Anm. 8) S. 251.
[11] Lohfink, SBAB (vgl. Anm. 8) S. 241.
[12] Dazu vgl. z.B. V. Fritz, Das Geschichtsverständnis der Priesterschrift, in: ZThK 84 (1987) S. 426-439.

zeichen" wird von Abraham und damit von den Israeliten die Beschneidung der acht Tage alten männlichen Angehörigen gefordert - und mit dieser Beschneidung von Kindern haben wir m.E. eine Erscheinung, die in gewisser Weise eine Analogie zu der Verlegung der Sinaiberit in die Abrahamberit bietet.

Nun ist allerdings keineswegs klar, was der ursprüngliche Sinn der Beschneidung gewesen ist; vorgeschlagen wurden[13] etwa hygienische bzw. medizinische Motive, Vorbereitung auf das Geschlechtsleben, Initiationsritus, durch den der zu Beschneidende von einer religiös-sozial bestimmten Daseinsform in eine andere übertritt, Ritus einer Reifefeier, bei der durch Beschneidung ein Zustand hergestellt werde, der für die Ausführung des Geschlechtsakts natürlich sei, und schließlich auch noch (magisch bewirktes) Vorbeugen von Übeln aus geschlechtlichem Verkehr, insofern pars pro toto ein Teil eines tabuisierten Organs entfernt wird.

Bei allen Erklärungsversuchen aber ist deutlich, daß die Beschneidung etwas mit der Sexualität zu tun hat, und genau in diese Richtung weisen auch die spärlichen Belege, die wir aus dem vorexilischen Israel haben: Ex 4,24-26 und Gen 34,14-24. Aus diesen beiden Stellen legt sich wohl ebenso wie aus Jos 5,2f. nahe, daß in Israel die Beschneidung an Heranwachsenden oder Erwachsenen, jedenfalls an als geschlechtsreif Angesehenen ausgeübt wurde; eine weitere Stütze für diese Annahme könnte Gen 17,25 bieten, wonach Ismael im Alter von 13 Jahren beschnitten wurde; vermutlich ist dies das für die Beschneidung übliche Alter, das hier (Gen 17,25) von der Neuerung der Säuglingsbeschneidung abgesetzt wird, vgl. weiter unten! - Auffälligerweise findet sich nun (außer dem späten Text Lev 12,4) keinerlei Erwähnung der Beschneidung in den alten Gesetzestexten - sie wurde also anscheinend damals nicht als eine durch Jahwe begründete Forderung angesehen! Dies ist bei näherem Betrachten höchst befremdlich, denn im allgemeinen werden ja in der Antike wichtige Bräuche auf (die Stiftung durch) eine Gottheit zurückgeführt![14] Den Grund

---

[13] Die folgenden Möglichkeiten nach H. Wißmann, Beschneidung I. Religionsgeschichtlich, in: TRE Bd. V, 1980, S. 714-716. Vgl. auch W. H. Schmidt, Exodus, 1. Teilband, Neukirchen 1988 (BKAT II/1), S. 228-229, und O. Betz, Beschneidung II. Altes Testament, Frühjudentum und Neues Testament, in: TRE Bd. V, 1980, S. 716-722.

[14] In dem schwierigen Text Ex 4,24-26 haben etliche Forscher eine Ätiologie der Beschneidung sehen wollen, die dann auf Jahwe (oder eine vorjahwistische Gottheit) zurückgeführt würde, vgl. z.B. den instruktiven Forschungsüberblick bei W. H. Schmidt, 1988 (vgl. Anm. 13), S. 220-22. Mir scheint diese Annahme trotz Blum (vgl. R. und E. Blum, Zippora und ihr חתן דמים in: Die Hebräische Bibel und ihre zweifache

dafür können wir nur vermuten; zwei Möglichkeiten bieten sich m.E. an: 1. Nach Jer 9,24f. haben auch die Ägypter, Edomiter, Ammoniter, Moabiter und alle mit gestutztem Schläfenhaar, die in der Wüste wohnen (d.h. alle Araber), also die südöstlichen Nachbarn Israels, die Beschneidung ausgeübt, sie war also kein Spezifikum Israels, das als solches auf seinen Gott hätte zurückgeführt werden müssen. Oder: 2. In der Zeit der Auseinandersetzung mit dem Baalskult wurde der sexuelle Bereich tabuisiert, folglich übte man zwar die Sitte der Beschneidung als eine überkommene Selbstverständlichkeit weiter aus, sah aber keine Notwendigkeit oder vielleicht sogar keine Möglichkeit, sie von Jahwe her zu begründen.

Wie auch immer die Gründe für die fehlende Zurückführung der Beschneidung auf Jahwe in vorexilischer Zeit gewesen sein mögen - während des Exils trat hier eine Änderung ein: In der babylonischen Umwelt, die keine Beschneidung kannte, wurde diese zu einem Bekenntniszeichen. Wer zu Israel gehören und sich nicht assimilieren wollte, mußte die Beschneidung als göttliche Anordnung ausführen, die Beschneidung der acht Tage alten männlichen Säuglinge wurde zum "Bundeszeichen" des Abrahambundes:

"⁹Und Gott sprach zu Abraham: Was dich anlangt - meinen Bund sollst du halten, du und deine Nachkommen nach dir entsprechend ihren Geschlechtern. ¹⁰Folgendes ist mein Bund ($b^e rit$), den ihr zwischen mir und euch und deinen Nachkommen nach dir halten sollt: Beschnitten werden soll bei euch alles Männliche. ¹¹Und zwar sollt ihr euch am Fleisch eurer Vorhaut beschneiden lassen, und so wird das ein Bundeszeichen zwischen mir und euch sein. ¹²Im Alter von 8 Tagen soll bei euch, bei euren Geschlechtern, alles, was männlich ist, beschnitten werden, der hausgeborene (Knecht) ebenso wie der von irgendeinem Fremden für Geld gekaufte, der nicht zu deinen Nachkommen zählt. ¹³Beschnitten werden soll dein Hausgeborener wie der für Geld Gekaufte, und so soll mein Bund an eurem Fleisch zu einem ewigen Bund sein. ¹⁴Ein unbeschnittener Männlicher aber, der nicht am Fleisch seiner Vorhaut beschnitten ist - ein solches Lebewesen wird von seiner Verwandtschaft abgeschnitten werden; es hat meinen Bund gebrochen." (Gen 17,9-14)

Nachgeschichte [FS für Rolf Rendtorff], 1990, S. 41-54) immer noch die wahrscheinlichste zu sein; wenn die Beschneidung hier (wie Jos 5,2ff.) mit Steinmessern ausgeführt wird, kann dies wohl nur so erklärt werden, daß es sich hier um eine uralte Sitte (in die Steinzeit zurückgehend?) handelt; die Wendung "Blutbräutigam", die anscheinend hier erklärt wird und die sonst im AT nicht belegt ist, kann sich nur auf einen Erwachsenen beziehen; freilich muß man bei dieser Deutung annehmen, daß die Beschneidung des Kindes eine sekundäre Erweiterung darstellt, vermutlich "durch die jüngere Sitte der Kinderbeschneidung veranlaßt" (Martin Noth, Das zweite Buch Mose. Exodus, Göttingen 1959 [ATD 5], S. 36).

Diese Forderung der Kinderbeschneidung ist für uns zwar erst hier in Gen 17 greifbar, aber daraus dürfte kaum zu schließen sein, daß sie eine Erfindung von P ist. Denn solche Neuerungen entstehen wohl kaum am Schreibtisch eines Theoretikers, sondern in der religiösen Praxis des Alltags. Ein Hinweis darauf ist, daß der Text vermutlich noch Spuren eines Wachstums erkennen läßt[15]. Ernst Kutsch[16] hat in den Versen 10aαb.11. 12a.13b.14 eine alte "Beschneidungsordnung" finden wollen, die durch den Verfasser von P erweitert worden sei; sie habe gelautet:

(10) *Dies ist meine b^{e}rit (Verpflichtung), die ihr bewahren sollt zwischen mir und zwischen euch* ... : und zwischen deiner Nachkommenschaft nach dir: Beschnitten soll bei euch werden alles, was männlich ist. (11) Ihr sollt euch beim Fleische eurer Vorhaut beschneiden; *dies wird zu einem b^{e}rit-Zeichen zwischen mir und zwischen euch.* (12) Im Alter von 8 Tagen soll bei euch alles, was männlich ist, beschnitten werden nach euren Geschlechtern ... (13) ... *und es soll meine b^{e}rit (= Verpflichtung) an eurem Fleisch zu einer ewigen b^{e}rit (= Verpflichtung) sein.* (14) Ein unbeschnittener Männlicher aber, der nicht am Fleisch seiner Vorhaut beschnitten ist - dieses Leben soll aus seiner Verwandtschaft ausgerottet werden; *meine b^{e}rit (= Verpflichtung) hat er gebrochen.* (Zu den kursiv gedruckten Sätzen vgl. unten!)

Westermann[17] hat die Analyse von Kutsch weitergeführt; seine Erkenntnis: In dem von Kutsch herausgearbeiteten Text finden sich "Teile, die die Sprache der P sprechen", und zwar sind dies alle Sätze, in denen von b^{e}rit geredet wird (diese Sätze sind oben kursiv gedruckt). In der Tat haben wir hier typische Sprache und Theologie von P, wie Groß in einem Vergleich mit Gen 9 einleuchtend gezeigt hat[18]; die schon von Kutsch als se-

---

[15] McEvenue schreibt: "There is no need to think of a conflation of sources here, or of additions, as the thought progresses with perfect logic." (S. E. McEvenue, The Narrative Style of the Priestly Writer, Rom 1971 [AnBibl 50], S. 169). Aber eventuelle spätere Bearbeiter einer Vorlage können doch durchaus einen Text so bearbeiten, daß er einen perfekten Gedankenfortschritt bietet - und haben es in der Regel wohl auch. (Perfekter) Gedankenfortschritt ist deshalb kein zwingendes Argument gegen die Annahme einer Bearbeitung einer Vorlage, wenn diese sich aus anderen Gründen nahelegt. Ähnliches gilt gegen W. Groß, Bundeszeichen und Bundesschluß in der Priesterschrift, in: TThZ 87 (1978) S. 98-115.

[16] E. Kutsch, "Ich will euer Gott sein". b^{e}rit in der Priesterschrift, in: ZThK 71 (1974) S. 361-388, S. 378.

[17] Claus Westermann, Genesis, 2. Teilband, Neukirchen 1981 (BKAT I), S. 317f.

[18] Vgl. den Anm. 15 genannten Aufsatz.

kundäre Erweiterungen angesehenen vv.12b.13a sind jetzt wieder von Peter Weimar[19] ebenso angesehen worden - vermutlich zu Recht.[20]

Die so gewonnene Beschneidungsvorschrift mündet in v.14a in einem Satz, der "ganz in der Form eines sakralen Rechtssatzes gehalten"[21] ist. Zimmerli hat die Sätze mit dieser Formel untersucht[22]; sein Ergebnis: "Die in dieser Formel ausgesprochene Strafe besteht zunächst darin, daß der Schuldige aus seinem Sippenkreis ausgeschlossen wird." Das bedeutet aber nicht "Vernichtung, Todesurteil, das durch Menschen vollzogen werden muß", sondern: diese Formel ist "eine Bannformel, die ausdrückt, daß ein Mensch aus der Nähe Gottes ausgeschlossen und damit dem Verderben übergeben ist". "Denn 'Leben' ist nur 'vor Gott'. Die Bannaussage aber

---

[19] P. Weimar, Gen 17 und die priesterschriftliche Abrahamgeschichte, in: ZAW 100 (1988) S. 22-60.

[20] Zu einem ganz anderen Ergebnis kommt Klaus Grünwaldt in seiner Untersuchung "Exil und Identität. Beschneidung, Passa und Sabbat in der Priesterschrift (BBB 85), 1992". Nach ihm sollen die vv.9-14 nicht von P^g stammen, sondern von der Pentateuchredaktion später in den Text eingefügt sein. "Die Sprache, die in V.9-14 gesprochen wird, ist nicht die Sprache der Priesterschrift, sondern eine Vermischung priesterlicher und deuteronomistischer Terminologie, wobei das prägende Element, die Wendungen 'die b^{e}rit bewahren' bzw. 'die b^{e}rit brechen', zweifellos im dtr. Milieu beheimatet sind." (34f.) Dies ist nach Grünwaldt das "zwingendste Argument für die Ausscheidung des Beschneidungsgebotes aus P^g". (35) - Ganz so zwingend scheint mir das Argument nicht zu sein. Denn selbst wenn wir die genannten Wendungen eindeutig deuteronomistischer Terminologie in dem Sinne zuschreiben könnten, daß sie nirgendwo anders vorkommen können, so wäre damit noch nicht gesagt, daß nicht *während des Exils* solche Wendungen in deuteronomistischen Kreisen schon in Gebrauch gewesen und von diesen Kreisen bei der Formulierung der von P^g vorgefundenen und übernommenen Beschneidungsvorschrift verwendet worden sein könnten. Dafür, daß diese von P wohl vorgefundene Beschneidungsvorschrift einen integrierten Bestandteil des Systems von P bildet, spricht die Parallele zum Bundeszeichen Gen 9. Freilich hat das Zeichen der Beschneidung einen anderen Sinn als das Zeichen des Regenbogens in Gen 9: der Regenbogen wird von Gott als Bestandsgarantie gesetzt und ist von Menschen unbeeinflußbar, während das Zeichen der Beschneidung von Menschen vollzogen werden muß. Auch dies ist für Grünwaldt ein Argument für die Sekundärerklärung von vv.9-14: "Auch die Deutung des Zeichens als einen vom Menschen zu vollziehenden Vorgang befördert das Verständnis der b^{e}rit als Verhältnis auf Gegenseitigkeit, ein Verständnis, das P^g fremd ist. Für P^g gibt es nur ein einziges Zeichen der b^{e}rit, u.z. den Regenbogen." (59) Woher Grünwaldt letzteres weiß, ist mir verborgen. Ich meine im Gegenteil, daß die Beschneidung als Kinderbeschneidung in dem oben gezeigten Sinne durchaus zu P^g paßt!

[21] W. Thiel, *Hefer b^{e}rit*. Zum Bundbrechen im Alten Testament, in: VT 20 (1970) S. 214-230; S. 227.

[22] W. Zimmerli, Die Eigenart der prophetischen Rede des Ezechiel, in: ZAW 66 (1954) S. 1-26 = Ders., Gottes Offenbarung, München 1963 (TB 19), S. 148-177.

besagt das Hinausgetan-Sein aus dem Lebenskreis 'vor Gott', heraus aus der Kultgemeinschaft der Sippe, heraus aus der Gemeinschaft des Bundesvolkes Israel. Dort draußen wird Gott sein Gericht an ihm wirksam werden lassen. Die Formel besagt dagegen nicht als solche schon, daß der also Ausgeschlossene von den anderen Gliedern der Kultgemeinde auch physisch vernichtet werden muß."[23] - Die übliche Übersetzung "ausrotten", "austilgen", "ausmerzen" o.ä. (vgl. z.B. die oben angeführte Übersetzung von Kutsch oder Westermann, Kommentar, oder "Einheitsübersetzung") sollte deshalb vermieden werden, weil sie falsche Vorstellungen weckt.

Aus der früher als selbstverständliche Sitte geübten Beschneidung im Sinne eines Mannbarkeitsritus ist im Exil ein nichtselbstverständliches Zeichen geworden, durch das man sich von den unbeschnittenen Babyloniern unterschied, durch das man seine Zugehörigkeit zu Israel dokumentierte und das man ausüben mußte, wenn man nicht "von seinen Volksgenossen abgeschnitten werden" wollte. Wenn dieses Bekenntniszeichen jetzt an 8 Tage alten Kindern ausgeübt wurde, dürfte das seinen Grund darin gehabt haben, daß Eltern ihre Kinder möglichst früh in die Gemeinschaft des Volkes Israel hineinbringen wollten. Wie sehr dieses Bekennntniszeichen als eine ausschließliche Besonderheit Israels angesehen wurde, geht daraus hervor, daß Ismael in dem üblichen Alter von 13 Jahren beschnitten wird (Gen 17,25); wer von Lohfink gelernt hat, mit welchem Ziel die Priesterschrift sog. historische Fakten berichtet, muß darin mehr als eine historische Notiz sehen. Die Priesterschrift überhöht nun dieses Bekenntniszeichen der Säuglingsbeschneidung dadurch, daß sie es in ihre b^{e}rit-Theologie einbaut. Gott hat mit Abraham und damit mit Israel einen Bund geschlossen, der Volkwerdung und Besitz des Landes Kanaan beinhaltete - und als Zeichen des Bundes fordert er, daß alles Männliche im Alter von 8 Tagen beschnitten werden soll! Wer von der Sinaiberit herkommt, muß diese "Verpflichtung" mit Staunen und Verwundern hören: die Bundesverpflichtung, die auferlegt wird, damit jemand Glied des Gottesvolkes werden kann, ist etwas, was der Aufzunehmende selber gar nicht leisten kann! Einen krasseren Gegensatz zu der Sinaiberit mit der Verpflichtung auf das Halten der Gesetze läßt sich kaum denken. Für denjenigen, der in das Gottesvolk aufgenommen wird, ist dieses "Bundeszeichen" ein reiner

---

[23] Zimmerli, TB S. 167f. - Vgl. auch Ders., Echeziel Bd.1, Neukirchen 1969 (BKAT XIII/1), S. 303-305; Dieter Vetter, שמד šmd hi. vertilgen, in: THAT II, Sp. 963-965; Sp. 964.

Akt der Gnade, jeglicher Gedanke an eine menschliche Leistung ist hier getilgt.

Die Theorie von Zimmerli, daß die Priesterschrift bewußt auf die Sinaiberit verzichtet und den Bundesschluß mit Israel in die Abrahamberit hinein verlegt hat, um so diesen Bund als reinen Gnadenbund zu verstehen, erfährt so durch das Bundeszeichen der "Säuglingsbeschneidung" eine glänzende Bestätigung: dieses "Zeichen" kann niemand als Leistung erbringen, sondern nur als einen Akt vorweglaufender Gnade hinnehmen.

Gerhard von Rad[24] hat das Verhältnis von Altem und Neuem Testament zueinander im Sinne der Typologie verstehen wollen, was grob gesagt bedeutet: Weil in beiden Testamenten derselbe Gott handelt, finden sich Strukturanalogien, nein: müssen sich Strukturanalogien finden, denn Gott kann sich nicht selbst untreu werden. Könnte es nicht sein, daß in dem Aufkommen der Kindertaufe, so dunkel die historischen Ursprünge auch sein mögen[25], in diesem Sinn eine Analogie zur Kinderbeschneidung vorliegt? Und könnte es nicht sein, daß für die Theorie der Kindertaufe die Erkenntnisse über die Verlegung der Sinaiberit in die Abrahamberit und über das damit zusammenhängende Verständnis des Bundeszeichens der Säuglingsbeschneidung als eines reinen Gnadenzeichens eine wichtige Analogie bieten?

---

[24] G. von Rad, Typologische Auslegung des Alten Testaments, in: EvTh 12 (1952/53) S. 17-33; vgl. auch H. W. Wolff, Zur Hermeneutik des Alten Testaments, in: EvTh 16 (1956) S. 337-370 = Ders., Gesammelte Studien zum Alten Testament, München 1964 (TB 22), S. 251-288.

[25] Vgl. E. Dinkler, Taufe II. Im Urchristentum, in: RGG³ Bd.VI, Sp. 627-637; zur Kindertaufe Sp. 636; W. Kreck, Taufe IV. Dogmatisch, in: RGG³ Bd. VI, Sp. 646-648.

Studien zu den sogenannten Thronbesteigungspsalmen

A. Das formgeschichtliche Problem

In der Debatte über die Thronbesteigungspsalmen ist die babylonische Parallele „Marduk ist König" aus der 4. Tafel des Enuma elisch oft zitiert worden; daß es aber auch eine ägyptische Parallele gibt, wird nirgends erwähnt. Und doch scheint mir gerade diese einen wichtigen Beitrag zur Formgeschichte des sogenannten Inthronisationsrufes zu bieten.

In der Geschichte vom Streite des Horus und Seth heißt es[1]:

A. Da brachte man Horus, den Sohn der Isis. Man setzte die weiße Krone auf sein Haupt. Man setzte ihn auf den Thron seines Vaters Osiris. Man sprach zu ihm: „Du bist der gute König von Ägypten. Du bist der gute Herr - möge er leben, gedeihen, gesund sein - eines jeden Landes bis in alle Ewigkeit." Da rief Isis laut zu ihrem Sohn Horus: „Du bist der gute König. Mein Herz ist in Freude. (Denn) du erhellst das Land mit deinem Glanz."

B. Da sagte Ptah, der Große, der südlich seiner Mauer ist, der Herr von Anch-Tawj: „Was soll nun mit Seth geschehen, wo man Horus auf den Thron seines Vaters Osiris gesetzt hat?" Da sagte Re-Harachtes: „Man möge mir Seth, den Sohn der Nut, geben, daß er bei mir sitze. Er soll bei mir sein als mein Sohn. Er soll am Himmel schreien und man soll ihn fürchten."

C. Da kam man, um dem Re-Harachthes zu sagen: „Horus, der Sohn der Isis, steht da als Herrscher - möge er leben, gedeihen, gesund sein." Da freute sich Re überaus. Er sprach zur Götterneunheit: „Jauchzet über das Land hin, jauchzet über das Land hin wegen Horus, des Sohnes der Isis." Da sprach Isis: „Horus steht da als Herrscher - möge er leben, gedeihen, gesund sein. Die Götterneunheit ist im Fest. Der Himmel ist in Freude. Sie nehmen Kränze, wenn sie Horus, den Sohn der Isis, sehen, wie er dasteht als Herrscher - möge er leben, gedeihen, gesund sein - von Ägypten. Die Herzen der Götterneunheit sind zufrieden, das ganze Land ist in Jubel, wenn sie Horus, den Sohn der Isis sehen, wie ihm überwiesen ist das Amt seines Vaters Osiris, des Herren von Busiris."

---

[1] Der ägyptische Text ist am besten zugänglich in A. H. GARDINER, *Late-Egyptian Stories*, Brüssel 1932. Die Aufteilung dieses Abschnittes in drei Teile und deren Bezeichnung mit A, B und C stammt von mir. Die Begründung dieser Aufteilung wird unten gegeben.

Die Erzählung vom Streite des Horus und Seth berichtet über den Kampf der beiden Götter um den Thron des Osiris. In ihr sind Mythen und Mythenfragmente verarbeitet, aber sie haben ihren eigentlichen Sinn als Darstellungen von gültigen Wahrheiten verloren[1]. Das bedeutet aber nicht, daß sie auch formal verändert sein müssen. Im Gegenteil: Trotz der inhaltlichen Entleerung wird in der Regel die überlieferte Form beibehalten, wir entdecken oft alte Züge, die im jetzigen Zusammenhang keinen Sinn mehr haben. Und auch bei unserem Text wird deutlich, daß er nicht für den jetzt vorliegenden Zusammenhang geschrieben worden ist, sondern aus überlieferten, d.h. im Wortlaut festliegenden Stücken zusammengesetzt ist.

Denn in der vorliegenden Form ist der Text nicht einheitlich. Während Re-Harachthes nach B die Inthronisation des Horus bereits kennt, wird sie ihm in C erst gemeldet. Diese Unebenheit wird am einfachsten dadurch erklärt, daß man annimmt, der Abschnitt B über das Ergehen des Seth sei sekundär in einen Text eingefügt, der nur von Horus handelte, und nach dieser Einfügung nicht angeglichen worden. Das Motiv ist klar: Da die gesamte Erzählung vom Streite des Horus und Seth handelt, verlangt es die Erzählungstechnik, daß am Schluß noch etwas über das Schicksal des Seth gesagt wird.

So sind wir denn berechtigt, den Text aus seinem erzählenden Zusammenhang herauszulösen und für sich zu betrachten. Die Frage der Abgrenzung nach vorne interessiert uns hier nicht, wesentlich ist nur, daß ein überliefertes Stück verarbeitet ist, daß hier also nicht eine Konstruktion des Erzählers vorliegt. Und wenn wir unseren Text als Rest eines alten Mythos betrachten, dann spiegelt sich hier die Inthronisation eines ägyptischen Königs. Denn im Mythos ist Osiris die Darstellung des toten, Horus die des regierenden Königs.

Nach diesen allgemeinen Erwägungen wollen wir nun die Aussagen im einzelnen betrachten[2]:

---

[1] Ob es sich hier um Anekdoten oder um „Volksmythen" (vgl. H. BONNET, *Reallexikon der ägyptischen Religionsgeschichte*, S. 499) handelt, ist für unsere Fragestellung gleichgültig.

[2] Ich gebe im folgenden kurze grammatische Erläuterungen, damit auch der des Ägyptischen unkundige Leser den Charakter der Sätze erkennen kann. Die Hinweise GARDINER § 00 beziehen sich auf: A. H. GARDINER, *Egyptian Grammar*, 2nd edition, London 1950.

Zu A: Man sprach zu ihm: *twk m nswt nfr n T3 mrj. twk m nb ʿnḫ wḏ3 snb nfr n t3 nb rs3ʿ nḫḫ ḥnʿ ḏt*. „Du bist der gute König von Ägypten. Du bist der gute Herr - möge er leben, gedeihen, gesund sein - eines jeden Landes bis in Ewigkeit und Ewigkeit." Die beiden Sätze sind Nominalsätze. Das *m* ist das sogenannte *m* der Identität (vgl. GARDINER § 38). *nfr* bedeutet „gut" im weitesten Sinn. Hier vielleicht besser prägnant „gnädig". „Da rief Isis laut zu ihrem Sohn Horus: *twk m nswt nfr*: Du bist der gute König." Hier wieder ein Nominalsatz mit dem *m* der Identität. - Bei der Inthronisation wird also Horus direkt angeredet. Daß er König ist, wird in Nominalsätzen ausgesagt. Es geht also nicht um die Fragestellung eines Ereignisses (du bist König geworden) oder um einen Wunsch (du sollst König sein), sondern um ein Faktum, um eine Identität (du bist König). Wenn man bedenkt, welche Kraft und Wirksamkeit das Wort für den Alten Orient besaß, wird klar, daß hier mehr als eine Konstatierung vorliegt. Indem man sagt: „Du bist König", wird Horus König. Der eigentliche Akt des Königwerdens liegt also in dieser direkten Anrede[1].

Zu B: Wie oben bei der Literarkritik dargelegt, ist dieses Stück sekundär in den Mythos von Horus eingefügt und braucht deshalb für unseren Text nicht beachtet zu werden.

Zu C: „Da kam man, dem Re-Harachthes zu sagen *Ḥr s3 Ist ʿḥʿ m ḥḳ3 ʿnḫ wḏ3 snb*: Horus, der Sohn der Isis, steht da als Herrscher - möge er leben, gedeihen, gesund sein." *ʿḥʿ* ist hier ein sogenanntes Pseudopartizip (GARDINER: Old perfective). GARDINER schreibt dazu:[2] „With verbs of motion it describes, not so much the movement itself as *the position reached as the result of the movement*, ... the old perfective expresses a *state* or *condition* of things; as contrasted with the essentially dynamic suffix conjugation it is *static* or at least relatively so." So übersetzt denn auch GARDINER: „... is arisen as a Ruler."[3] Auch in der Übersetzung LEFÈBVRES: „... s'est levé en Souverain" wird dieses statische Element ausgedrückt. Die korrekte Wiedergabe im Deutschen wäre etwa: „... ist aufgestanden und steht somit da." SPIEGELS Übersetzung „... ist aufgestanden"[4] könnte zu dem Mißverständnis führen, es sei hier nur die Handlung

---

1 Vgl. S. 129.
2 § 311.
3 GARDINER, *The Chester Beatty Papyri No 1*, London 1931, S. 26.
4 GUSTAVE LEFÈBVRE, *Romans et Contes égyptiens de l'époque pharaonique*, Paris 1949, S. 202. SPIEGEL, *Die Erzählung vom Streite des Horus und Seth als Literaturwerk*, Leipzig 1937, S. 141.

gemeint. Ich übersetze daher: „steht da". *ḥḳ3* „Herrscher" ist eine gebräuchliche Bezeichnung des Königs. Ein Unterschied zu *nswt* ist mir nicht ersichtlich. „Jauchzet über das Land hin *n Ḥr*". *n* kann hier wegen, über und zu heißen. „Da sprach Isis: *Ḥr ʿḥʿ m ḥḳ3 ʿnḫ wḏ3 snb:* Horus steht da als Herrscher - möge er leben, gedeihen, gesund sein." Die Probleme sind hier die gleichen wie bei dem obigen Satz. *psḏt nṯrw m ḥb pt m ršwt* „Die Götterneunheit ist im Fest. Der Himmel ist in Freude". Da für das mythische Bewußtsein geschichtliches und kosmisches Geschehen zusammenhängen, freut sich auch der Himmel. Hier ist auf keinen Fall eine eschatologische Aussage gemacht, *iwf ʿḥʿ m ḥḳ3 ʿnḫ wḏ3 snb n Kmt* „indem er dasteht als Herrscher - möge er leben, gedeihen, gesund sein - von Ägypten". Hier die pseudoverbale Konstruktion *iw* mit dem Pseudopartizip zur Angabe des Umstandes oder der Zeit (vgl. GARDINER, § 323). Im Gegensatz zu der Anrede in A liegt hier ein Er-Bericht vor. Es ist nun interessant, daß der Erzähler den Zusammenhang von A und C nicht für so eng gehalten hat, daß er ihn gehindert hätte, die Seth-Episode einzuschieben. Der Er-Bericht wurde also als nicht direkt zur Inthronisation gehörig empfunden, er bildete mit ihr keine untrennbare Einheit. Er folgte ihr zwar, konnte aber von ihr getrennt werden, wenn dies erzählungstechnische Gründe erforderten.

Dem, was wir bisher über unseren ägyptischen Text gesagt haben, entspricht nun die Schilderung der Inthronisation Marduks.[1] Auch dort finden wir eine direkte Anrede (Tafel IV, Zeile 3-18), und an deren Schluß wird ausdrücklich gesagt: *ni-id-din-ka šar-ru-tum kiššat kal gim-ri-e-ti* „Wir gaben dir das Königtum, die Gesamtheit aller Fülle" (Z. 14). Das verbale Präteritum gibt an, daß hier eine Handlung geschehen ist. Das Königtum ist also übergeben, und zwar in dieser direkten Anrede. Marduk ist jetzt König. Und nun muß er seine Königsmacht beweisen, indem er durch sein Wort ein Kleid vernichtet und neuschafft. Erst als Antwort auf diesen seinen Machterweis ruft man aus *Marduk-ma šar-ru* „Marduk ist König" (Z. 28), und zwar in einem Nominalsatz! Dieser Ausruf bezieht sich also nicht mehr auf die Handlung der Übergabe der Königsmacht, die wir als den eigentlichen Akt der Inthronisation ansehen müssen, sondern auf das Königsein, das als bereits Vorhandenes in einer Tat offenbart wird.

---

1 Vgl. GRESSMANN, *Altorientalische Texte*, S. 116 ff. Für freundliche Angabe und Übersetzung der akkadischen Texte bin ich Herrn Prof. D. NOTH zu großem Dank verpflichtet.

Nachdem Marduk so sein Königsein, das ihm in der direkten Anrede übertragen worden ist, offenbart und bewiesen hat, nachdem er also als König gehandelt hat, werden ihm die äußeren Zeichen der Königsherrschaft übergeben. Daß Machterweis mit anschließender Huldigung und Übergabe der Insignien im weiteren Sinne zur Inthronisation gehören, nämlich als ihre Bestätigung und als Antwort auf diese Bestätigung, mag sein. Doch die eigentliche Handlung der Übergabe der Königsmacht, die naturgemäß den Kern des Inthronisationsaktes bildet, liegt vor ihnen, ist nicht mit ihnen identisch.

Sowohl in dem ägyptischen als auch in dem babylonischen Text besteht also der eigentliche Vorgang der Inthronisation in einer direkten Anrede, in der, wie aus dem babylonischen Text deutlich wurde, die Königsmacht übertragen wurde. Der Bericht über das König-(geworden-)sein in der dritten Person, der sogenannte Er-Bericht, ist in beiden Texten nicht mit diesem Inthronisationsakt identisch. In dem babylonischen ist er eine Antwort auf Offenbarung und Erfahrung des Königseins. Auch wenn diese Offenbarung und Erfahrung nicht wie dort an einer sichtbaren Tat, sondern einfach an dem Vorgang der Inthronisation geschieht, wie wir vielleicht in dem ägyptischen Text annehmen müssen, so setzt doch auch dieses die Inthronisation voraus. Außerdem zeigte ja gerade der ägyptische Text, daß direkte Anrede und Er-Bericht nicht als eine untrennbare Einheit angesehen wurden.

Es ist also falsch, den Ruf „Marduk ist König" einen Inthronisationsruf zu nennen. Es besteht zwar eine gewisse Beziehung zur Inthronisation, formal dadurch, daß in unserem Text der Ruf dem Bericht über die Inthronisation folgt, sachlich dadurch, daß ein Königsein in der Regel eine Inthronisation voraussetzt. Aber das kann formgeschichtlich die Bezeichnung „Inthronisationsruf" nicht rechtfertigen. - Welche Funktion haben aber nun die Er-Berichte?

Im babylonischen Text wird ausdrücklich gesagt: *iḫ-du-ú ik-ru-bu* „sie freuten sich, sie huldigten". Diese Situationsangabe weist auf eine Akklamation hin, unterstützt wird sie durch allgemeine formgeschichtliche Untersuchungen, nach denen Wundererzählungen durch ihren Stil und ihre Absicht eine Akklamation fordern.[1] Die Akklamation wird hervorgerufen durch die staunende Verwunderung über die ungewöhnliche Tat; sie kon-

---

[1] Vgl. ERIK PETERSON, *Heis Theos*, Göttingen 1926, S. 183 ff.; M. DIBELIUS, *Die Formgeschichte des Evangeliums*, 2. Aufl., Tübingen 1933, S. 55, 67, 71 f.

statiert, was in dem wunderbaren Ereignis erfahren wurde. Daneben aber liegt in ihr immer ein gewisses Interesse „an der propagandistischen Ausnutzung des berichteten Ereignisses"[1]. Zwar sind diese Untersuchungen an späteren Texten ausgeführt worden, aber das ist bei formgeschichtlichen Untersuchungen kein Gegenargument, da sich ähnliche Erlebnisse (hier z.B. das des Wunders) zu allen Zeiten ähnliche Ausdrucksformen schaffen können. Wenn ich recht sehe, haben wir formgeschichtlich hier eine typische Wundererzählung mit nachfolgender Akklamation.[2] Auch daß die dem Wunder folgende Akklamation mit der Aussprechung des Erfahrenen „propagandistische" Interessen verbindet, leuchtet in unserer Situation ganz ein: Diejenigen, die Marduk als den König und damit als ihren Gott erfahren haben, besitzen ein natürliches Interesse daran, diese Erfahrung anderen mitzuteilen. Dieses Interesse äußert sich formal darin, daß die Akklamation eine Aussage in der 3. Person über Marduk ist, die also nicht an Marduk, sondern an außenstehende Dritte gerichtet ist, wenn sie überhaupt konkrete Adressaten hat. So müssen wir den Ruf „Marduk ist König" als Akklamationsruf auffassen, der dabei noch etwas vom Charakter eines Proklamationsrufes hat.

Im ägyptischen Text wird mit dem Satz „Horus steht da als Herrscher" dem Re die geschehene Inthronisation verkündigt: „Da kam man, um dem Re-Harachthes zu sagen: ...". Hier liegt also eine reine Proklamation vor, und auch der Hymnus der Isis hat wohl mehr den Charakter einer Proklamation als einer Akklamation.

Natürlich ist anzunehmen, daß einer Inthronisation in der Regel Akklamations- und Proklamationsruf folgten. Die Frage ist aber, ob ein Akklamations- oder Proklamationsruf immer eine Inthronisation voraussetzt. Diese Frage ist im Hinblick auf das Alte Testament sehr wichtig.

Im Alten Testament finden wir bei menschlichen Königen sowohl die direkte Anrede (cf. Ps. ii 7 f.; lxxxix 5 f.; cx; cxxxii 11 f.; 2 Reg. ix 6,12; 1 Sa. x 1 cf. LXX) als auch den Er-Bericht (cf. 2 Sa. xv 10; 2 Reg. ix 13). Daneben erscheint noch in Inthronisationsberichten der Ausruf יחי המלך (1 Sa. x 24 f.; 1 Reg. i 25,34; 2 Reg. xi 12), der an allen vier Belegstellen deutlich die Funktion einer Akklamation hat.

Aus Ps. ii, cx und 2 Reg. ix 6 wird klar, daß auch in Israel der eigentliche Akt der Inthronisation die Machtübertragung in der direkten Anrede

---

[1] DIBELIUS, a.a.O., S. 72, vgl. PETERSON, a.a.O., S. 213.
[2] Diese Feststellung bedeutet natürlich noch nicht, daß hier literarkritisch zu trennen ist.

war. Der Redende, also derjenige, der Macht verleiht, ist Jahwe, und zwar redet er durch einen Bevollmächtigten; in 2 Reg. ix durch einen Propheten, in Ps. ii und cx wohl durch einen Priester. Direkt verbunden mit dem Inthronisationsakt ist die Akklamation יחי המלך. In dieser Wendung liegt die Antwort des Volkes auf die Gottesrede, mit dieser Akklamation bekennt es sich zur geschehenen Inthronisation, es akzeptiert den neuen Zustand.[1] Daß der neue Zustand, das Königsein, auch ohne diese Akklamation, nur auf Grund der direkten Anrede, da ist, geht aus 1 Sa. x 1 f. hervor, wo nach Salbung und direkter Anrede weder Akklamation, noch Proklamation folgten.[2] Der Er-Bericht dagegen steht an beiden Belegen in keinem Zusammenhang mit dem Inthronisationsakt. 2 Sa. xv wird gar nichts von einer Inthronisation Absaloms berichtet,[3] und 2 Reg. ix ist der Er-Bericht von der direkten Anrede getrennt. An beiden Stellen hat der Er-Bericht die Funktion einer Proklamation.[4]

Von Jahwe kennen wir nur Er-Berichte (Ps. xlvii 9; xciii 1; xcvi 10; xcvii 1; xcix 1); direkte Anreden, die wir als Kernstück der Inthronisation erkannt hatten, fehlen ganz.[5] Nun behaupten MOWINCKEL[6], GUNKEL[7] und KRAUS[8], die Inthronisation Jahwes entspreche dem Bild, das im Alten Testament von der Inthronisation eines menschlichen Königs gegeben werde; KRAUS führt z.B. als einen Zug dieses gemeinsamen Bildes an: „Zu-

---

[1] Nach Niederschrift des Manuskripts kommt mir der Aufsatz von P. A. H. DE BOER „Vive le roi!" in: *V.T.* V, 1955, S. 225 ff. zu Gesicht. DE BOER sieht die Funktion von יחי המלך ebenso: „Le peuple accepte seulement celui qui se manifeste en puissance royale" (S. 227). Er faßt die Formel nicht als Wunsch, sondern als „Ehrfurchtsformel", als „une vive manifestation par la voix d'un acquiescement à l'autorité royale" (S. 231). Diese indikativische Deutung von יחי macht die Funktion der Akklamation klarer als die oben gebotene jussivische, sie ist daher vorzuziehen.

[2] Das historische Problem der verschiedenen Berichte interessiert uns hier nicht; es geht nur darum, daß man sich vorstellen konnte, der Vorgang habe so stattgefunden.

[3] Vgl. S. 143.

[4] Es ist eine merkwürdige Erscheinung, daß der Er-Bericht ... מלך nur bei zwei Aufrührern erscheint, während die יחי-Akklamation nur in Berichten über ordnungsgemäße Inthronisationen vorkommt (auch Adonia trat sicher mit dem Anspruch auf, der legitime Nachfolger zu sein; vgl. 1 Reg. i 24 f.). Dies sollte einmal näher untersucht werden. Vielleicht liegt der Grund darin, daß die יחי-Akklamation das Königsein voraussetzt, die Proklamation ... מלך es dagegen erst verkündet.

[5] Ps. lxxxiv 4 hat mit der direkten Anrede bei der Inthronisation nichts zu tun; dort sagt der Dichter, daß Jahwe auch *sein* König ist.

[6] SIGMUND MOWINCKEL, *Psalmenstudien* II, Kristiania 1922, S. 6.

[7] H. GUNKEL, *Einleitung in die Psalmen*, Göttingen 1933, S. 111.

[8] H. J. KRAUS, *Königsherrschaft Gottes im Alten Testament*, Tübingen 1951, S. 7.

erst wird der neue Herrscher an heiliger Stätte von Priesters Hand gesalbt und mit der Krone geschmückt."[1] Hier müssen wir nun fragen, wie man sich eine solche Inthronisation Jahwes vorstellen soll. Wer könnte Jahwe direkt angeredet haben und ihm in dieser Anrede Königsmacht übermittelt haben? Daß wie bei Marduk und wohl auch Horus andere Götter diese Macht übertragen, ist ja ausgeschlossen. Ja, kann überhaupt jemand Jahwe Macht übertragen? Ist er nicht schon immer der allein Mächtige?

Man kann vom „Inthronisationsruf" her, d.h. mit formgeschichtlichen Argumenten, nur behaupten, es habe eine Inthronisation Jahwes in Analogie zu der eines menschlichen Königs gegeben, wenn man annimmt, die „Er-Berichte" seien so eng mit einem Thronbesteigungsakt verbunden gewesen, daß man von ihnen notwendig auf einen solchen schließen müsse. Wir sahen aber schon, daß diese enge Verbindung nicht bewiesen werden kann. Im Zusammenhang damit, daß Inthronisationsberichte Jahwes in „direkter Anrede" fehlen, mußten wir zudem Fragen an die „Analogiethese" stellen. Formgeschichtlich läßt sich also ein Thronbesteigungsfest Jahwes aus dem „Inthronisationsruf" nicht begründen. Im Gegenteil: Durch das Fehlen von „direkten Anreden", durch die Unmöglichkeit, solche für Jahwe anzunehmen, muß von der Formgeschichte her gesagt werden, daß die Annahme eines Thronbesteigungsfestes Jahwes *nach Analogie des Thronbesteigungsfestes eines menschlichen Königs* sehr zweifelhaft, wenn nicht gar unmöglich ist.

Kann oder muß man aber nicht *aus dem Inhalt der betreffenden Psalmen* ein Thronbesteigungsfest Jahwes annehmen, das zwar nicht in strenger Analogie zu dem eines menschlichen Königs, wohl aber in Anlehnung an ein solches zu denken ist?

Diese Frage kann nur von der Exegese her erörtert werden. Bei jeder Exegese sind stillschweigend Voraussetzungen vorhanden über grammatikalische und lexikographische Probleme. Es erscheint nun angebracht, einen Teil dieser Voraussetzungen bei einer Betrachtung der „Thronbesteigungspsalmen" kurz darzulegen. Das kann natürlich im wesentlichen nur darin bestehen, auf Grammatiken zu verweisen, ist aber doch wohl von Nutzen.

---

[1] *A.a.O.*, S. 7.

Studien zu den sogenannten Thronbesteigungspsalmen 133

B. Bemerkungen zur Bedeutung der hebräischen Tempora

Die üblichen Darstellungen in den Grammatiken kranken m. E. immer noch daran, daß sie zu sehr von unserer Sprache, von unserem Zeitbegriff ausgehen und nicht genügend auf die Eigenart des Hebräischen eingehen. Von den Versuchen, die gemacht worden sind, um das Hebräische aus sich zu verstehen - methodisch der einzig richtige Weg -, nenne ich diejenigen, die mir am einleuchtendsten sind.

L. KÖHLER schreibt[1]: „... Das Perfektum bezeichnet an sich, ohne Rücksicht auf andre Handlungen oder Zustände, daß eine Handlung in ihrem Vollzug, ein Zustand in seiner Dauer ist. Die Zeitkategorie kommt dabei nicht in Rücksicht. ... Das Perfektum wird da angewendet, wo etwas einmalig, ein für alle Male, faktisch geschieht, geschah, geschehen wird. Die Zeitsphäre ergibt sich immer bloß aus dem Zusammenhang, dagegen liegt der Klang des Endgültigen in der Form des Perfektums. ... Das Imperfektum bezeichnend[2] immer in Beziehung auf ausgesprochene oder gedachte andere Handlungen oder Zustände eine Handlung, die im Ablauf, einen Zustand, der in seiner Vollendung ist, also dasjenige, was dauert in der Zeit, in welcher ein Anderes geschieht. Ist das Perfektum punktuell, so ist das Imperfektum durativ, ist das Perfektum absolut, unbezogen, so ist das Imperfektum relativ, bezogen. Aber auch beim Imperfektum kommt die Zeitkategorie nicht in Rücksicht. ... Das Imperfektum wird da angewendet, wo etwas anhaltend, immer wieder, als Begleithandlung einer andern Handlung geschieht, geschah, geschehen wird. Auch hier ergibt sich die Zeitsphäre immer bloß aus dem Zusammenhang, dagegen liegt der Klang des in seinen einzelnen Phasen sich Abwickelnden schon in der Form des Imperfektums."

Ähnlich schreibt H. S. NYBERG[3]: „Perf. ind.[4] von Handlungsverben bezeichnet die Handlung an und für sich, als ein abgerundetes Ganzes, wie sie abgesehen von der Situation des Augenblicks oder dem zufälligen Zustand der Lage, der Gefühle usw. des Redenden liegt: Die Handlung ist von *außen her* gesehen. Das Perf. ind. drückt eine *unabhängige* Handlung aus (är det *oberoende* handlingsuttrycket), es konstatiert. Perf. ind. von Ei-

---

[1] L. KÖHLER, *Deuterojesaja stilkritisch untersucht*, Gießen 1923, S. 72 f.
[2] Offensichtlich ein Druckfehler, lies „bezeichnet".
[3] H. S. NYBERG, *Hebreisk Grammatik*, Uppsala 1952, S. 264. Die Übersetzung ist von mir.
[4] Diesen Ausdruck gebraucht NYBERG im Unterschied zum Perfekt consecutivum.

genschafts- und Zustandsverben ist gleichwertig einem einfachen Nominalsatz mit adjektivischem Prädikat und pronominalem Subjekt ...; es teilt dessen Zeitlosigkeit und bezeichnet die Eigenschaft an und für sich. Imp. ind. bezeichnet eine Handlung, Eigenschaft oder einen Zustand, gesehen in Beziehung zu irgendetwas anderem, zu einer Situation, einem Milieu, einer anderen Aussage, dem zufälligen Standpunkt des Redenden usw.: die Handlung ist von *innen her* gesehen, unter einem bestimmten Gesichtspunkt. Das Imp. ind. drückt eine *abhängige* Handlung aus (är det *beroende* handlingsuttrycket), es beleuchtet und veranschaulicht, schildert, drückt die Erwartung aus, daß irgendetwas geschehen soll usw."

Zur Darstellung von NYBERG einige Bemerkungen: Beim Perfekt sollte versucht werden, Handlungs- und Eigenschaftsverben zusammen darzustellen oder zumindest eine Erklärung zu geben, wieso das Perfekt bei Eigenschaftsverben andere Bedeutung haben soll als bei Handlungsverben. Ansonsten trifft die Darstellung des Perfekts m. E. den Kern des Problems. Auch die Bedeutung des Imperfekts ist m. E. im wesentlichen ausgezeichnet. Nur sollte man von hier aus ausdrücklich auf den subjunktiven Gebrauch desselben hinweisen und ihn darstellen.

C. Bemerkungen zur Bedeutung der Satzstellung

Obwohl sich alle Grammatiken darüber einig sind, daß der Satzstellung im Hebräischen eine große Bedeutung zukommt, wird in keinem Psalmenkommentar auf sie Rücksicht genommen oder gar eingegangen. Offensichtlich waren die Kommentatoren der Ansicht, in den Psalmen sei die Satzstellung keinen festen Gesetzen unterworfen. So ist es denn auch nicht verwunderlich, daß z.B. weder MOWINCKEL noch KRAUS einen Unterschied zwischen יהוה מלך (Ps. xciii 1; xcvi 10; xcvii 1; xcix 1) und מלך אלהים (Ps. xlvii 9) oder מלך אלהיך (Jes. lii 7) machen. Erst in jüngster Zeit ist auf die verschiedene Satzstellung hingewiesen worden.

KÖHLER[1] sieht in der Wortfolge יהוה מלך eine Hervorhebung Jahwes; er gibt als „deutliche Übersetzung" dieses Satzes: „Es ist Jahwe, der König (geworden) ist". In dieser starken Betonung Jahwes liegt dann eine Frontstellung gegen andere Götter. Nach KÖHLER lassen sich alle Gedanken der Psalmen xlvii, xciii, xcvii, xcvi, xcviii (sic!) unter das Stichwort „Jahwe und nicht die andere Götterwelt" unterordnen.

---

[1] *V.T.* III, 1953, S. 188 f.

J. RIDDERBOS[1] betont dagegen, daß die Satzstellung Subjekt-Prädikat in einem Verbalsatz eine Hervorhebung bedeuten kann, aber nicht muß. Er verweist auf GESENIUS-KAUTZSCH[28] § 142a, wonach die Voranstellung des Subjekts zwar in einem besonderen Nachdruck ihren Grund haben kann, aber in den weitaus meisten Fällen dadurch zu erklären ist, daß kein neues Faktum berichtet, sondern vielmehr etwas Zuständliches beschrieben werden soll. So hält er denn die Übersetzung „Jahwe ist König" für richtiger und sieht in den Psalmen xciii, xcvi, xcvii, xcix Hymnen auf Jahwes Königsherrschaft. Er weist dann noch ausdrücklich darauf hin, daß 2 Sa. xv 10; 2 Reg. ix 13; Jes. lii 7; Ps. xlvii 9 die Wortstellung Prädikat-Subjekt vorliegt, die bedeutet, daß eine Handlung berichtet wird. Hier ist der Sinn: „Jahwe ist König geworden, d.h. hat (im prägnanten Sinn) die Königsherrschaft angetreten."

L. KÖHLER hat in seiner Short Note nur kurz wiederholt, was er bereits 1923 ausführlich dargelegt hat. Er schreibt[2]: „Wenn S vor P (sc. Subjekt vor Prädikat) steht, ist durch diese Folge immer etwas für das hebräische Sprachempfinden Besonderes, Betontes, Nuanciertes gesagt, an dem man nicht achtlos vorbeigehen darf. Und zwar wird diese besondere Folge erst S, dann P angewendet, 1. um ein Subjekt zu betonen, 2. um eine Folge, einen Begleitumstand, eine Einräumung, kurz einen Nebensatz (dazu wird es bei getreuer Wiedergabe des Sinnes im Deutschen) zu kennzeichnen, 3. um zwei Subjekte zueinander in Gegensatz zu bringen. ... Dieses Stellungsgesetz ist für das Hebräische von der größten Wichtigkeit. Es schafft Ersatz für die verhältnismäßige Armut des Hebräischen an Partikeln und Konjunktionen, oder vielmehr sprachgeschichtlich richtiger ausgedrückt: weil das Hebräische durch einfachen Stellungswechsel die verschiedensten Modulationen der logischen Beziehung zwar nicht ausdrücken, aber zulänglich andeuten kann, darum bedarf es der Partikeln und Konjunktionen weniger."

Seit der 25. Auflage hat GESENIUS-KAUTZSCH die Ansicht der arabischen Grammatiker, daß jeder Satz, der zwar ein verbum finitum als Prädikat, aber die Satzstellung Subjekt-Prädikat habe, als zusammengesetzter Nominalsatz anzusehen sei, aufgegeben und solche Sätze als Verbalsätze betrachtet. NYBERG hat nun in seiner *Grammatik*[3] diese alte Ansicht wie-

---

[1] *V.T.* IV, 1954, S. 87 f.
[2] *Deuterojesaja*, S. 60 f.
[3] *A.a.O.*, S. 259.

der aufgenommen: „Der zusammengesetzte Nominalsatz enthält ein Übersubjekt (översubjekt), das immer an erster Stelle steht, und als Prädikat dazu einen ganzen Satz, entweder Nominalsatz oder Verbalsatz. Das Subjekt des Prädikatssatzes kann identisch sein mit dem Übersubjekt, aber er (sc. der Prädikatssatz) kann auch ein anderes Subjekt haben; im letztgenannten Fall wird das Übersubjekt im Prädikatssatz durch ein persönliches Pronomen (am häufigsten ein Suffix), das sogen. Bindepronomen, wiederaufgenommen. Schematisch kann ein zusammengesetzter Nominalsatz folgendermaßen aufgelöst werden: ‚mit X (Übersubjekt) verhält es sich so, daß ...'" Als Beispiele führt NYBERG dann Ps. ciii 15; ciii 19; Gen. xxviii 13; xxiv 27; xxxiv 8 an, die er ausführlich bespricht. - Aus diesen Ausführungen darf wohl geschlossen werden, daß auch NYBERG der Überzeugung ist, in der Poesie sei die Satzstellung nicht willkürlich (nur unter dieser Voraussetzung kann man Psalmenstellen als Belege für die Bedeutung der Satzstellung zitieren!).

Wenn wir die Sätze vom Typ יהוה מלך als zusammengesetzte Nominalsätze verstehen, können wir die Ansichten von KÖHLER und RIDDERBOS vereinigen: Als Prädikat eines zusammengesetzten Nominalsatzes berichtet מלך keine neue Handlung, sondern einen Aspekt des Subjektes, ja fast schon eine Eigenschaft. „Mit Jahwe verhält es sich so, daß er Königsherrschaft ausübt"[1] oder „Jahwe ist einer, der Königsherrschaft ausübt". Und daß ein Satz, in dem das Subjekt stark betont ist, in der Regel keine Handlung berichtet, sondern etwas über das Subjekt aussagt, ist auch einsichtig. Allerdings ist wohl die Betonung durch Hervorhebung beim Sprechen erfolgt, die Satzstellung als solche gibt keine Betonung, sondern eine Aktionsart (Handlung oder Zustand) an. Das wird z.B. deutlich an 2 Sa. xv 10 מלך אבשלום, wo Absalom sicherlich betont ist, aber die Satzstellung Prädikat-Subjekt angewandt wird, weil hier nicht etwas über Absalom ausgesagt werden soll, gewissermaßen eine Seite seiner Person (diese Bedeutung hätte ein zusammengesetzter Nominalsatz), sondern etwas über das Herrschen. Paraphrasiert bedeutet der Satz nicht „Absalom ist einer, der Königsherrschaft ausübt (oder: der König geworden ist)", sondern „Königsherrschaft wird ausgeübt durch Absalom (oder König geworden ist Absalom)".[2]

---

[1] Zur Übersetzung des Verbs מלך vgl. unten.
[2] Man untersuche einmal unter diesem Gesichtspunkt das von KÖHLER, a.a.O., §§ 12-13 gebotene Material.

Zusammenfassung: Wir glauben, daß das übliche Verständnis der Sätze vom Typ יהוה מלך als invertierte Verbalsätze dem Charakter dieser Sätze nicht gerecht wird[1] und verstehen sie mit NYBERG als zusammengesetzte Nominalsätze. Ferner glauben wir, daß die Satzstellung auch in den Psalmen eine gebundene ist. Das bedeutet für unser Problem: Zwischen יהוה מלך und מלך יהוה ist zu unterscheiden. Es ist bei der Exegese zu untersuchen, ob sich Gründe für die Verschiedenheit der Satzstellung zeigen lassen.

D. Die Bedeutung des Verbs מלך

GESENIUS-BUHL[17] gibt als Bedeutung des Verbs מלך an: 1. herrschen, König sein; 2. König werden, sich als König zeigen, öffentlich die Königsherrschaft antreten. Bei KÖHLER, Lexicon, findet man ähnlich: 1. König sein, herrschen; 2. von Gott gesagt: König sein; 3. Königin heißen; 4. zur Herrschaft kommen.

Praktisch heißt das, daß freigestellt wird, ob man „König werden" oder „König sein" übersetzen will. So führt denn auch KÖHLER unter 2. (König sein) Ps. xlvii 9; xciii 1; xcvi 10; xcvii 1 etc. an, die bei GESENIUS als Belege für die Bedeutung „König werden" gelten. Wenn nun schon die Lexikographen untereinander uneins sind, so ist gar nicht verwunderlich, daß die Exegeten immer nur die Bedeutung anführen, die gerade zu ihrer Auslegung paßt, ohne darüber Rechenschaft abzulegen, wie sie zu der Bedeutung kommen. So übersetzt z.B. GUNKEL ohne ein Wort der Erklärung „Jahwe ist König geworden"[2]; MOWINCKEL macht nur einen Ansatz zur Begründung: „Die charakteristische Wendung ist *Jahwä malach*, das nicht: Jahwä ist König, sondern Jahwä ist (jetzt) König geworden, bedeutet. *Jehu malach* oder *Abšalom malach* ist der Ruf, mit dem dem neuerkorenen Könige von dem versammelten Volke gehuldigt wird in dem Augenblick, als er inthronisiert worden ist."[3] Dabei übersieht MOWINCKEL aber, daß 2 Sa. xv 10 und 2 Reg. ix 13 eine andere Satzstellung,

---

[1] Eine ausführliche Diskussion dieses Problems ginge über den Rahmen dieser Arbeit hinaus. Ich habe mich darum darauf beschränkt, kurz anzudeuten, daß das Verständnis dieser Sätze als zusammengesetzter Nominalsätze alle Schwierigkeiten klärt und den Stellen gerecht wird.

[2] *Einleitung*, S. 94.

[3] *A.a.O.*, S. 6.

als er zitiert, vorliegt, und daß somit keine strenge Parallele zu Ps. xciii 1; xcvi 10; xcvii 1; xcix 1 vorliegt. Außerdem liegt wohl in 2 Sa. xv deutlich kein Huldigungs-, sondern ein Proklamationsruf vor, und von einem versammelten Volk kann man dort auch nicht reden. Nur KRAUS erörtert, ob „Jahwe ist König geworden" oder „Jahwe ist König" zu übersetzen sei,[1] aber auch er verliert kein Wort über die Bedeutung des Verbs מלך. Nach ihm bedeutet יהוה מלך „Jahwe ist König geworden", weil: 1. Ps. xlvii eine Handlung beschreibe (auch hier wird die verschiedene Satzstellung nicht berücksichtigt), 2. die Ps. xciii, xcvi, xcix Taten und Wunder verkündigen, durch welche Jahwe König geworden sei (hierzu vgl. die Exegesen), 3. die Darstellung der Thronfahrt Jahwes dem Bild der Inthronisation eines menschlichen Königs entspreche (hierzu vgl. S. 132), 4. יהוה מלך eine Parallele zu dem babylonischen Kultruf „Marduk ist König geworden" (!) sei (hierzu vgl. S. 128f.).

Ist es nun wirklich so, daß über die Bedeutung des Verbs מלך nichts Bestimmtes gesagt werden kann und daß die Übersetzung in das Belieben der Exegeten gestellt ist? Ein Versuch, die Bedeutung festzulegen, ist ja von MOWINCKEL und KRAUS gemacht worden, indem sie Parallelen anführten.

Hier müssen wir eine methodologische Erwägung anstellen. Es ist grundsätzlich anzunehmen, daß ein Wort für den Sprechenden nur *eine* Bedeutung hat. Selbstverständlich kann die Bedeutung eines Wortes sich in der Geschichte ändern; sie kann sogar in einer Zeitepoche bei soziologisch verschiedenen Schichten verschieden sein. Aber für den jeweils Sprechenden hat das Wort einen bestimmten Bedeutungsumfang, unter dem sich alles vereinen läßt. Wenn wir den Bedeutungsumfang eines Wortes einer anderen Sprache durch zwei oder mehr Wörter unserer Sprache wiedergeben müssen, dann liegt das nicht daran, daß die Bedeutung des Wortes in sich zwiespältig ist, sondern daran, daß wir keine Bedeutung haben, die dem Umfang der Bedeutung in der anderen Sprache genau entspricht. Aber vorhanden ist dieser eine Bedeutungsumfang in der anderen Sprache auf jeden Fall, völlig unabhängig davon, ob wir ihn ausdrücken können oder nicht. Wir müssen also nach ihm fragen, ihn zu finden suchen, und dann versuchen, ihn durch ein Wort unserer Sprache wiederzugeben. Es mag sein, daß dieses Ziel nicht immer erreicht werden kann und daß wir häufig zwei oder gar mehr Bedeutungen angeben müssen; aber wir müs-

---

[1] *A.a.O.*, S.6 f.

sen uns dann darüber klar sein, daß *keine* dieser Bedeutungen das zu übersetzende Wort wirklich trifft, und das sollte uns zur Vorsicht bei der Exegese mahnen. Diese Bemerkungen mögen banal klingen, aber angesichts der Art, wie gerade bei dem Inthronisationsruf *eine* Bedeutung des Verbs מלך verabsolutiert wird, erscheinen sie doch notwendig.

Ferner ist zu sagen, daß wir bei der Prüfung des Bedeutungsumfanges alle erreichbaren Stellen zu berücksichtigen haben und nicht nur diejenigen, deren Bedeutung die von uns gewünschte Übersetzung gerade zu stützen scheint.

Aus diesen methodologischen Erwägungen folgt, daß es unsere Aufgabe sein muß, alle sicher belegten Stellen des Verbs מלך daraufhin zu untersuchen, ob sich für sie eine gemeinsame Grundbedeutung finden läßt. Diese Untersuchung wird von der Bedeutung der einzelnen Stellen in ihrem Zusammenhang ausgehen müssen; aber bei der Erhellung dieser Bedeutung werden nach dem in Abschnitt B und C Gesagten alle Stellen zusammengeschaut werden müssen, in denen gleiche Satzstellung und gleiches Tempus vorliegen. Denn dies ist die Überzeugung: *Wo gleiche Satzstellung und gleiche Verbform vorliegen, ist anzunehmen, daß auch der Sinn des Verbs gleich* ist. Ob das Tempus an einzelnen Stellen modal gebraucht wird, kann je nach dem Zusammenhang verschieden sein, nicht aber der Sinn des Verbs.

Wir beginnen unsere Untersuchung mit der Darstellung des Imperfekts, da sich hier das einheitlichste Bild bietet.

a. Imperfekt, Satzstellung Subjekt-Prädikat

Ex. xv 18 יהוה ימלך לעלם ועד
Cf. 1 Sa. xi 12[1]; xii 12; xxiii 17; 1 Reg. i 5, 13, 17, 24, 30, 35; Pr. viii 15.

1 Sa. xxiii 17 und die Belege aus 1 Reg. i können als „König werden" oder als „König sein" aufgefaßt werden. Die übliche Auffassung ist „König werden". Doch kommt man mit ihr 1 Sa. xii 12 ימלך עלינו מלך und Pr. viii 15 in Schwierigkeiten, und vollends unmöglich erscheint sie Ex. xv 18. Die präsentische Übersetzung „Jahwe ist König auf immer und ewig", die KAUTZSCH-BERTHOLET im Anschluß an die Kommentare gibt, ist aber 1 Sa. xxiii 17 und 1 Reg. i unmöglich. Auch wenn man Ex. xv 18 „Jahwe soll König sein" übersetzen will, kommt man mit dieser Bedeutung „König sein" 1 Sa. xii 12 und Pr viii 15 in Schwierigkeiten, denn „ein König

---

[1] Hier ist wohl nach LXX zu lesen.

soll König sein über uns" ist sehr hart. 1 Sa. xii 12 paßt nur die Bedeutung „als König wirken, Königsmacht ausüben, herrschen". Diese Bedeutung ist an allen angeführten Stellen möglich, und zwar als einzige! Ex. xv 18 ist also zu übersetzen: „Jahwe möge (soll) herrschen (Königsmacht ausüben) auf immer und ewig!"

b. Imperfekt, Verb am Satzanfang

Hier liegt naturgemäß eine größere Vielfalt vor als bei a, so daß wir mehrere Beispiele betrachten müssen.

2 Reg. iii 27	... בנו הבכור אשר ימלך תחתיו
Jes. xxxii 1	הן לצדק ימלך מלך
Jer. xxii 15	התמלך כי אתה מתחרה בארז
Pr. xxx 22	... תחת עבד כי ימלך

cf. Gen. xxxvii 8; 1 Sa. xxiv 21; Ez. xx 33; Ps. cxlvi 10; Esth. ii 4.

2 Reg. iii 27: תחתיו heißt nach GESENIUS-BUHL und KÖHLER „an seiner Stelle, statt seiner" (vgl. hierzu S. 144). Dann kann die Stelle nicht die Bedeutung „König werden" haben, da der König ja schon König geworden ist; sein Sohn kann nur noch an seiner Stelle, statt seiner regieren. Dasselbe gilt für Esth ii 4.

Jes. xxxii 1: V. 1b ff. weisen darauf hin, daß hier an Ausüben der Königsherrschaft gedacht ist. Das paßt auch am besten zu לצדק. Auch Ez. xx 33 weisen die adverbiellen Bestimmungen deutlich auf ein Ausüben der Herrschaft.

Jer. xxii 15: Die Übersetzung von KAUTZSCH-BERTHOLET „Bist du damit König, daß du dich (im Bauen) mit Zedernholz ereiferst", trifft, wie 15 b, 16 zeigen, nicht den Sinn. Auch hier ist „Königsherrschaft ausüben" die prägnante Bedeutung. Sehr gut RUDOLPH[1]: „Erweisest du dich damit als König, ...".

Pr. xxx 22: Es ist mir nicht klar, wieso KÖHLER gerade diese Stelle als einzigen Beleg für die Bedeutung „zur Herrschaft kommen" anführt. Die Erde erzittert doch nicht unter einem Knecht, wenn er zur Herrschaft kommt, sondern wenn er Herrschaft ausübt. Dasselbe gilt von dem נבל, der nicht dann schrecklich wird, wenn er sich sättigt, sondern wenn er satt ist etc.

---

[1] Kommentar zur Stelle.

Gen. xxxvii 8 und 1 Sa. xxiv 1 setzen der Bedeutung „herrschen" kein Bedenken entgegen, und Ps. cxlvi 10 fordert sie geradezu.[1]
Die Belege des Imperfekts lassen sich in ihrer Gesamtheit nur durch die Bedeutung „als König wirken, Königsmacht ausüben, herrschen" erklären. Weder die Bedeutung „König sein" noch „König werden" paßt für alle Stellen.

c. Das Imperfectum consecutivum

2 Sa. viii 14, 15	... ויושע יהוה את דוד בכל אשר הלך וימלך דוד על כל ישראל ויהי דוד עשה משפט וצדקה לכל עמו
2 Chr. xxii 1	... וימליכו יושבי ירושלם את אחזיהו בנו הקטן תחתיו וימלך אחזיהו בן יהורם מלך יהודה
2 Chr. xii 13	ויתחזק המלך רחבעם בירושלם וימלך

2 Sa. viii 14, 15: Daß David König von ganz Israel ist, ist bereits vorher gesagt worden. Die Bedeutung von מלך kann hier also nicht „König werden", sondern nur „herrschen" sein. Syntaktisch steht das Impf. cs. in einem Erzählungszusammenhang mit ויושע und ויהי; diese drei Handlungen werden als aufeinander folgende, sich auseinander ergebende bezeichnet.[2]

2 Chr. xxii 1: Da in demselben Vers vorher erwähnt wird, daß die Bewohner Jerusalems Ahasja zum König machten, kann ... וימלך nur heißen: „und so herrschte er als König von Juda", was auch durch die Wendung תחתיו gefordert wird. Die syntaktische Konstruktion ist hier dieselbe wie 2 Sa. viii 14, 15.

Auch 2 Chr. xii 13 kann מלך nur die Bedeutung „herrschen" haben, und auch hier ist die syntaktische Konstruktion dieselbe wie oben. Auch 1 Chr. iii 4 hat מלך die Bedeutung „er herrschte", vgl. 2 Sa. v 5.

Sehr häufig wird die Wendung וימלך תחתיו gebraucht nach der Mitteilung, daß ein König starb oder getötet wurde. Hier wären dem Zusammenhang nach sowohl „König werden" als auch „herrschen" als Bedeutungen möglich. Wenn aber תחתיו prägnant zu verstehen ist als „an seiner Stelle, statt seiner"[3], so muß „herrschen" übersetzt werden, da der Nachfolger wohl statt des toten Vorgängers herrscht, aber nicht statt seiner König wird; denn König geworden ist der Vorgänger ja. - Da die übrigen Belege des Impf. cs. alle die Bedeutung „herrschen" haben und da diese Bedeutung ermöglicht, תחתיו prägnant zu verstehen, ist sie hier vorzuzie-

---

[1] Vgl. auch S. 153.
[2] Vgl. GESENIUS-KAUTZSCH[28], § 111.
[3] Vgl. GESENIUS-BUHL und KÖHLER, *Lexicon*.

hen.[1] Die Wendung וימלך תחתיו ist belegt: Gen. xxxvi 32-39; 2 Sa. x 1; 1 Reg. xi 43; xiv 19 f.; xv 8, 24, 28; xvi 6, 10, 28; xxii 40, 51; 2 Reg. i 17; viii 15, 24; x 35; xii 22 u.ö.

Von hier aus ist auch 1 Reg. xi 25 als „herrschen" aufzufassen. Zu der Konstruktion 1 Reg. xv 24 vgl. S. 148.

d. Perfekt, Satzstellung Subjekt-Prädikat

1 Reg. i 18   ועתה הנה אדניה מלך

Bathseba hat David an sein Versprechen, Salomo solle nach ihm herrschen, erinnert. Sie fährt fort: „Nun aber, siehe: Adonia ist es, der herrscht." Da wir für das vorangehende שלמה ימלך אחרי die Übersetzung „Salomo soll nach mir herrschen" für die wahrscheinlichste gehalten hatten (vgl. S. 140), müssen wir auch hier „herrschen" übersetzen. Das paßt auch am besten zu den deiktischen Partikeln ועתה הנה. - Zu יהוה מלך vgl. die Exegesen von Ps. xciii; xcvi; xcvii; xcix.

e. מלך ב

Jud. iv 2   ... יבין מלך כנען אשו מלך בחצור

Hier hat die Feststellung, Jabin sei in Hazor König geworden, keinen Sinn. Es soll gesagt werden, woher Jabin kommt, wo er jetzt residiert. Der Übersetzung von KAUTZSCH-BERTHOLET „der in Chazor regierte" ist also zuzustimmen. Die Bedeutung „König sein" ist allenfalls hier noch möglich, wenn sie auch wohl den Sinn nicht so prägnant wiedergibt wie „herrschen". Nicht angemessen ist die Übersetzung „König werden".

Die Wendung ... מלך ב findet sich noch in gleicher Bedeutung Gen. xxxvi 31 (GUNKEL, VON RAD[2]: „die im Lande Edom geherrscht haben"), Jos. xiii 10, 12, 21 (NOTH[3]: „der in ... geherrscht hatte"). Auch die Notiz über David 2 Sa. v 5 muß deutlich mit „herrschen" übersetzt werden, ebenso die deuteronomistische Wendung ... ב ... מלך אשר הימים. Belege für die letztere: 1 Reg. ii 11; xi 42; 2 Reg. x 36 u. ö. Dieselbe Wendung mit kleinen formalen Abweichungen, aber derselben Bedeutung: 1 Reg. xv 2; xvi 23; 2 Reg. xvi 2; xxi 1 u. ö.

---

1 Zu תחתיו vgl. unten S. 144.
2 Kommentar zur Stelle.
3 Kommentar zur Stelle.

Angesichts des Tatbestandes, daß מלך ב an allen anderen Stellen „herrschen in" bedeutet, ist es fraglich, ob 2 Sa. xv 10 מלך אבשלום בחברון übersetzt werden darf „Absalom ist in Hebron König geworden". Nach Ausweis sämtlicher Parallelstellen ist jedenfalls die Übersetzung „Absalom herrscht in Hebron als König" vorzuziehen. Sachliche Einwände vom Zusammenhang des Textes her bestehen gegen diese Übersetzung nicht.[1] Nur wenn man annimmt, diese Wendung sei eng mit dem Thronbesteigungsfest verbunden, sind Einwände sachlicher Art möglich. Doch kann, wie bei der formgeschichtlichen Betrachtung dargelegt wurde, diese Annahme nicht bewiesen werden.[2]

Von Jahwe wird מלך ב zweimal ausgesagt: Jes. xxiv 23 und Mi. iv 7.
Jes. xxiv 23
וחפרה הלבנה ובושה החמה
כי מלך יהוה צבאות בהר ציון ובירושלם
ונגד זקניו כבוד

DUHM übersetzt[3]: „Und erröten wird der blasse Mond und erbleichen das Glutlicht, denn König wird Jahwe der Heere sein auf dem Berg Zion und in Jerusalem, und vor seinen Ältesten ist Lichtglorie." KAUTZSCH-BERTHOLET dagegen übersetzt „denn Jahwe der Heerscharen tritt die Königsherrschaft an". Wichtig für das Verständnis ist hier der Nachsatz ונגד זקניו כבוד, der auf die Bedeutung „herrschen" hinweist. Außerdem geht es in dem Abschnitt xxiv 21-23 ja gar nicht um einen Regierungsantritt, sondern um das Ausüben der Herrschermacht. Auch hier ist also wohl mit DUHM die Bedeutung „König sein, herrschen" anzunehmen.

In Mi. iv 7 ist der MT schwierig, da die Personen wechseln; aber ob man nun ומלך יהוה oder ומלכתי liest, immer ist die Bedeutung wegen des folgenden מעתה ועד עולם „König sein, als König herrschen".

---

[1] ואמרתם ist dann wohl mit EISSFELDT, „Jahwe als König", *ZAW* 1928, S. 81-105 zu übersetzen: „Dann sollt ihr wissen."

[2] Daß nichts von einer Inthronisation Absaloms berichtet wird, gewinnt Gewicht, wenn man Folgendes bedenkt: Diese Stelle gehört in die Überlieferung von der Thronnachfolge Davids, deren Abfassung früh zu datieren ist. Sie hat also Anspruch darauf, historisch ernst genommen zu werden, sie ist kaum eine spätere Konstruktion. Der Kanal, durch den die altorientalische Königsideologie nach Israel gekommen sein soll, läßt sich wohl nur im vorisraelitischen jerusalemischen Königtum suchen. Auch wenn wir annehmen, David hat sich diesen Riten bereits unterzogen, ist es doch fraglich, ob nach wenigen Jahren der Aufrührer Absalom, der zudem nicht in Jerusalem, sondern in Hebron weilte, sich ihnen ebenfalls unterzogen hat.

[3] Kommentar zur Stelle.

f. Perfekt, Verb am Satzanfang

Auch ohne die Ortsangabe ... בְּ hat מלך deutlich den Sinn „herrschen":

1 Reg. xiv 19   ויתר דברי ירבעם אשר נלחם ואשר מלך

KAUTZSCH-BERTHOLET: „Die übrige Geschichte Jerobeams aber, wie er Krieg geführt und wie er regiert hat, ..."

1 Sa. xii 14   ... גם אתם וגם המלך אשר מלך עליכם

Diese Stelle wird von Gesenius-Buhl als Beleg für die Bedeutung „König sein" angeführt. Treffender ist auch hier „herrschen" (vgl. S. 139f).

2 Sa. xvi 8   השיב עליך יהוה כל דמי בית שאול אשר מלכת תחתיו

Hier kann nur übersetzt werden „an dessen Stelle du herrschest", denn König geworden ist Saul ja. Vgl. S. 142!

Von diesen Stellen aus wird auch 2 Reg. ix 13 die Übersetzung „Jehu herrscht als König" wahrscheinlich.

g. Partizip

Daß die Wendung מלך תחת im Sinne von „herrschen" aufzufassen ist, wird Jer. xxii 11 deutlich, wo das Partizip gebraucht wird.

Jer. xxii 11   שַׁלֻּם בן יאשיהו מלך יהודה הַמֹּלֵךְ תחת יאשיהו

KAUTZSCH-BERTHOLET übersetzt trotz des Partizips „der ... König ward", was wohl kaum vertretbar ist. Die Dauer, die das Partizip ausdrückt, kann nur durch die Übersetzung „der anstelle seines Vaters regiert" wiedergegeben werden. Dasselbe gilt für 2 Reg. xi 3 und Jer. xxxiii 21, wo KAUTZSCH-BERTHOLET auch beidemal „herrschen" übersetzt.

h. Perfekt consecutivum

Jer. xxiii 5
הנה ימים באים נאם יהוה
והקמתי לדוד צמח צדיק
ומלך מלך והשכיל
ועשה משפט וצדקה בארץ

Die Phrase מלך מֶלֶךְ weist deutlich darauf hin, daß hier die Bedeutung „herrschen" vorliegt. Gestützt wird diese Bedeutung durch die Fortführung והשכיל ועשה משפט וצדקה.

2 Sa. iii 21 ויכרתו אתך ברית
ומלכת בכל אשר תאוה נפשך

„Und sie werden einen Bund mit dir schließen, dann kannst du herrschen über alles, was dein Herz begehrt" (vgl. KAUTZSCH-BERTHOLET). Eine ähnliche Konstruktion liegt 1 Reg. xi 37 vor.

i. Der Infinitiv

1 Reg. vi 1   ... בשנה הרביעית ... למלך שלמה על ישראל

Der Infinitiv wird hier deutlich im Sinne von „herrschen, regieren" gebraucht: „... im vierten Jahre der Regierung Salomos über Israel." 1 Sa. viii 7; xvi 1 wird die Wendung מאס ממלך gebraucht. מלך kann hier nur heißen „herrschen": Zu במלכו vgl. S. 149.

Für alle bisher untersuchten Stellen war die Bedeutung „als König wirken, Königsmacht ausüben, herrschen" vertretbar, an einigen erschien sie sogar als die einzig mögliche. Nun finden sich aber auch Stellen, die ihr zu widersprechen scheinen.

k. מלך בשנת

In den chronologischen Angaben des deuteronomistischen Geschichtswerkes kommt das Verb מלך häufig zusammen mit der Zeitangabe ... בשנת vor. Hier scheint auf den ersten Blick nur die Übersetzung „König werden" möglich zu sein. Doch zeigt eine genauere Untersuchung, daß die Wendungen in sich problematisch sind.

1 Reg. xv 33 בשנת שלש לאסא מלך יהודה מלך בעשא בן אחיה
על כל ישראל בתרצה עשרים וארבע שנה

cf. 1 Reg. xvi 8, 23; 2 Reg. xiii 1, 10; xiv 23; xv 23; xvii 1.

Die Zeitangabe „im dritten Jahr Asas, des Königs von Juda" erfordert für מלך die Übersetzung „er wurde König"; andererseits aber paßt zu der Zeitangabe „24 Jahre" nur die Übersetzung „er herrschte". Dieses Beispiel widerspricht also sowohl der Bedeutung „herrschen" als auch „König werden". Die Lösung dieser Schwierigkeit könnte, soweit ich sehe, auf drei Weisen versucht werden:

1. Die Wendung ... בשנת bedeutet nicht „im Jahre", sondern „seit dem Jahre".

2. Das Verb מלך hat einen so weiten Bedeutungsumfang, daß sowohl „König werden" als auch „König sein" übersetzt werden kann, und hier bedeutet es eben beides zugleich.

3. Hier liegt gar kein zusammenhängender Satz vor, sondern eine Zusammenstellung von Annalenauszügen, die syntaktisch nicht zusammengefügt sind.

Zu 1: Für diese Erklärung läßt sich anführen, daß ב im Ugaritischen dem hebräischen מן entspricht, also „seit" bedeuten kann. Man muß dann annehmen, daß sich hier eine alte Wendung aus kanaanäischen Königsannalen findet. Da ja die Israeliten die Einrichtung des Königtums von den Kanaanäern übernommen haben, wäre gut möglich, daß sich in den Annalen alte Formeln gehalten haben. Gegen diese Erklärung spricht aber, daß sonst im Alten Testament keine Spur dieses Gebrauches von ב zu finden ist.

Zu 2: Diese Erklärung hat bereits Eissfeldt[1] vorgeschlagen. Man müßte dann wohl annehmen, das Verb könne auch inkohativ gebraucht werden. Dagegen spricht aber, daß mit dieser Deutung die folgende Wendung nicht erklärt werden kann; ferner stimmt mich auch bedenklich, daß beim Imperfekt, das ja als solches schon das Eintreten einer Handlung bezeichnet, das Verb מלך keinmal die Bedeutung „König werden" zu haben scheint.

Zu 3: Hier bereitet die Annahme Schwierigkeiten, der Verfasser des deuteronomistischen Geschichtswerkes und spätere Bearbeiter hätten einen grammatisch unmöglichen Satz hingenommen, ohne ihn zu verändern.

Keiner dieser drei Erklärungsversuche befriedigt also ganz. Für die 1. und 3. Möglichkeit spricht die Tatsache, daß die zitierten Wendungen nur von israelitischen Königen gebraucht werden, also offensichtlich einer gemeinsamen Quelle entstammen. Am ehesten scheint mir noch der erste Versuch annehmbar zu sein, trotz der lexikographischen Bedenken, die sich gegen ihn erheben.

2 Reg. viii 25 בשנת שתים עשרה שנה ליורם בן אחאב מלך ישראל
מלך אחזיהו בן יהורם מלך יהודה

cf. 2 Reg. viii 16; xiv 1; xv 1, 32; xvi 1; xviii 1[2]

Hier deutet wieder ... בשנת auf die Bedeutung „König werden". Dagegen scheint מלך יהודה mit „als König von Juda" übersetzt werden zu müssen, und das spricht, wie schon S. 145 dargelegt, für die Bedeutung „als König herrschen". Als Apposition kann מלך יהודה kaum aufgefaßt werden, denn dann birgt „im Jahre ... wurde König X, Sohn des Y, der König von Ju-

---

1 A.a.O., S. 100 f.
2 1 Reg. xv 1, das sonst ganz den anderen Stellen entspricht, liest על יהודה.

da" die Härte, daß X eben noch nicht König von Juda war, als er König wurde. Man ist leicht geneigt, hier eine ungenaue Ausdrucksweise anzunehmen, da ja vom Standpunkt des rückschauenden Erzählers der König X das Attribut מלך יהודה bekommen konnte. Aber die Schwierigkeiten, die die oben angeführte Wendung bot, mahnen hier zur Vorsicht. Die Schwierigkeiten können auf zwei Weisen erklärt werden:

1. ... בשנת bedeutet „vom Jahre an", vgl. oben.
2. מלך heißt hier „König werden", מלך יהודה ist Apposition zu dem Königsnamen. Der Verfasser, der als Rückschauender den X als König kannte, hat diesen Titel automatisch hinter den Namen gesetzt. - Den Titel מלך יהודה auf den Vater des neuen Königs zu beziehen, scheitert an 1 Reg. xv 9.
3. Hier ist es kaum möglich, die Schwierigkeit durch die Annahme eines weiten Bedeutungsumfanges von מלך zu lösen, da die figura etymologica מלך מלך יהודה nachdrücklich auf die Bedeutung „herrschen" hinweist.

Diese Wendungen werden nur von judäischen Königen gebraucht. Ihnen folgen regelmäßig Angaben über das Alter beim „Regierungsantritt" (vgl. unten), über die Dauer der Herrschaft und über den Namen der Mutter. Die Angaben sind also deutlich einer gemeinsamen Quelle entnommen. Das spricht für die erste und gegen die zweite Möglichkeit. Denn wenn die Sätze aus annalenartigen Berichten entnommen sind, ist kaum möglich, eine ungenaue Ausdrucksweise eines zurückschauenden Schreibers anzunehmen. Es legt sich also nahe, בשנת hier mit „seit dem Jahre" zu übersetzen. Es muß noch einmal betont werden: Gegen diese Bedeutung bestehen ernste lexikographische Bedenken. Andererseits ist zu erwägen, daß mit dieser Annahme zwei schwierige Wendungen geklärt werden, für die sonst zwei verschiedene Erklärungen gegeben werden müßten. Außerdem soll hier ja nicht behauptet werden, daß das hebräische ב die Bedeutung „seit" haben kann, sondern nur, daß hier eine alte, geprägte Wendung des kanaanäischen Annalenstils übernommen worden sein kann. Wenn man bedenkt, wie weit eine Kanzleisprache oft von der gesprochenen Sprache entfernt ist, wie oft hier völlig antiquierte Wendungen beibehalten werden, erscheint diese Annahme doch nicht ganz unwahrscheinlich.

Gegen die Ansicht, der Verfasser des deuteronomistischen Geschichtswerkes habe hier ungenau formuliert und bei den Wendungen vom Typ 1 Reg. xv 33 eine syntaktisch ungenaue, stichwortartige Zusammenstellung einfach übernommen, sprechen 1 Reg. xiv 21 und xxii 41 f. Denn dort sind zwar dieselben Angaben gemacht wie bei den anderen judäischen Königen[1]; es ist also dieselbe Quelle anzunehmen; aber in der ersten Notiz ist jedesmal die Wortstellung geändert: das Subjekt steht voran! Diese Besonderheit erklärt sich daraus, daß sowohl Rehabeam als auch Josaphat bereits vorher erwähnt worden sind (cf. xi 43; xii 17; xxii 2 ff.), hier also ein Nachtrag vorliegt: „Rehabeam also herrschte in Juda". Diese Änderung der überlieferten Wendung kann nur bei der Einarbeitung der Annalennotizen in den jetzigen Zusammenhang gemacht worden sein; sie zeugt also von einer sorgfältigen stilistischen Überarbeitung. Dann aber kann kaum angenommen werden, derselbe Bearbeiter habe achtmal (!) eine syntaktisch unmögliche Formulierung übernommen.

Es erscheint mir daher trotz aller Bedenken am einfachsten, in בשנת eine alte kanaanisierende Formel der Kanzleisprache anzunehmen.[2] Das Verb מלך hat dann in beiden Fällen die Bedeutung „als König wirken, herrschen".

Diese Deutung ermöglicht uns, eine syntaktische Schwierigkeit aufzulösen, die in einigen chronologischen Angaben aus einer dritten Annalenquelle auftritt:

1 Reg. xv 25   ונדב בן ירבעם מלך על ישראל בשנת
                שתים לאסא מלך יהודה וימלך על ישראל שנתים

cf. 1 Reg. xvi 29; xxii 52; 2 Reg. iii 1; xv 13.

Die gebräuchliche Übersetzung ist „Nadab aber, Sohn Jerobeams, wurde im zweiten Jahr Asas, Königs von Juda, König von Israel, und er regierte zwei Jahre über Israel." (KAUTZSCH-BERTHOLET). Hier scheint die übliche Bedeutung der Tempora, nach der das Perfekt einen Zustand, das Impf. cs. aber eine eintretende Handlung bezeichnet, gerade umgekehrt zu sein. Nach unseren Darlegungen aber könnte übersetzt werden: „Nadab ... herrschte seit dem zweiten Jahre Asas ..., so daß er zwei Jahre über Israel herrschte."[3]

---

[1] Bei Rehabeam fehlt die vergleichende chronologische Angabe. Dies ist verständlich, da vorher berichtet ist, daß Rehabeam und Jerobeam in demselben Jahre ihre Regierung antraten.
[2] Diese Bedeutung legt sich auch 1 Reg. vi 1 nahe, vgl. v 37 f.
[3] Impf. cs. in „konsekutiver" Bedeutung, vgl. GESENIUS-KAUTZSCH[28], § 111.

l. במלכו

Wir erwähnten oben, daß in den Notizen über die judäischen Könige Angaben über das Alter beim „Regierungsantritt" stehen. Diese Angaben sind nun die einzigen Stellen, die die Bedeutung „König werden" fordern.

2 Sa. v 4   בן שלשים שנה דוד במלכו

cf. 1 Sa. xiii 1; 2 Sa. ii 10; 2 Reg. viii 17; xii 1; xv 2, 33; xviii 2; xxi 1, 19; xxii 1; xxiii 31, 36; xxiv 8, 18.

Zu bedenken ist allerdings, daß der Infinitiv an allen Stellen, an denen er sonst noch vorkommt, die Bedeutung „herrschen" hat. Vgl. S. 145 und 1 Reg. xvi 11; xv 29; 2 Reg. xxiv 12; xxv 1. Hier hat מלך überall die Bedeutung „herrschen", denn 1 Reg xvi soll ja wohl kaum gesagt werden, Simri habe bei seiner Thronbesteigung die Sippe Baesas erschlagen, sondern dann, als er König war.

Die Bedeutung „König werden" kann sich also nur auf die Phrase ... בן[1] שנה ... במלכו stützen, die zwar zahlenmäßig häufig vorkommt, aber eben nur in dieser einen Wendung, während במלכו und כמלכו 1 Reg. xv 29; xvi 11 als „herrschen" zu übersetzen sind. Die Phrase steht also völlig isoliert, und die Vermutung legt sich nahe, daß hier vielleicht eine ungenaue Redewendung anzunehmen ist, so wie wir im Deutschen auch in einem stichwortartigen Lebensbericht sagen können: „Mit 25 Jahren war er König."

Aber auch wenn man dieser Vermutung nicht zustimmt, ist auf jeden Fall festzuhalten, daß die Bezeugung der Bedeutung „König werden" sehr schwach ist, während sich für die Bedeutung „König sein" kein zwingender Beleg findet. Die überwältigende Mehrzahl der Stellen fordert die Übersetzung „als König wirken, herrschen".

Dieses Ergebnis wird nun auch durch allgemeine Erwägungen gestützt. Die Aussage „er ist König" wird im Hebräischen durch einen Nominalsatz

---

[1] 2 Reg. xxv 27: בשנת מלכו ist textlich unsicher. Die Parallelstelle Jer. lii 31 liest בשנת מלכתו „im Jahre seiner Herrschaft", und LXX setzt 2 Reg. ebenfalls diese Lesart voraus: ἐν τῷ ἐνιαυτῷ τῆς βασιλείας αὐτοῦ. Allerdings liest LXX Jer. lii 31 ἐν τῷ ἐνιαυτῷ ᾧ ἐβασίλευσεν. Es ist nun eher anzunehmen, daß LXX Jer. lii 31 die Wendung בשנת מלכתו durch das verständliche und sachlich richtige „in dem Jahre, in dem er König wurde" wiedergegeben hat, als daß sie das בשנת מלכו in das schwierige „im Jahre seiner Herrschaft" umwandelte. Textkritisch ist also vorzuziehen, auch 2 Reg. xxv 27 בשנת מלכתו zu lesen.

wiedergegeben, vgl. z.B. die zahlreichen Belege bei Eissfeldt. Die Aussage „er wurde König" wird Dt. xxxiii 5 übersetzt מלך ויהי בישרון.
So wie עבד weder „Knecht sein" noch „Knecht werden" heißt, sondern „als Knecht wirken", heißt מלך „als König wirken, herrschen".

E. Exegetische Bemerkungen

Es ist nicht der Sinn dieser „Studien", ausführliche Exegesen der sogenannten Thronbesteigungspsalmen zu bieten. Einige exegetische Bemerkungen müssen aber doch gemacht werden.

1. Da wir im 1. Abschnitt sahen, daß die Auffassung der Psalmen als Thronbesteigungslieder formgeschichtlich nicht begründet werden kann, darf diese Auffassung auch nicht das Prinzip der Auslegung sein. Die Psalmen müssen aus sich erklärt werden.

2. Aus dem im 3. Abschnitt über die Bedeutung der Satzstellung Gesagten folgt, daß wir die Typen יהוה מלך und מלך יהוה getrennt untersuchen müssen und nicht wechselseitig den einen zur Erklärung des anderen heranziehen dürfen.

3. In einer nach diesen methodischen Voraussetzungen durchgeführten Exegese läßt sich m. E. zeigen, daß die Psalmen xciii, xcvi, xcvii und xcix Explizierungen des Satzes יהוה מלך „Jahwe ist es, der Königsherrschaft ausübt" sind. Sie zeigen nicht, wie Jahwe König geworden ist, sondern wie er als König wirkt.

Ps. xciii: Jahwe ist als der Schöpfer der König.

Ps. xcvi: Wie Ps. xciii. Der Skopus wird besonders in V. 5 deutlich: „Denn alle Götter der Völker sind Götzen, aber Jahwe ist derjenige, der selbst den Himmel gemacht hat."[1] V. 11 und 12 ziehen aus der Tatsache, daß Jahwe, indem er der Schöpfer ist, der König ist, die Folgerung. GUNKEL bringt diesen Zusammenhang sehr gut zum Ausdruck[2]: „Des juble der Himmel." Zu V. 13 vgl. unten.

Ps. xcvii: Jahwe zeigt sich darin als der König, daß er der Herr der Natur ist. Auch die mächtigen Naturgewalten müssen ihm dienen. Hier liegt keine *Schilderung einer Theophanie* vor, denn die Hauptsache, die

---

[1] Zusammengesetzter Nominalsatz, שמים ist betont vorangestellt.
[2] Vgl. *Kommentar*, S. 421.

Notiz über das Erscheinen,[1] fehlt gerade. DUHM hat richtig erkannt, daß der Dichter etwas schildert, „was einmal und immer wieder ist und geschieht"[2]. Die Verse 2-6 haben ihr Ziel in V. 7: Die עבדי פסל müssen sich also schämen. Zion hört dies und freut sich (V. 8). משפטיך ist im Zusammenhang des Psalms auf die in V. 2-6 geschilderten Machterweise zu beziehen: jeder Machterweis ist ein „Schiedsspruch" gegen die „Götzen". Hier liegt die Verbindung von V. 2-7 und V. 8-12; der Psalm erscheint so als eine Einheit ohne sekundäre Einschübe.

Ps. xcix: Jahwe hat sich dadurch als König erwiesen, daß er seinem Volk in der Geschichte geholfen hat, daß er an ihm königlich gehandelt hat. So ist er „groß in Zion und erhaben über alle Völker" (V. 2). Wenn man hier יהוה מלך als Thronbesteigungsruf auffaßt, muß man m. E. mit WESTERMANN[3] sagen: „An die Thronbesteigung Jahwes erinnert außer Vers 1 kein Satz." Sollte man aber dem Dichter zutrauen, daß er sich in V. 1 das Thema stellt, um dann nicht mehr darauf einzugehen?

4. Die eschatologische Deutung von יהוה מלך findet m. E. in den Psalmen xciii, xcvi, xcvii und xcix keine Stütze. Um diese Behauptung zu beweisen, müssen wir die kritischen Stellen xcvi 13 und xcvii 5 näher betrachten.

xcvi 13: „Er kommt, er kommt, die Erde zu richten, daß er den Erdkreis richte in Gerechtigkeit und die Völker in Treue." Im Zusammenhang des Psalms begründet V. 13 die Aufforderungen V. 11-12. Wir haben aber bereits gesehen, daß diese Aufforderungen zum Lob sachlich ihren Grund darin haben, daß Jahwe als der Schöpfer der königliche Herr ist. Wird hier ein neuer Grund eingeführt? Soll gar die Erde deshalb jubeln, weil sie gerichtet wird? - Nein, dieses Richten ist, wie V. 10 zeigt, eine Seite des Königseins. Beides hängt zusammen, läßt sich nicht scheiden. Als König, der Macht zu beanspruchen hat, kann Jahwe nicht zulassen, daß man einem anderen „die Ehre zollt" (V. 7); weil er der König ist, muß er auch der Richter sein. Er ist dies aber erst in zweiter Linie, wenn ihm nämlich die gebührende Ehre nicht gegeben wird. Daß hier das Richtersein so stark betont wird, ist sachlich begründet. Es folgt daraus, daß die Angeredeten die Ehre eben nicht Jahwe geben. Sie sollen wissen:

---

[1] Vgl. Jud. v 4; Mi. i 3; Hab. iii 3; Ps. lxviii 10 f.; Ps. lxxvii 17 f. ist keine Schilderung einer Epiphanie, sondern - ähnlich wie hier - eine Explizierung von V. 14.
[2] Vgl. *Kommentar*, S. 356.
[3] Vgl. CLAUS WESTERMANN, *Das Loben Gottes in den Psalmen*, Göttingen 1954, S. 110.

Wenn sie dem König Jahwe nicht die Ehre geben, muß er auf Grund seines Königseins als ihr Richter erscheinen. Jahwes Richtersein bildet also nicht den objektiven, sondern als Strafandrohung den subjektiven Grund des Lobes. Hier ist nun deutlich: Daß Jahwe als Richter noch erscheinen wird, bedeutet nicht auch, daß er als König noch erscheinen wird. Im Gegenteil: er *wird* als Richter erscheinen, weil er als der König, als der er sich in der Schöpfung bewiesen hat, *jetzt* offenbar *ist,* aber nicht anerkannt wird. Wenn man daraus, daß das Richtersein noch bevorsteht, schließt, daß auch das Königsein noch bevorsteht,[1] verkennt man die Intention des Psalms, verkennt man das Verhältnis von Königsein und Richtersein. Das Richtersein setzt ja gerade die vorherige Ablehnung des Königseins voraus!

xcvii 5: Hier liegt deutlich ein zusammengesetzter Nominalsatz vor, es wird also eine Aussage über die Berge gemacht: „Von den Bergen ist zu sagen: wie Wachs zerschmelzen sie vor Jahwe." Freier übersetzt: „Selbst Berge müssen vor Jahwe zerschmelzen."

Hier wird also keine Handlung berichtet, sondern die Macht Jahwes, sein Königsein, dadurch betont, daß die Berge, die das Feste und Beständige verkörpern, als etwas bezeichnet werden, was seinem Wesen nach vor Jahwe nichtig ist. Der Vers ist also eine völlig sachgemäße Explizierung des יהוה מלך. Er nimmt die eschatologische Aussage Mi. i 4 auf und liest aus ihr etwas über das Wesen der Berge und damit über das Wesen Jahwes ab.[2] Damit aber entfällt der eschatologische Charakter der Aussage. Die Handlung des Zerschmelzens ist eschatologisch, die Aussage aber, daß Berge etwas sind, was vor Jahwe zerschmelzen muß, ist nicht mehr eschatologisch; sie veranschaulicht nur das Königsein Jahwes. Für die Richtigkeit dieser Exegese spricht, daß es uns so gelingt, die Verse 2-6 in einem engen Zusammenhang mit V. 1 zu sehen.[3]

5. Zu Ps. xlvii: Daß עלה nicht ein terminus technicus des Thronbesteigungsfestes ist, sondern allgemein „in die Königsburg hinaufgehen" bedeutet, zeigen die bei Gunkel[4] angeführten Belege. Außerdem ist Ps. lxviii 19 wohl kaum an die Thronbesteigung gedacht, sondern an „das Hinauf-

---

[1] Vgl. GUNKEL, *Kommentar*, S. 422; KITTEL, *Kommentar,* S. 350; WESTERMANN, *a.a.O.*, S. 108.

[2] Vgl. die Satzstellung Mi. i 4.

[3] Wenn man in V. 2-5 die Schilderung einer Theophanie sieht, muß man eine „sekundäre" Verbindung annehmen, vgl. z.B. WESTERMANN, *a.a.O.*, S. 109.

[4] Vgl. *Kommentar*, S. 202.

steigen des Königs in seine Burg nach dem Sieg".[1] Wenn man sich dies vor Augen hält und bedenkt, daß in V. 4 und 5 *vergangene* Ereignisse geschildert werden,[2] in denen Jahwes Königsherrschaft offenbar geworden ist, kann man מלך אלהים in V. 9 kaum auf einen soeben im Kultus erlebten Inthronisationsakt beziehen. V. 10 könnte hier für eine eschatologische Deutung angeführt werden. Aber wie in xcvii 5 wird hier keine zukünftige *Handlung* berichtet, sondern eine Aussage über die „Fürsten der Völker" gemacht: „Sie sind solche, die sich mit dem Volk des Gottes Abrahams versammeln", d.h. sie sind auch nur Untertanen des Königs der Welt. Hier ist wie in xcvii 5 aus einer eschatologischen Handlung eine präsentische Wesensaussage gemacht worden.

6. Zu Jes. lii 7: In der Situation eines Thronbesteigungsfestes steht immer nur ein Gott im Blickpunkt; es geht darum, daß er seine Macht verliert und neugewinnt. Während seiner Machtlosigkeit herrscht kein anderer Gott, das Chaos ist hereingebrochen. Das Chaos aber kann keine Königsherrschaft ausüben. Die anderen Götter sind keine Rivalen, sondern bilden nur den Rahmen des Geschehens. Hier dagegen weist das Suffix von אלהיך darauf hin, daß eine Frontstellung gegen die Götter der anderen vorliegt. Das paßt nicht in die Situation eines Thronbesteigungsfestes. Außerdem ist zu sagen, daß das Gedankengut eines solchen Festes, das, wie oben angedeutet, immer von Verlust und Rückgewinnung der Macht handelt, nicht mit der Gesamtverkündigung Deuterojesajas zu vereinen ist. Denn Deuterojesaja betont ja immer, daß das Exil keineswegs auf die Machtlosigkeit Jahwes zurückzuführen ist, daß Jahwe der in der Geschichte Handelnde ist, daß außer ihm kein anderer Gott existiert.

7. Ex. xv 18 יהוה ימלך לעלם ועד und Ps. cxlvi 10 ימלך יהוה לעולם sind als Akklamationen zu betrachten. Die verschiedene Satzstellung ist durch die verschiedenen Themata bedingt. Ex. xv: Jahwe hat sich den anderen Göttern überlegen gezeigt (V. 11). Ps. cxlvi: königliches Handeln ist das, was Jahwe tut (V. 6-9). Dies ist in der Übersetzung zu berücksichtigen. - Ex. xv: „Jahwe (und kein anderer Gott) möge in Ewigkeit herrschen!" Ps. cxlvi: „Königsherrschaft ausüben (in der ganzen Fülle der Bedeutung) möge Jahwe!"

---

[1] Vgl. WESTERMANN, *a.a.O.*, S. 109.
[2] Vgl. GUNKEL, *Kommentar*, S. 203.

Ich aber bin immer bei dir
Von der Unsterblichkeit der Gottesbeziehung

A. Die ausgebliebene Usurpation

»Hiob starb alt und lebenssatt«. Mit dieser einprägsamen Feststellung endet die biblische Erzählung von Hiob. Mehr ist von ihm nicht zu vermelden. Nicht als ob nach gängigen alttestamentlichen Vorstellungen mit dem Tode alles aus wäre - aber das, was noch erwartet wurde, war weder erstrebens- noch erzählenswert: Nach seinem Tode würde Hiob, so glaubte man, sich allen anderen Verstorbenen zugesellen und in der Unterwelt, der Scheol, ein Schattendasein führen, abgeschnitten von Gott, unfähig, Gott anzurufen oder auch nur zu loben. Alle Toten würden dieses Schattendasein führen, alle unterschiedslos kraftlos und aneinander angeglichen - eine Vorstellung, die einen normalen Menschen entsetzte und die nur dem maßlos leidenden Hiob Trost schenken konnte (Ijob 3)[1].

Erst ganz gegen Ende der alttestamentlichen Zeit hören wir anderes über das, was nach dem Tode geschieht. In den späten Texten Jes 25,8; 26,19; Dan 12,2f ist davon die Rede, daß Gott den Tod besiegen werde und daß Menschen auferstehen werden. Ansonsten aber ist, so kann man oft hören und lesen, das Alte Testament ein Buch des Diesseits, der Freude am Diesseits und der Verantwortung vor dem Diesseits. Manchmal kann man sogar die Meinung hören, der alte religionskritische Spruch »Den Himmel überlassen wir den Spatzen und den Pfaffen« (H. Heine) sei ganz im Geiste des Alten Testaments.

---

[1] Näheres bei *Georg Fohrer*, Das Geschick des Menschen nach dem Tode im Alten Testament: KuD 14 (1968) 249-262 = *Ders.*, Studien zu alttestamentlichen Texten und Themen (BZAW 155), Berlin u.a. 1981, 188-202; *Otto Kaiser/Eduard Lohse*, Tod und Leben, (Kohlhammer Taschenbücher: Biblische Konfrontationen 1001), Stuttgart u.a. 1977; *Robert Martin-Achard*, From Death to Life, Edinburgh and London 1960 (französisches Original: De la mort à la résurrection, d'après l'Ancien Testament, Neuchâtel/Paris 1956); *Ludwig Wächter*, Der Tod im Alten Testament (AzTh II,8), Stuttgart u.a. 1967.

Aber hier steckt ein Problem, das nach meinem Urteil weitgehend noch nicht richtig erkannt ist. Es gehört zum Wesen des alttestamentlichen Glaubens, daß er einen großen Magen hat, daß er sehr viel schlucken kann und auch geschluckt hat: altorientalische Schöpfungsvorstellungen in Gen 1-3, Traditionen der Keniter in Gen 4, die babylonische Sintflutgeschichte in Gen 6-8; Königsideologie in den Psalmen 20, 72, 110, 132 - ja selbst der vorisraelitische Jerusalemer Gott El Eljon (der höchste Gott) wurde »geschluckt« und mit Jahwe identifiziert[2]. Von Rad hat diesen Vorgang wissenschaftlich adäquater bezeichnet: Er spricht von »beschlagnahmen« oder »usurpieren«[3]: Der Jahweglaube usurpierte sehr viele Elemente seiner Umwelt. Und die Begründung dieser Usurpation ist auch klar: Es ist das im Alten Orient ohne Parallele dastehende Ausschließlichkeitsgebot: »Ich bin Jahwe, dein Gott, der ich dich aus dem Lande Ägypten, aus dem Hause der Knechtschaft, herausgeführt habe. Folglich darfst du keine anderen Götter neben mir haben.« (Ex 20,2; Dtn 5,6). Wenn wirklich Jahwe und Jahwe allein für Israel Gott ist, dann kann es und darf es keinen Schöpfer neben ihm geben, dann muß auch die Fruchtbarkeit des Kulturlandes von ihm herkommen, dann muß auch der durch das Königtum vermittelte Segen von ihm stammen etc. etc. etc. Wenn er wirklich allein Israels Gott ist, und wenn er wirklich allein Gott ist, kann es keine Macht neben ihm geben. Die Usurpation ist die notwendige Folge des Ausschließlichkeitsgebots.

Und genau hier steckt das Problem, von dem ich eben sagte, es sei nach meinem Urteil noch nicht richtig erkannt. Es lautet: Warum hat der Glaube Israels seinen usurpatorischen Charakter nicht auch bei der Frage bewiesen, was denn nach dem Tode geschehe? Denn das ist ja klar: Wenn wirklich mit dem Tode alles aus ist, dann liegt hier eine Grenze für Gottes Macht, dann ist er zwar »Gott der Lebendigen«, aber nicht mehr »Gott der Toten«. Wenn die Verstorbenen in der Scheol ein Schattendasein führen, in dem sie von Gottes Hand abgeschnitten sind (Ps 88,6), dann wäre

---

[2] Hierzu vgl. z.B. *Fritz Stolz*, Strukturen und Figuren im Kult von Jerusalem (BZAW 118), Berlin u.a. 1970, 149-163.

[3] Vgl. z.B.: »Dieses Vordringen Jahwes, diese Beschlagnahme von Gebieten, die ihm ehedem fremd waren, dieses Aufgreifen und Ausfüllen kultischer Vorstellungen, die einem ganz anderen Religionskreis angehörten, - das ist ohne Frage das Spannendste an der Geschichte des älteren Jahweglaubens.« *Gerhard von Rad*, Theologie des Alten Testaments I, München 1957, 34; [4]1962, 39.

hier ein Bereich, in dem Jahwe, der Gott Israels, nicht mehr der alleinige Herr wäre.

Die Frage ist eine systematisch-theologische. Beantworten kann man sie wohl zunächst nicht systematisch-theologisch (dogmatisch), sondern historisch. Das gibt es ja, daß bestimmte historische Konstellationen bestimmte gedankliche Entwicklungen fördern oder hemmen. Zwei verschiedene historische Erklärungen für unsere systematisch-dogmatische Frage sind möglich: Jahwe galt noch lange Zeit nach dem Seßhaftwerden als »der Gott Israels« und nicht als »der Gott«; der Monotheismus hat sich in Israel erst ziemlich spät entwickelt - später jedenfalls, als uns die redigierten Quellen glauben machen wollen. Voll ausgebildet wurde er erst im Exil. Diese These ist in jüngster Zeit von Bernhard Lang vertreten worden[4]; er hat sich nicht zu unserem Problem geäußert - aber selbstverständlich hätten seine Thesen entscheidende Relevanz für unsere Frage, wenn sie zutreffen sollten. Denn dann wäre ja gar nicht so verwunderlich, daß der Jahweglaube eine usurpierende Grenzüberschreitung über den Tod hinaus nicht vollzogen hat. Nun ist hier nicht der Raum für eine Diskussion der Langschen Thesen. Nur so viel sei gesagt, daß das auf anderen Gebieten durchaus feststellbare Phänomen der Usurpation (vgl. oben) dann eigentlich nicht erklärbar wäre; vor allem aber: Wenn der biblische Monotheismus im Exil »geboren« worden wäre, sollte man annehmen, daß alsbald auch eine usurpatorische Grenzüberschreitung über den Tod hinaus stattgefunden hätte - und das war eben nicht der Fall. Es muß da noch andere Hinderungsgründe gegeben haben. Viel einleuchtender erscheint mir deshalb die historische Erklärung für unsere systematische Frage, die Victor Maag in seinem Aufsatz »Tod und Jenseits nach dem Alten Testament« 1964 geboten hat[5]: Es macht Israels Eigenart aus, »daß bei ihm nomadisches Erbe nicht wie bei allen anderen seßhaft gewordenen Völkern vor und neben ihm von der Macht der polytheistisch-vitalistischen Religion des Kulturlandes aufgezehrt worden ist«[6]. Zu dem durchgehaltenen nomadischen Erbe gehört nun, daß anders als Kulturlandbewohner die Nomaden »normalerweise kein religiöses Verhältnis zum Tod« haben, »weil ihre

---

4 *Bernhard Lang* (Hg.), Der einzige Gott. Die Geburt des biblischen Monotheismus, München 1981.
5 *Victor Maag*, Tod und Jenseits nach dem Alten Testament: SThU 34 (1964) 17-37 = *Ders.*, Kultur, Kulturkontakt und Religion. Gesammelte Studien zur allgemeinen und alttestamentlichen Religionsgeschichte, Göttingen 1980, 181-202.
6 *Maag*, Kultur, 181.

Migrationen sie von den Grabstätten ihrer Ahnen zu trennen pflegen. ... Und als sich nach der Einschmelzung der kanaanäischen Bauernbevölkerung in den israelitischen Volkskörper die Frage stellte, wie sich Jahwä zum sedentären Vorstellungskreis von Tod und Totenwelt und den damit verbundenen Riten verhalten werde, war die Antwort: Jahwä hat nichts damit zu tun und will nichts damit zu tun haben«[7]. So jedenfalls war die offizielle Haltung der Jahwereligion, wie sie uns im Alten Testament überliefert ist. Anders war das wohl in der sogenannten Volksfrömmigkeit: in sie dürften solche Kulturlandvorstellungen in stärkerem Maße eingedrungen sein, als uns die offiziellen Texte glauben machen möchte. Trotz der radikal ablehnenden Haltung gegenüber Totenbeschwörung gab es eben doch noch eine Totenbeschwörerin, an die Saul sich in seiner Not wenden konnte (1 Sam 28). Und Jes 8,19 wird wie selbstverständlich damit gerechnet, daß das Volk sich nach dem Verstummen des Jahwewortes an die Totengeister und Wahrsagegeister wenden wird mit der Parole: »Soll nicht ein Volk seine Ahnengötter befragen - für die Lebendigen zu den Toten!« Und schließlich sprechen ja auch die Verbote von Lev 19,31; 20,6; Dtn 18,11 eine deutliche Sprache: Man verbietet schließlich nur das, was vorzukommen droht. Der Grund für das Verbot ist klar: Wer sich an Totengeister und Wahrsagegeister wendet, mißachtet den Ausschließlichkeitsanspruch Jahwes. So wurden diese Kulturlandvorstellungen von dem Glauben Israels nicht übernommen, sondern abgelehnt.

Diese rigorose Ablehnung des Totenkults und all dessen, was mit ihm zusammenhängt, hat nun gewissermaßen zu einer Berührungsangst geführt: der Jahweglaube mied die Beschäftigung mit diesem Gebiet auch dort, wo sie sich vom Ausschließlichkeitsgebot her eigentlich hätte ergeben sollen. Gelegentlich blitzen »Grenzüberschreitungen« auf: Am 9,2: »Wenn sie in die Totenwelt einbrechen würden, würde meine Hand sie auch dort packen; wenn sie zum Himmel aufsteigen würden, würde ich sie von dort herunterholen«. Oder Ps 139,7f: »Wohin könnte ich fliehen vor deinem Geist, wohin mich flüchten vor deinem Angesicht? Stiege ich hinauf in den Himmel, so bist du da; bereitete ich mir ein Lager in der Unterwelt, so bist du auch da!« An diesen Stellen wird gewissermaßen das Problem angedacht: Im Gegensatz zu den üblichen Vorstellungen darf man sich die Scheol nicht als einen Bereich vorstellen, der außerhalb der Macht Gottes läge, an dem er nichts zu suchen hätte. Wenn das stimmte, wäre Gott nicht

---

[7] Ebd.

der einzige Gott, neben dem es keine andere Macht gäbe, sondern lediglich der Herr der Welt des Lebens, der in der Scheol nichts zu suchen hätte und deshalb im Tode die Grenze seiner Macht erführe. Von dieser Überlegung her ist es alles andere als verwunderlich oder fremdartig, daß in späten Texten (wie gesagt: Jes 25; 26; Dan 12) anders als im sonstigen Alten Testament von Totenauferstehung und damit von einer endgültigen Überschreitung dieser Grenze die Rede ist. Im Gegenteil! Es ist verwunderlich und erklärungsbedürftig, daß dieser Schritt erst so spät vollzogen wurde. Offensichtlich hat es große Schwierigkeiten bereitet, die Eierschalen der nomadischen Beschränkung abzuwerfen.

B. Hilfen und Widerstände beim Entstehen der neuen Erkenntnis

Von sich aus, gewissermaßen ohne Anstoß von außen und in Weiterentwicklung seines eigenen Ansatzes, scheint der Jahweglaube diesen nach unserem Urteil so naheliegenden Gedankenschritt nicht vollzogen zu haben. Wenn nicht alles täuscht, mußte hier erst das Scheitern der weisheitlichen Vorstellung vom Tun-Ergehen-Zusammenhang, von der sogenannten »schicksalwirkenden Tatsphäre«[8], Mäeutik leisten. In alten Zeiten, in kleinen, überschaubaren dörflichen Gemeinden mag noch gegolten haben, daß die Weisen bzw. Gerechten belohnt und die Toren bzw. Frevler bestraft werden. Mit zunehmender Veränderung der sozialen Verhältnisse, mit zunehmender Verstädterung und vor allem mit der Fremdherrschaft unter Seleukiden und Ptolemäern wurde dieses »Gesetz« immer weniger aufweisbar. Immer häufiger kam es vor, daß Menschen, die sich erkennbar nicht an Gottes Gebote und an allgemein ethische Forderungen hielten, dennoch ein gutes Leben führten. Und die Frage mußte immer lauter werden und wurde auch immer lauter: Was ist in solchen Fällen eigentlich mit Gottes Gerechtigkeit los? Denn die schicksalwirkende Tatsphäre wurde ja nicht als eigene Größe, sondern als Werk Gottes angesehen. Die Frage mußte zu einer Aporie führen, wenn man die Antwort lediglich im Diesseits, im Leben vor dem Tod, suchte. Bei einer solchen Beschränkung mußte der Glaube an Gottes Gerechtigkeit und damit an der letzten Sinngebung der Welt schließlich verzweifeln.

---

8   Zum Problem vgl. *Klaus Koch*, Gibt es ein Vergeltungsdogma im Alten Testament?: ZThK 52 (1955) 1-42; *Gerhard von Rad*, Weisheit in Israel, Neukirchen 1970.

Zugespitzt wurde die Frage nach der göttlichen Gerechtigkeit wohl noch dann, wenn offenkundig Unschuldige ein Martyrium erleiden mußten. So ist es wohl kaum zufällig, wenn eines der deutlichsten Zeugnisse des Auferstehungsglaubens auf dem Hintergrund des Martyriums erklingt: »Als er in den letzten Zügen lag, sagte er: Du Unmensch! Du nimmst uns dieses Leben; aber der König der Welt wird uns zu einem neuen, ewigen Leben auferwecken, weil wir für seine Gesetze gestorben sind« (2 Makk 7,9). »Als er (sc. der dritte Sohn) tot war, quälten und mißhandelten sie den vierten genauso. Dieser sagte, als er dem Ende nahe war: Gott hat uns die Hoffnung gegeben, daß er uns wieder auferweckt. Darauf warten wir gern, wenn wir von Menschenhand sterben« (2 Makk 7,13f). Vielleicht steht die Martyriumserfahrung auch hinter Jes 26,19: »*Deine* Toten werden leben«. Aber auch ohne die Zuspitzung durch das Martyrium hat die Unzufriedenheit mit dem, was an Manifestation göttlicher Gerechtigkeit *auf Erden* erkennbar ist, zur Grenzüberschreitung zum Jenseits geführt - das zeigen z.B. die gleich zu besprechenden Polemiken aus Kohelet, und das zeigt vor allem der Ps 73.

Also wäre der Glaube an eine Vergeltung nach dem Tode nur das Ergebnis einer Flucht vor den Defiziten des Diesseits? Wer so urteilt und dann vielleicht auch noch fordert, man solle lieber die Defizite des Diesseits beseitigen und eine gerechte Welt jetzt schon schaffen als auf Gerechtigkeit im Jenseits zu hoffen[9], der verkennt den Unterschied zwischen historisch bedingter Entstehung und sachlich-theologischer Notwendigkeit. Ja, es war wohl in der Tat das Ungenügen am Diesseits, das Fehlen von Gerechtigkeit im Diesseits, das zur Grenzüberschreitung ins Jenseits führte. Aber diese historische Bedingung hat nur in die Wege geleitet, was vom Glauben her schon längst notwendig war. Wenn wirklich gilt, daß Jahwe, der Gott Israels, der Schöpfer der Welt, der Herr der Welt, der einzige Gott ist, dann kann es neben ihm keinen anderen Herrn geben, dann kann es auch keinen Bereich geben, der seinem Zugriff entzogen wäre. Dann mußte endlich, endlich der Glaube auch den Bereich nach dem Tode für seinen Gott usurpieren.

Was hier als Notwendigkeit des Glaubens bezeichnet wurde, hat nun keineswegs allen Israeliten eingeleuchtet. Bekannt ist ja, daß die Sadduzäer

---

[9] Übrigens: die Alternative »Gerechtigkeit im Diesseits schaffen« - »auf Gerechtigkeit im Jenseits hoffen« ist eine falsche Alternative; zum Beweis dessen braucht man nur aufmerksam anzuschauen, was an innerweltlicher Gerechtigkeit in der UdSSR seit 1919 erreicht worden ist.

diese Konsequenz des Glaubens heftig ablehnten, während die Pharisäer sie mit Emphase vertraten. Im Alten Testament selber hat diese neue Erkenntnis, die anscheinend vor allem in Weisheitskreisen entwickelt wurde, den heftigen Widerstand des Weisheitslehrers gefunden, den wir unter dem Namen Kohelet (Prediger Salomo) kennen. Offensichtlich als Kommentar zu solchen Auferstehungshoffnungen sagt er 3,21: »Wer weiß denn, ob der Geist der Menschen nach oben steigt und der Geist der Tiere nach unten zur Erde hinabsteigt?« Er bestreitet die neu aufkommende Vorstellung nicht, aber er verharrt in der Haltung des Agnostikers: Das kann man nicht wissen, und damit darf man nicht rechnen. Dieser Ahnherr der Sadduzäer[10] polemisiert 6,8-10 gegen eine Armenfrömmigkeit, die ihre Sehnsucht auf das Jenseits richtet: »Besser, man genießt, was vor Augen ist, als daß die Sehnsucht umherwandelt« (6,9), und 9,5ff hält er den neu aufkommenden Vorstellungen die alten Positionen entgegen: »[5]Die Lebenden erkennen, daß sie sterben werden, die Toten aber erkennen überhaupt nichts mehr; denn die Erinnerung an sie ist in Vergessenheit versunken. [6]Ihre Liebe, ihr Haß und ihr Eifern - all dies ist längst erloschen. Auf ewig haben sie keinen Anteil mehr an dem, was unter der Sonne geschieht«. Sein Ratschlag: Genieße dein Leben *jetzt* (9,7-10), »... denn es gibt weder Tun noch Rechnen noch Können noch Wissen in der Unterwelt, zu der du unterwegs bist« (9,10). Die Gegenposition, gegen die Kohelet hier argumentiert, findet sich 9,1: »Die Gerechten und die Weisen und ihre Werke sind in Gottes Hand«[11]. Die Wendung »sie haben keinen Anteil mehr an dem, was unter der Sonne geschieht« (9,6) zeigt, daß »Jenseits« hier (noch) nicht im Sinne eines »Jenseits dieser Welt« verstanden wurde, sondern »nur« als »Jenseits des Todes« - offensichtlich erwartete man eine Vergeltung nach dem Tode *in dieser Welt*[12].

---

10 Dazu vgl. z.B. *Adolf Gerson*, Der Chacham Kohelet als Philosoph und Politiker, Frankfurt a.M. 1905; *Ludwig Levy*, Das Buch Qoheleth. Ein Beitrag zur Geschichte des Sadduzäismus, Leipzig 1912. Weiteres und vor allem eine Untersuchung der im folgenden genannten Stellen bei *Diethelm Michel*, Untersuchungen zur Eigenart des Buches Qohelet (BZAW 183), Berlin u.a. 1987.
11 Dazu vgl. Weish 3,1-3: »Die Seelen der Gerechten sind in Gottes Hand, und keine Qual kann sie berühren. In den Augen der Toren sind sie gestorben, ihr Heimgang gilt als Unglück, ihr Scheiden von uns als Vernichtung; aber sie sind in Frieden«.
12 Hierzu vgl. unten 174f.

C. Probleme von Psalm 73

Nach diesen gedrängten »historischen« Betrachtungen sind wir gerüstet für Ps 73. In v.1 finden wir, als eine Art Thema vorangesetzt, eine Formulierung des alten Glaubenssatzes vom Tun-Ergehen-Zusammenhang:
>»Lauter Güte ist Gott für Israel,
>für alle Menschen mit reinem Herzen«[13].

In vv.2-12 folgt dann die Antithese: In dieser Welt ist eben nicht immer aufweisbar, daß Gott den Menschen mit reinem Herzen wohlgesonnen ist, daß er lauter Güte für sie ist - im Gegenteil! Die Erfahrung zeigt dem Psalmisten, daß Prahler und Frevler ein gutes Leben führen, daß ihnen Glück und Reichtum zuteil wird. Ihm selber dagegen geht es schlecht: »Und doch war ich alle Tage geplagt und wurde jeden Morgen gezüchtigt« (v.14), obwohl er von sich sagen konnte, er habe sein Herz rein gehalten (v.13). Die Diskrepanz zwischen dem überlieferten Glaubenssatz und der erfahrenen Wirklichkeit war so bedrückend und schwerwiegend, daß der grübelnde Versuch eines Verstehens für ihn zu einer Qual wurde (v.16). Doch dann auf einmal ändert sich alles, und diese Wende wird in vv.16-20 geschildert:

> 16 Dann sann ich nach, um das zu begreifen, es war eine Qual für mich,
> 17 bis ich eintrat in die (zu den) Heiligtümer(n) Gottes und begriff, wie sie enden.
> 18 Ja, du stellst sie auf schlüpfrigen Grund, du stürzt sie in Täuschung und Trug.
> 19 Sie werden plötzlich zunichte, werden dahingerafft und nehmen ein schreckliches Ende,
> 20 wie ein Traum, der beim Erwachen verblaßt, dessen Bild man vergißt, wenn man aufsteht.

Daß die Wende in diesen Versen und besonders in v.17 geschildert wird, ist klar, denn am Schluß des Psalms hören wir ab v.23 ganz andere Töne, wie wir gleich sehen werden. Nur: als ich gerade sagte, die Wende werde in v.17 *geschildert*, war das sehr euphemistisch ausgedrückt. Denn der Ausdruck »schildern« impliziert im normalen Sprachgebrauch ja, daß man das Geschilderte verstehen kann, und das ist für uns bei v.17 nicht so ohne weiteres der Fall. Vor allem ist der nicht gerade übliche Plural »Hei-

---

[13] So die Einheitsübersetzung. Mit einer leichten Änderung des hebräischen Textes, die von den meisten Kommentatoren angenommen wird (fehlende Worttrennung), ergibt sich: »Lauter Güte ist Gott für den Rechtschaffenen, Gott für alle Menschen mit reinem Herzen«. Dieser Text scheint mir besser zum Psalm zu passen.

ligtümer Gottes« alles andere als klar. Kann man die Pluralform nach Ps 68,36 als Bezeichnung des Jerusalemer Tempels ansehen (so z.B. die Einheitsübersetzung)? An der Problemstellung hat sich seit de Wette (1829!) nicht viel geändert; er soll deshalb hier zu Worte kommen: Die Übersetzung »bis ich drang in Gottes Heiligthümer« erläutert er: »d.i. heil. Plane« und fährt fort: »Wenn es schwierig ist, מִקְדְּשֵׁי in dieser Bedeutung zu nehmen, so ist dagegen die gewöhnl. Erklärung: *bis ich in den Tempel kam,* dem Zusammenhange und dem Parallelismus nicht angemessen. So schicklich es an sich wäre, daß der Dichter seine gewonnene bessere Einsicht einer im Heiligthume empfangenen Offenbarung zuschriebe; so widersprechend ist es dem folgenden Halbvers, in welchem von eigener Beobachtung die Rede ist«[14].

Wir können und wollen hier keinen Forschungsüberblick geben; folgende Möglichkeiten seien nur ohne Anspruch auf Vollständigkeit genannt:

1. Man kann das Problem durch eine Radikalkur lösen, indem man den hebräischen Text מקדשי אל als korrupt ansieht und emendiert; so z.B. Gunkel, der den Psalm als weisheitliches Lehrgedicht versteht und meint, in einem solchen »liegt es weit ab«, »daß dem Dichter gerade im Tempel Erleuchtung zuteil geworden sei«[15]. Gunkels »Fallen Gottes« haben aber niemanden überzeugt.

2. Man versteht »Heiligtümer Gottes« als Bezeichnung des Tempels in Jerusalem; dieses Verständnis haben zuletzt Ross[16] und Irsigler[17] ausführlich als grammatisch mindestens möglich begründet. Dabei muß dann die bereits von de Wette 1829 gestellte Frage beantwortet werden, wie denn der Psalmist im Tempel zu seiner neuen Einsicht gekommen sei.

Schmidt hat die wohl phantasievollste Antwort gegeben: »Aber wie hat der Dichter das Zerscheitern des Glücks jener Frevler, wie hat er ihr ›Ende‹ so mit Augen sehen können, daß er noch in der Erinnerung in hellem Entsetzen davon spricht? Er muß doch wohl einen von ihnen haben stürzen sehen, vielleicht ganz buchstäblich am Herzschlag auf den Steinen des Tempelhofes, oder krank und siech und zu dem gelästerten Gott um

---

[14] *Johann Martin Lebrecht de Wette*, Commentar über die Psalmen, Heidelberg 1829, 413.
[15] *Hermann Gunkel,* Die Psalmen (HK II,2), Göttingen ⁴1926, 318.
[16] *James F. Ross,* Psalm 73: Israelite Wisdom (FS Samuel Terrien), New York 1978, 161-175.
[17] *Hubert Irsigler*, Psalm 73 - Monolog eines Weisen (ATS 20), St.Ottilien 1984.

Hilfe flehend«[18]. Aber: ein Einzelerlebnis kann schwerlich das in dem Psalm thematisierte grundsätzliche Problem des Glücks der Gottlosen lösen. Vor allem jedoch: bei dieser »Lösung« hat der Tempel(hof) keine eigene Funktion, er ist ein zufälliger Ort, der durch jeden anderen ersetzt werden könnte. Das entspricht schwerlich der Formulierung in v.17a; das »Eintreten in die Heiligtümer Gottes« ist sicherlich mehr als Angabe eines zufälligen Ortes.

Eine dem Gewicht der Formulierung angemessene Funktion erhält die Wendung »die Heiligtümer Gottes« bzw. »das Heiligtum Gottes«, wenn man die neue Erkenntnis als im Tempelgottesdienst vermittelt ansieht. Weiser z.B. denkt an »eine Gottesbegegnung in der Theophanie, wie sie für den Bundesfestkult anzunehmen ist«[19], Würthwein präziser an »ein Orakel, ... einen Prophetenspruch, der ihm im Tempel zuteil geworden ist«[20], wobei das »ihm« wohl einen König meine. Etwas sibyllinischer Kraus: »Man wird annehmen dürfen, daß der Psalmist entweder einen Gottesspruch empfing oder in einer Theophanie mit der Wirklichkeit Gottes konfrontiert wurde (vgl. Hi 40,1ff). Es ist das Geheimnis des Ps 73, daß aus einer neuen Dimension heraus über das gerechte Walten Gottes Auskunft gegeben wird. Was in dieser Welt empirisch nicht mehr aufweisbar ist, wird prophetisch durchleuchtet«[21].

Für mich ist es nicht das Geheimnis von Psalm 73, sondern das Geheimnis von Kraus, wie er zu der Ansicht kommt, im Psalm werde das, was empirisch nicht mehr aufweisbar ist, prophetisch durchleuchtet. Der Psalmist redet nie davon, daß er ein prophetisches Wort empfangen habe, sondern daß er Einsicht gewonnen habe (v.17b!) - wie, das sagt er leider nicht. Ebenfalls nicht nachvollziehbar ist mir die Interpretation Westermanns: »... wobei der Weg zum Heiligtum als Hinwendung zu Gott verstanden ist in dem aus dem Klagepsalm vorgegebenen Sinn. Das Sich-Wenden eines Leidenden, der die Zuwendung Gottes erflehen will und sie im Heiligtum erhalten kann (sic!). Es ist an das Heilsorakel zu denken, an die Versicherung, daß Gott gehört hat, so wie sie Hanna bei ihrem Weg zum Tempel erhielt (1. Sam 1f). Aber an die Stelle einer Heilszusage ist

---

18 *Hans Schmidt*, Die Psalmen (HAT I,15), Tübingen 1934, 139.
19 *Artur Weiser*, Die Psalmen (ATD 15), Göttingen 1950, 335.
20 *Ernst Würthwein*, Erwägungen zu Psalm 73: FS Alfred Bertholet, Tübingen 1950, 532-549 = *Ders.*, Wort und Existenz. Studien zum Alten Testament, Göttingen 1970, 161-178, hier: 177.
21 *Hans-Joachim Kraus*, Psalmen (BK.AT XV), Neukirchen ⁵1978, 670f.

hier, in dem von Reflexion bestimmten Psalm die Antwort geworden (sic!), die er auf sein qualvolles Grübeln findet«[22]. Ist nun an ein Heilsorakel zu denken - oder an die »an die Stelle einer Heilszusage« getretene »Antwort ..., die er auf sein qualvolles Grübeln findet«, und die, wie Westermann dann im folgenden darlegt, in der Einsicht besteht, daß die Frevler zugrunde gehen? Diese Einsicht ist, wie Westermann selber bemerkt, »ein konventionelles, häufig begegnendes Motiv«[23], das hier allerdings einen eigenen Akzent haben soll: »Im Unterschied zur Funktion dieses Motivs in den Freundesreden im Buche Hiob liegt hier das ganze Gewicht darauf, daß das Sich-Gegen-Gott-Stellen der Frevler (V.11) bewirkt, daß sie ins Bodenlose fallen (V.27). Daß es so gemeint ist, zeigt der Gegensatz in V.23-26«[24]. Abgesehen davon, daß m.E. so unterschiedlich das Geschick der Frevler in den Freundesreden gar nicht geschildert wird (vgl. z.B. Ijob 18,5-21) - wieso der Psalmist für die Antwort auf sein Grübeln in den Tempel gehen mußte, ist mir nicht klar geworden - es sei denn, Westermann meine wie schon Delitzsch: »Und ist das nicht ein ganz zusammenhangs- und erfahrungsgemäßer Ged., daß ihm ein Licht aufging, als er sich aus dem Wirrwarr der Welt in die Stille der Stätte Gottes zurückzog und da andächtig aufmerkte?«[25]

3. Angesichts der m.E. nicht überzeugenden Versuche, die die Wende herbeiführende neue Einsicht des Psalmisten in v.17 aus einem konkreten Erlebnis im Tempel herzuleiten, verdienen die Exegeten doch stärkere Beachtung, die hier »Heiligtümer Gottes« in einem übertragenen Sinn verstehen wollen. Deissler: »Hier wird kaum an ein besonderes Tempelerlebnis gedacht sein. Wir werden vielmehr bei diesem Weisheitslehrer als ›Gottes Heiligtum‹ und Quelle seiner Einsicht die Heilige Schrift vermuten müssen«[26]. Doch so richtig es sein mag, hier das Element der Einsicht herauszustellen - »Heiligtümer Gottes« wäre für die Heilige Schrift ein ganz singulärer Sprachgebrauch; auch diese Meinung empfiehlt sich daher nicht.

---

22 *Claus Westermann*, Ausgewählte Psalmen, Göttingen 1984, 103.
23 Ebd.
24 Ebd. 104.
25 *Franz Delitzsch*, Die Psalmen (BC 4,1), Leipzig 1867, 464.
26 *Alfons Deissler*, Die Psalmen (Die Welt der Bibel. Kleinkommentare zur Heiligen Schrift), Düsseldorf 1964, II. Teil, 116.

Obwohl zur Zeit außer Mode, scheint mir doch die sich bei de Wette bereits andeutende und dann von Ewald[27], Hitzig[28] aufgenommene und ausgearbeitete Ansicht größere Beachtung zu verdienen, daß mit »Heiligtümer Gottes« nach Weish 2,22 Ratschlüsse, Geheimnisse Gottes gemeint seien. Kittel meint, mit dem bloßen Eintreten in den Tempel sei »es ... nicht getan. Es könnte nur das andächtige Hintreten vor Gott ausdrücken, verbunden mit innerster Versenkung in die Gedanken und Ratschlüsse Gottes und mit dem Preisgeben der eigenen Gedanken. Damit gewinnen der Sache nach diejenigen Recht, welche, auf den sonst nicht vorkommenden Plural gestützt, an dasselbe denken, was Weish 2,22 μυστήρια θεοῦ heißt: die Geheimnisse, den verborgenen Ratschluß, die Offenbarungen Gottes. Dazu stimmt, daß ihm das ›Ende‹ der Gottlosen den Schlüssel für alle Rätsel bietet. Wie das Wort selbst gemeint ist, kann nur die Deutung der folgenden Verse lehren; aber sei es äußerlich oder innerlich gedacht: der Eintritt in den Tempel für sich könnte über dieses Ende gar nichts kundtun. Vielmehr: haben wir sonst gelegentlich Spuren davon, daß einzelne Psalmendichter den Gedanken an eine mystische Versenkung in Gott kennen, so ist auch hier an diese Betrachtungsweise der Mystik zu denken - die Vertiefung in die ›heilige‹, fromme Welt Gottes, das ist das Achten auf jene Heiligtümer«[29].

Der Hinweis auf die Mystik hat wohl der Argumentation Kittels mehr geschadet als genützt; einleuchtender scheint mir hier Duhm zu sein: »Die Lösung kam ihm erst, als er in die מִקְדְּשֵׁי־אֵל hineinkam. Damit kann nicht der Tempel gemeint sein, denn im Tempel konnte er die Zukunft der Gottlosen nicht sehen, und außerdem ging er doch gewiß nicht erst von einem gewissen Zeitpunkt an zum Tempel ... Wie die Fortsetzung zeigt, handelt es sich um die Zukunft, die mit dem Tode beginnt. Über das Jenseits wurde man durch (geheime) Offenbarungen *aus* dem Jenseits belehrt ... Es ist von vornherein wahrscheinlich, daß die Unsterblichkeitslehre anfangs ebenso geheimnisvoll aufgetreten ist wie die Offenbarung der Apokalyptiker über die Zukunft der Welt ..., sie muß zuerst eine Zeitlang in einem kleinen Kreis wie eine Art Geheimlehre behandelt und unter allerlei esoterischen Vorsichtsmaßregeln verbreitet worden sein, wissen doch

---

[27] *Heinrich Ewald*, Die Dichter des Alten Bundes I,2: Die Psalmen und die Klagelieder, Göttingen ³1866.
[28] *Ferdinand Hitzig*, Die Psalmen 2, Leipzig/Heidelberg 1865.
[29] *Rudolf Kittel*, Die Psalmen (KAT XIII), Leipzig ⁵,⁶1929, 270f.

offenbar die meisten Psalmisten noch nichts von ihr, wie die Sadduzäer noch zur Zeit Christi nichts von ihr wissen wollen, obwohl sie damals unter den Pharisäern schon eine Art Dogma war ...«[30].

Viel Phantasie bei Kittel und Duhm? Vielleicht. Aber beide Exegeten gehen ja davon aus, daß es in vv. 23-28 um »Unsterblichkeitslehre« gehe und damit um etwas, was dem üblicherweise Geglaubten und damit auch im Tempel Zugesprochenen oder Verkündeten gegenüber etwas radikal Neues war. Wenn das stimmt, dann ist äußerst unwahrscheinlich, daß der Psalmist in v.17 einen gängigen und alltäglichen Vorgang wie das Betreten des Tempels schildert. Irgendwo muß die inhaltlich radikal neue Erkenntnis doch einen über das Übliche hinausgehenden Ursprung haben.

4. Erwähnt werden soll aber noch, daß für Dahood die neue Erkenntnis sich so sehr von allen anderen bisher gekannten unterscheidet, daß er die Heiligtümer Gottes im Himmel sieht: »... God's sanctuary refers to heaven; ... At present too difficult for his understanding the glaring inconsistencies of his life will become intelligible to the psalmist in the hereafter. The poet, it will be seen, repeats his belief in a blessed existence after death in vss. 23-26«[31].

Worin besteht nun die neue Erkenntnis, die in vv.16-19 so geheimnisvoll eingeleitet wird? Die Antwort ist wohl in vv.23-26 zu finden:

23 Ich aber bin immer bei dir, du hast meine rechte Hand ergriffen,
24 nach deinem Ratschluß leitest du mich
   und nimmst mich (wirst mich nehmen?) danach(?) (in?) Herrlichkeit (weg? auf?).
25 Wen habe ich im Himmel (neben dir)?
   (Bin ich) bei dir, freut mich nichts auf der Erde.
26 Wenn mir (auch) Fleisch und Herz verschmachten (werden?), (der Fels meines Herzens und)[32]
   mein Teil ist Gott für die Dauer.
27 Ja: die fern von dir sind, müssen zugrunde gehen,
   du vernichtest alle, die von dir weghuren.
28 Ich aber: Nahen Gottes ist für mich gut,
   ich habe den Herrn (Jahwe)[33] zu meiner Zuflucht gemacht, so daß ich all deine Werke verkündige(n kann).

---

[30] Bernhard Duhm, Die Psalmen (KHC XV), Tübingen ²1922, 281f.
[31] Mitchell Dahood, Psalms II (AncB 17), New York 1968, 192.
[32] Mit vielen Kommentaren sind diese Wörter wohl als sekundär anzusehen; sie bilden vermutlich eine Schreibvariante zu שארי ולבבי (so Duhm, Psalmen 284).
[33] Vermutlich ist »Jahwe« sekundäre Ergänzung.

Jede deutsche Wiedergabe dieser Verse muß einen falschen Eindruck wekken. Denn wer sich mit dem hebräischen Text beschäftigt, steht an mehreren Stellen etwas ratlos vor offensichtlich mehrdeutigen Wendungen und muß dann bei der Übersetzung sich für eine der Möglichkeiten entscheiden und somit interpretieren. Prinzipiell ist dies ja nichts Neues, sondern vielmehr das Problem jeder Übersetzung - hier aber tritt dieses Problem besonders gehäuft und mit besonders weitreichenden Konsequenzen auf. Beispiele:

v.28a ואני קרבת אלהים לי טוב

Zunächst einmal ist festzustellen, daß durch טוב mittels eines Rückbezugs (Inklusion) der Bogen zu v.1 geschlagen wird. Der überlieferte Glaubenssatz »Gott ist טוב für den Rechtschaffenen« war dem Psalmisten angesichts seiner empirischen Falsifikation zweifelhaft geworden. Nach seiner neuen Erkenntnis kann er jetzt sagen: »Was mich anlangt: Nahen Gottes ist für mich טוב«. Diese doch wohl beabsichtigte Pointe geht verloren, wenn man z.B. wie Kraus in v.1 »Voller Güte ist Gott gegen den Aufrichtigen« und in v.28 »Ich aber - ›deine Nähe‹ ist mir köstlich«[34] oder wie Irsigler »Doch gut ist zum Redlichen Gott« und »Ich aber - Gott zu nahen ist mir Glück«[35] übersetzt. Nein - nicht »köstlich« ist Gottes Nähe und nicht »Glück« ist es, Gott zu nahen, sondern: Was in dem traditionellen Weisheitssatz »Gut für den Redlichen ist Gott« konstatiert wurde, wobei inhaltlich gutes Ergehen gemeint war, ist nach der Nicht-Verifizierbarkeit (um nicht zu sagen: Falsifizierbarkeit!) dieses Satzes durch die neue (!) Glaubensaussage ersetzt »Für mich jedenfalls ist Nahen Gottes gut«. Gott ist nicht »gut« dadurch, daß er gut gehen läßt, sondern durch »Nahen Gottes«. Was soll aber damit gemeint sein? Wenn hier wirklich eine neue Erkenntnis vorliegt (und alles in dem Psalm spricht dafür!), hilft es im Prinzip wenig, wenn man zur Erhellung dieses *Neuen* nur auf üblichen und damit alten Sprachgebrauch rekurriert[36]. Dann ist es vielleicht gar nicht zufällig, daß die Wendung קרבת אלהים hier wie an der einzigen sonst noch vorkommenden Stelle Jes 58,2 grammatisch doppeldeutig ist und auch folgerichtig von den Kommentatoren verschieden verstanden worden ist: »Nahen Gottes« kann meinen, daß Gott naht bzw. nahe ist (= Genitivus subjectivus) oder, daß man sich Gott nähert bzw. nahe bei Gott

---

34 *Kraus*, Psalmen, 662.664.
35 *Irsigler*, Psalm, 372f.
36 Das scheint mir der grundsätzliche Mangel der Untersuchung von *Irsigler* zu sein!

ist (= Genitivus objectivus). Kann vielleicht hier der Kontext helfen? Von v.27a »die fern sind von dir« scheint sich die Bedeutung »das Sich-Gott-Nahen« bzw. »das Gott-Nahe-Sein« zu empfehlen; ob allerdings diese Bedeutung »erfordert« wird[37], erscheint keineswegs so sicher. Im weiteren Kontext ist in vv.23f nämlich Gott derjenige, der Subjekt des heilvollen Handelns ist, und erst recht gilt dies im Blick auf die oben herausgestellte Entsprechung von v.1 und v.28 - gegenüber der alten und zweifelhaft gewordenen Meinung »Gott ist gut für den Frommen, indem er gerecht vergilt« wäre die Meinung: »Für mich ist es gut, wenn *ich* mich Gott nähere« kaum eine Lösung. Statt eines (gottesdienstlichen!) Sich-Nahens zu Gott[38] wäre von dieser Überlegung her allenfalls denkbar »Nahe-Sein bei Gott«, wobei dieses Nahesein dann als Ergebnis des göttlichen Handelns von vv. 23f zu verstehen ist.

Mehrdeutig ist auch v.26. Will der Psalmist mit »Mag mir auch Fleisch und Herz verschmachtet sein«[39] auf seine gegenwärtige Not bzw. Krankheit hinweisen? Oder soll man einen irrealen Fall annehmen: »Wenn auch mein Fleisch und mein Herz verschmachten würden ...«? Oder blickt hier gar der Psalmist in die Zukunft: »Wenn mein Fleisch und mein Herz verschmachten werden ...«?

Und nun gar erst v.24b. Ich will hier nicht die ausführlichen Untersuchungen von Schmitt[40] oder Irsigler[41] wiederholen. Von den drei Wörtern אחר כבוד תקחני wirft jedes Fragen auf: Ist אחר als Adverb (= danach, zuletzt, endlich) zu verstehen? Kann dann aber כבוד isoliert eine Richtungsangabe (zu Ehren) oder eine Angabe der Art und Weise (in Ehren) sein? Oder soll man nach Sach 2,12 אחר כבוד als Präposition mit Dependenz verstehen »Mit Ehre (ehrenvoll) wirst du mich hinnehmen«[42] bzw. »und zu Ehren wirst du mich (zu dir) nehmen«[43], wobei Irsigler noch erläutert: »›auf Ehre/Herrlichkeit hin‹, d.h.: um mir Ehre/Herrlichkeit zuteil werden zu lassen«[44]. Oder soll man durch andere Worttrennung

---

37 So *Irsigler*, Psalm, 98.
38 So ebd. 99.
39 So ebd. 372.
40 *Armin Schmitt*, Entrückung - Aufnahme - Himmelfahrt. Untersuchungen zu einem Vorstellungsbereich im Alten Testament (FzB 10), Stuttgart 1973, 283 - 302.
41 *Irsigler,* Psalm, 42-50.
42 *Schmitt*, Entrückung, 300.
43 *Irsigler*, Psalm, 373.
44 Ebd. 373, Anm. l.

ואחריך ביד »und hinter dir leitest du mich an der Hand« emendieren[45]? Und weiter das Wort תקחני: Ist hier nun wie Gen 5,24; 2 Kön 2,3.5 von einer »Entrückung« die Rede, also davon, daß Gott einen Menschen aus dem Leben heraus zu sich genommen habe? Oder ist mit diesem Terminus für Entrückung hier bereits etwas anderes gemeint, nämlich daß Gott den Beter *nach* dem Tode (und nicht *vor* dem Tode!) zu sich nehmen werde? Oder ist von alledem gar nicht die Rede und »empfiehlt es sich, auf dem Boden der den Psalmen auch sonst vertrauten Gedankengänge zu bleiben und Ps 73,23ff auf das Leben diesseits des Todes zu beziehen«[46]? Bezeichnend für die Schwierigkeiten ist zum Beispiel, daß Martin Buber, der früher übersetzt hatte: »Und künftig nimmst du mich auf in Ehre«, diese Übersetzung später ausdrücklich widerrufen und durch »und danach nimmst du mich in Ehren hinweg« ersetzt hat. »Uns in der Vorstellungswelt einer späten Unsterblichkeitslehre Aufgewachsenen ist es fast selbstverständlich, ›Du wirst mich nehmen‹ zu verstehen: Du wirst mich aufnehmen. Der zeitgenössische Hörer oder Leser verstand wohl nichts anderes als: Du wirst mich hinwegnehmen«[47]. Der Sinn der Wendung soll sein: »Wenn ich mein Leben abgelebt habe, sagt der Sprecher unseres Psalms zu Gott, werde ich in Kabod, in der Erfüllung meines Daseins, sterben«[48]. »Von der mythischen Vorstellung der Entrückung ist hier nichts mehr übriggeblieben«[49].

Doch ich will ja keinen Forschungsbericht liefern, sondern nur darauf hinweisen, daß ab v.23 die Wendungen unseres Psalms in ungewöhnlichem Maße mehrdeutig sind. Da ist dann gar nicht mehr verwunderlich, wenn auch die Frage, ob es in den vv.23-28 um Auferstehungshoffnung gehe, ganz verschieden beantwortet wird. Zwei Beispiele: Fohrer meint: »Daß man Ps 16 und 73 jemals in diesem Zusammenhang (sc. Auferstehungshoffnung) angeführt hat, ist schwer verständlich. Denn ersterer bezieht sich eindeutig auf eine Rettung aus Todesgefahr (v.10f), letzterer preist das Leben in der Gemeinschaft mit Gott im Diesseits (v.25ff). Nichts

---

[45] So z.B. nach dem Vorgang von *Wellhausen* und *Budde* auch *Schmidt*, Psalmen, 138.
[46] *Christoph Barth*, Die Errettung vom Tode in den individuellen Klage- und Dankliedern des Alten Testaments, Zollikon 1947, 163.
[47] *Martin Buber*, Recht und Unrecht. Deutung einiger Psalmen: Werke 2: Schriften zur Bibel, München/Heidelberg 1964, 951-990, hier: 980.
[48] Ebd. 981.
[49] Ebd. 980.

klingt auch nur entfernt an eine Auferstehungshoffnung an«[50]. Ganz anders von Rad, der nach einer Untersuchung von vv.23-28 zu dem Ergebnis kommt: »Hier ist also eine Jenseitshoffnung«[51].

Was soll man nun zu einer so ungewöhnlichen Fülle von Deutungsmöglichkeiten und Meinungen sagen? Wenn ich recht sehe, gibt es hier vier Möglichkeiten:

1. Man kann sich auf ein *non liquet* zurückziehen. Wenn so viele so kluge Leute sich nicht haben einigen können und mal so, mal so auslegen, ist die Auslegung hier offenbar ins Belieben des einzelnen gestellt. Dieser Standpunkt ist natürlich aus der Sicht des methodisch denkenden Exegeten äußerst bedauerlich - aber er muß wohl eingenommen werden, wenn es keine anderen einleuchtenden gibt. Und anscheinend wird er ja von denen eingenommen, die immer nur ihre eigene Meinung zu den Problemen des Psalmes vortragen, ohne das hier auftretende besondere Problem der Vielfalt von Deutungsmöglichkeiten zu reflektieren.

2. Man kann das Problem literarkritisch lösen, so dezidiert jüngstens Kaiser/Lohse[52]. Nachdem sie schon in Ps 49 in v.16 eine von späterer Hand hinzugefügte »neue Lösung« haben sehen wollen, sagen sie zu Ps 73: »Und ganz ähnlich verhält es sich im 73. Psalm: Die V.18f. zeigen zur Genüge, daß es hier ursprünglich ebenfalls um das den Gottlosen bevorstehende innerweltliche Ende geht. Dann kommt V.24b mit seiner im Urtext ungefügten Sprachgestalt und meldet darin wohl doch von zweiter Hand die ›neue Lösung‹ an: ›und hernach zur Herrlichkeit entrückst du mich‹. Und dem entspricht V.26 als Ausdruck einer Hoffnung, die den Tod überwindet:

›Mag schwinden mein Fleisch und mein Herz -
Fels meines Herzens und mein Teil ist Gott für immer‹.«[53]

Das ist wenigstens eine klare Lösung. Ob man sich ihr anschließen will, hängt davon ab, wie man die vv.17-18 beurteilt. Ist das hier geschilderte Ende der Frevler, wenn man es innerweltlich versteht, wirklich eine Lö-

---

50 *Georg Fohrer*, Das Geschick des Menschen nach dem Tode im Alten Testament: KuD 14 (1968) 249-262 = *Ders.*, Studien zu atl. Texten und Themen (1966-1972) (BZAW 155), Berlin 1981, 188-202, hier: 200.
51 *Gerhard von Rad*, »Gerechtigkeit« und »Leben« in der Kultsprache der Psalmen: FS Alfred Bertholet, Tübingen 1950, 418-437 = *Ders.*, Gesammelte Studien zum Alten Testament (TB 8), München 1958, 225-247, hier: 245.
52 *Kaiser/Lohse*, Tod und Leben.
53 Ebd. 70f.

sung der vorher entfalteten Probleme? Die in vv.2-12 angeführten empirischen Falsifikationen von v.1 bestehen doch weiterhin! Und wieder die oben dargelegte Frage: Wie soll der Psalmist nach v.17 zu seiner neuen Einsicht gekommen sein? Was soll die Funktion von v.17 sein?

3. Alonso Schökel[54] hat das Problem dadurch zu lösen versucht, daß er die Schwierigkeiten weniger im Text als vielmehr im Leser gesehen hat. Im Psalmtext finden sich etliche polyseme Begriffe, die von einem antiken Leser durchaus im Sinne der altbekannten Vorstellungen verstanden werden konnten, man konnte also durchaus dem Text entnehmen, daß die Lösung des Problems im Diesseits geschehe. Aber durch die polysemen Begriffe hat der Text eine Tendenz zur Veränderung, und spätere Leser haben den Text dann anders verstanden, nämlich im Sinne einer Jenseitshoffnung. Unter den Gründen für diese Veränderung nennt Alonso Schökel ausdrücklich die ständige Wiederholung des Psalms im Gebet, daneben auch das Wirken der Traditionen von Henoch und Elias. Der christliche Leser schließlich, der durch den Glauben an Christus erleuchtet ist, reiht sich ein in diese (bereits vorchristlich anfangende!) Linie; für ihn hat der Psalm eine eschatologische Dimension gewonnen[55].

4. Die Frage, die Alonso Schökel nicht stellt und die m.E. nun gestellt werden muß, lautet: Woher kommt eigentlich die ungewöhnliche Häufigkeit der vieldeutigen (polysemen) Begriffe in unserem Psalm? Soll man hier wirklich reinen Zufall annehmen? Viel näher liegt es doch, hier eine Absicht anzunehmen! Das würde dann heißen: der Psalmist hat seine Worte bewußt so gewählt, daß sie doppeldeutig sind, weil er eine doppelte Verstehensmöglichkeit erreichen wollte. Wer will und nicht anders kann, mag die Worte entsprechend den herkömmlichen Vorstellungen innerweltlich

---

[54] *Alonso Schökel*, Treinta Salmos: Poesia y oraciòn (Institución San Jeronimo para la investigación biblica. Estudios de Antiguo Testamento 2), Madrid 1981.

[55] »El texto original, expresión del pensamiento del autor, contiene una serie de términos ambiguos o polisemicos ... Todo eso puede encajar en el cuadro de las creencias antiguas, aunque iniciando un proceso de fermentación. Un lector antiguo podía encontrar en el salmo la solución del problema en este vida. ... Lectores posteriores fueron superando esa visión en virtud de diversas circunstancias (una de ellas el fermento de este salmo repetido como oración): su experiencia personal de Dios, alusiones a Henoc y Elias ... Estas condiciones de lectura polarizaron la interpretación de elementos polisémicos del salmo, que, en el nuevo marco menta, encajaba mejor que en el antiguo. ... El lector cristiano se coloca en esa linea. Iluminado por la fe en Cristo glorificado, encuentra la respuesta a su problema vital y percibe con claridad ese fondo del misterio que el autor antiguo apenas entrevaia. El salmo ha adquirido una dimensión escatologica« (Ebd. 287f).

verstehen. Und wer will und dazu in der Lage ist, soll sie auf das Jenseits beziehen. Das würde dann heißen: die »neue Einsicht« vom Handeln Gottes über den Tod hinaus ist zu Beginn keineswegs kämpferisch aufgetreten, sondern hat so etwas wie eine esoterische Lehre gebildet. Daß dies später anders war, zeigt das bekannte Zitat aus der Mischna: »Folgende haben keinen Anteil an der zukünftigen Welt: Wer sagt, die Auferstehung der Toten befinde sich nicht in der Tora, wer sagt, die Tora sei nicht vom Himmel, und der Gottesleugner«[56]. Aber das beweist noch gar nichts für den Anfang dieser neuen Einsicht! Wenn man, um diese »Erkenntnis, Einsicht« (v.17!) zu gewinnen, wirklich erst in die »Heiligtümer Gottes« (v.17!) eintreten mußte, konnte dies eben noch gar keine allgemein verbindlich zu machende Glaubensaussage sein. Hier hat auf jeden Fall der Verweis auf Weish 2,22 seine Berechtigung. Denn unabhängig davon, ob nun μυστήρια θεοῦ als Übersetzung von מקדשי אל gemeint war - auf jeden Fall zeigt die im Zusammenhang mit der Auferstehungslehre gebrauchte Wendung μυστήρια θεοῦ überdeutlich, daß der Gedanke einer göttlichen Vergeltung über den Tod hinaus ein nicht jedermann zugänglicher Gedanke ist - er ist ein μυστήριον, ein Geheimnis. Im Buch der Weisheit wie in Ps 73! Aber ein Geheimnis, in das dem Bereitwilligen Einsicht gewährt werden soll.

D. Das einsehbare Geheimnis

Vielleicht schließt sich das Geheimnis am leichtesten von v.24b auf: »mein Teil ist Gott auf die Dauer«[57]. Von Rad hat zu dieser Wendung Erhellendes ausgeführt[58]: Die alte Levitenprärogative, wie sie sich z.B. Num 18,20 findet - »ich (sc. Jahwe) bin dein Teil und dein Besitz« - meinte ursprünglich, daß der Priesterstamm Levi, der ja keinen Landbesitz zugeteilt bekommen hatte, seinen Lebensunterhalt nicht durch bäuerliche Arbeit, sondern durch Anteile an kultischen Opfern erhalten sollte. An einigen Psalmstellen wird nun deutlich, daß diese Levitenprärogative spiritualisiert wor-

---

[56] Sanhedrin XI, 1, zitiert nach *L. Goldschmidt*, Der Babylonische Talmud IX, Berlin 1967, 27.
[57] Wie Pss 142,6 und 16,5 zeigen, hatte der Text ursprünglich »mein Teil ist *Jahwe* auf die Dauer«. Im sog. elohistischen Psalter ist der Eigenname Gottes durch das Apellativum 'ᵃlohim ersetzt worden.
[58] *Von Rad*, »Gerechtigkeit« und »Leben«, 418-437 (= 225-247).

den ist, z.B. Ps 142,6 »Ich rufe zu dir, Jahwe, und spreche: Du bist meine Zuflucht, mein *Teil* im Lande der Lebendigen«. Hier geht es mit Sicherheit nicht mehr um Regelungen des materiellen Lebensunterhaltes, hier geht es um (wenn die Wendung erlaubt ist) Jahwe als geistigen Besitz des Beters! Eine entsprechende Aussage findet sich Ps 16,5 »Jahwe ist ›...‹ mein *Teil* und mein Becher«. Wie die in dieser Wendung sich aussprechende besondere Lebensgemeinschaft mit Jahwe aussah, zeigen die Verse 9-11 dieses Psalms:

> 9 Deshalb freut sich mein Herz und jubelt meine Ehre, auch mein Fleisch wird sicher wohnen.
> 10 Denn du wirst mein näphäsch[59] nicht der Scheol überlassen, du lässest deinen Frommen nicht die Grube schauen.
> 11 Du lässest mich wissen den Pfad des Lebens, Sättigung und Freude ist bei (?) deinem Angesicht. (Ps 16,9-11)

»Damit stehen wir wieder mitten in jener seltsamen Lebensmystik, von der wir schon gesprochen haben: Geborgenheit vor dem Tod, Leben und Sättigung vor Jahwes Angesicht - das ist alles nur eine Entfaltung dessen, was der Psalm oben mit ›Jahwe ist mein Teil‹ ausgedrückt hat. Die Güter, von denen die Verse 9-11 reden, sind alle sehr schwebend bezeichnet. Was ist denn der ›Weg des Lebens‹ und die ›Sättigung vor deinem Angesicht‹? Immerhin, hier ist doch sichtlich zunächst nur an eine Bewahrung vor einem bösen Tod gedacht«[60]. Solche Skepsis hat von Rad im Blick auf Ps 73 nicht mehr; im Blick auf ihn stellt er fest: »Hier ist also eine Jenseitshoffnung«[61]. Mir scheint, daß man ihm hier zustimmen muß. Denn neben der Aussage vom Vergehen des Herzens und des Fleisches des Psalmisten (mag man es nun präsentisch, futurisch oder irreal verstehen!) ist die Aussage »mein Teil ist Gott auf die Dauer« sicherlich antithetisch gemeint und somit etwas, was über das Vergehen von Fleisch und Herz hi-

---

[59] Lutherübersetzung: »Denn du wirst *meine Seele* nicht dem Tode überlassen ...«; Zürcher Übersetzung: »Denn du gibst *mein Leben* nicht dem Tode preis ...«; Einheitsübersetzung: »Denn du gibst *mich* nicht der Unterwelt preis ...«. Das hebräische Wort *näphäsch* bezeichnet ursprünglich den Atem und dann u.a. auch, davon ausgehend, das Lebensprinzip des Menschen, seine Lebendigkeit. Die Übersetzung »Seele« weckt bei uns falsche Assoziationen und ist an keiner Stelle im Alten Testament berechtigt. Weitere Informationen mit Literaturangaben bei *Hans Walter Wolff*, Anthropologie des Alten Testaments, München 1973, § 2.
[60] *Von Rad*, »Gerechtigkeit« und »Leben«, 434 (= 243); vgl. zu diesem Problem auch *Hans-Jürgen Hermisson*, Sprache und Ritus im altisraelitischen Kult (WMANT 19), Neukirchen 1965, 107-113.
[61] *Von Rad*, »Gerechtigkeit« und »Leben«, 435 (= 245).

naus sich erstreckt - eben לְעוֹלָם »auf Dauer«. Dieser Wendung ist also zu entnehmen (nur, aber immerhin doch), daß »Jenseitshoffnung« hier zu verstehen ist als Hoffnung auf ein Jenseits des Todes - über ein Jenseits dieser Welt wird nichts gesagt.

Zustimmen muß man der Auffassung von Rads m.E. vor allem dann, wenn man einige Stellen bei Kohelet bedenkt, deren Bedeutung für unser Problem bisher noch nicht richtig erkannt worden ist[62]. 9,6 sagt er in einer Polemik gegen die Erwartung einer Vergeltung von guten Taten nach dem Tode: »Auch ihr Lieben, ihr Eifern und Hassen ist schon längst vergangen, und einen Anteil gibt es auf die Dauer für sie nicht mehr an (bei?) allem, was unter der Sonne geschieht«. Die Stelle klingt bis in den Wortlaut hinein wie eine Polemik gegen Vorstellungen nach Art von Ps 73, 26b. Gestützt wird diese Vermutung durch Koh 9,9 (und 3,22):

> »Genieße das Leben mit einer Frau, die du liebhast,
> alle Tage deines vergänglichen Lebens,
> die er dir gibt unter der Sonne ›...‹,
> denn (eben) dies ist dein Teil im Leben und bei deiner Mühe, mit der du dich unter der Sonne abmühst.
> Alles, was deine Hand zu tun findet, tue mit Kraft,
> denn es gibt kein Wirken und Berechnen und Wissen und Weisheit in der Scheol, in die du gehen mußt« (9,9-10).

Wenn vom Lebensgenuß gesagt wird, »(eben)[63] dies ist dein Teil im Leben und bei deiner Mühe, mit der du dich unter der Sonne abmühst«, dann wird hier doch wohl gegen eine andere Ansicht argumentiert, die den *Teil* des Menschen in etwas anderem sehen will. Und in welcher Richtung dieses andere zu suchen ist, zeigt v.10 mit seiner Betonung dessen, daß nach dem Tode alles aus sei und es in der Scheol nichts mehr gebe. Und genau dieselbe Verbindung von Polemik gegen Jenseitserwartung und Betonung dessen, der *Teil* des Menschen liege in der Möglichkeit diesseitiger Freude, findet sich Koh 3,21-22.

> »Wer weiß denn, ob der Geist des Menschen nach oben steigt und ob der Geist des Viehs nach unten zur Erde hinabsteigt?
> Und ich sah (betrachtete?), daß es nichts Besseres gibt, als daß der Mensch sich an seinen Werken freue:
> fürwahr, eben dies ist sein Teil!
> Denn wer kann ihn dahin bringen,

---

62 Zum folgenden vgl. *Michel*, Untersuchungen.
63 Durch »eben« will ich die betonte Voransetzung von היא im Deutschen adäquat wiedergeben, die meint: dies und nicht etwas anderes.

daß er (mit Freuden) das sähe, was nach ihm kommt?«

Diese Stellen aus Kohelet sind am besten verständlich als Echo auf Jenseitserwartungen, die wie Ps 73,26b formuliert sind. Damit haben wir eine Bestätigung dessen, daß in Ps 73,26b tatsächlich bereits vom ursprünglichen Verfasser eine Jenseitshoffnung gemeint war!

Noch einmal sei daran erinnert, daß »Jenseits« hier ein Jenseits des Todes und nicht, wie wir entsprechend unserem Sprachgebrauch erwarten, ein Jenseits dieser Welt meint![64] Es geht hier nicht um eine andere, um eine neue Welt wie später in der Apokalyptik! Von der weiß unser Psalmist nichts und will er anscheinend auch nichts wissen, wie v.25 andeutet: »Wen habe ich im Himmel? Und (bin ich) bei dir, gefällt mir nichts auf der Erde«. Freilich ist der Text auch hier wieder mehrdeutig, etliche Exegeten wollen in v.25a die Wendung »bei dir« ergänzen[65], andere meinen, das »bei dir« von v.25b gelte auch für v.25a[66]. In der Tat legen sich Ergänzung oder Annahme einer Doppelfunktion von »bei dir« v.25b nahe, denn andernfalls würde der Psalmist ja in einer rhetorischen Frage feststellen, daß er niemanden im Himmel habe! Kann man sich das vorstellen angesichts der häufigen Aussagen, Gott sei im Himmel und handle vom Himmel aus (z.B. Ps 11,4; 14,2; 33,13; 115,3 u.ö.)? Andererseits: mit herkömmlichen Vorstellungen kann man bei einem, der etwas ganz Neues sagen will, nur begrenzt argumentieren! Meint er vielleicht nicht doch, die herkömmliche Vorstellung vom im Himmel thronenden und vergeltenden Gott sei für ihn irrelevant? Vielleicht haben ihn tatsächlich Septuaginta, Peschitta und Hieronymus so verstanden, die allerdings (abschwächend!) aus dem »wen« ein »was« machten: »Was habe ich im Himmel?«[67]

Dann wäre der Sinn: nicht ein ferner Gott im Himmel, sondern der Gott, dessen Nähe man erfahren kann, bei dem man sein kann, ist »gut«,

---

[64] Das wird übrigens auch aus der Polemik von Kohelet deutlich. So bemerkt *Lohfink* mit Recht zu der Stelle 3,22 »Wer könnte es ihm ermöglichen, etwas zu genießen, das erst nach ihm sein wird?«: »Wie die deutlichere Formulierung des in vielem ähnlichen Verses 6,12 zeigt (›unter der Sonne‹), meint ›nach ihm‹ nicht ›nach seinem Tod in einer anderen Welt‹, sondern ›nach seinem Tod in dieser Welt‹« (*Norbert Lohfink*, Kohelet [Die neue Echter Bibel], 1980, 35f).

[65] So ausführlich *M. Mannati*, Sur le quadruple *avec toi* de Ps. LXXIII 21-26: VT 21 (1971) 59-71, der übersetzt: »Quel (autre dieu) aurais-je dans les cieux, [étant avec toi]? (Etant) avec toi, je ne mets ma complaisance (en nul autre) sur la terre« (67).

[66] *Irsigler*, Psalm, 50: »Im vorliegenden Text erfüllt ᶜimm=ka 25b semantisch eine Doppelfunktion im Sinn von ›neben/außer dir‹ für V.25a und b«.

[67] LXX: τί γάρ μοι ὑπάρχει ἐν τῷ οὐρανῷ. V: *Quid mihi est in caelo*.

bedeutet Heil. Und bei dem kann man immer sein (v.23), sogar dann, wenn man sich fragend mit ihm auseinandersetzt[68]. Selbst der Tod kann diese Gemeinschaft nicht zunichte machen, wie v.24b andeutet - »andeutet« deshalb, weil hier anscheinend die altüberlieferte Vorstellung von der Entrückung dazu dienen muß, um das vom Psalmisten Gemeinte versuchsweise auszusagen. Wenn man Ps 49,16 zu unserer Stelle hinzunehmen darf, kann man vermuten, der Terminus »wegnehmen« sei weniger um der Reminiszenz an die Entrückung willen gewählt als vielmehr deshalb, weil Gott aus der Gewalt des Todes »wegnimmt«.

Wie dem auch sei - für unseren Psalmisten ist klar: Niemand im fernen Himmel, nichts auf dieser Erde ist gut für ihn. Gut für ihn ist einzig und allein, bei Gott zu sein, ist »Nahen Gottes« (v.28), das nun sicherlich nicht einen gottesdienstlichen Akt meint, sondern schon eher so etwas wie mystische Versenkung, bei der Gott ihm und er Gott nahe ist.

Gott ist so mächtig, daß derjenige Mensch, der sich in seiner Nähe befindet, der »bei ihm« ist, durch nichts aus dieser guten Nähe vertrieben werden kann. Auch nicht durch den Tod. Endlich hat der Glaube Israels diesen letzten Schluß gezogen.

Mehr weiß unser Beter nicht vom Jenseits.

Mehr brauchte er nicht zu wissen.

Er konnte wohl auch nicht mehr wissen.

Das Mehr an Wissen und Gewißheit, das die Gottesnähe durch die Nähe der Liebe Gottes in Jesus Christus begründet und so den in Ps 73 beschrittenen Weg zum Ziel führt, finden wir bei Paulus:

»Denn ich bin gewiß, daß weder Tod noch Leben, weder Engel noch Fürstentümer noch Gewalten, weder Gegenwärtiges noch Zukünftiges, weder Hohes noch Tiefes noch keine andere Kreatur mag uns scheiden von der Liebe Gottes, die in Christo Jesu ist, unserm Herrn« (Römer 8,38-39).

---

[68] In Anlehnung an *Mannati* (vgl. Anm. 65) scheint mir für vv.21-22 folgende Übersetzung mindestens möglich zu sein: »Als sich mein Herz verbitterte und Schmerz mir die Nieren durchstach, da war ich - ein nicht begreifendes Vieh, ein Riesenrindvieh - bei dir«.

E. Bibliographie

1. Zum Problemkreis »Tod und Auferstehung im Alten Testament«

Bailay, Lloyd R., Biblical Perspectives on Death, Philadelphia 1979.

Birkeland, Harris, The Belief in the Resurrection of the Dead in the Old Testament: StTn 3 (1949) 60-78.

Botterweck, G. Johannes, Marginalien zum atl. Auferstehungsglauhen: WZKM 54 (1957) 1-8.

Fohrer, Georg, Das Geschick des Menschen nach dem Tode im Alten Testament: KuD 14 (1968) 249-262 = *Ders.,* Studien zu alttestamentlichen Texten und Themen (BZAW 155), Berlin u.a. 1981, 188-202.

Herrmann, Wolfram, Das Todesgeschick als Problem in Altisrael: MIOF XVI (1970) 14-32.

Kaiser, Otto/Lohse, Eduard, Tod und Leben, (Kohlhammer Taschenbücher: Biblische Konfrontationen 1001), Stuttgart u.a. 1977.

Maag, Victor, Tod und Jenseits nach dem Alten Testament: SThU 34 (1964) 17-37 = *Ders.,* Kultur, Kulturkontakt und Religion. Gesammelte Studien zur allgemeinen und zur alttestamentlichen Religionsgeschichte, Göttingen 1980, 181-202.

Martin Achard, Robert, From Death to Life, Edinburgh and London 1960 (franz. Original: De la mort à la résurrection, d'après l'Ancien Testament, Neuchâtel/Paris 1956).

Nickelsburg, George W. E., Resurrection, Immortality and Eternal Life in Intertestamental Judaism (HThS XXVI), Cambridge: Harvard University Press/London: Oxford University Press 1972.

Nötscher, Friedrich, Altorientalischer und alttestamentlicher Auferstehungsglauben, Würzburg 1926; Neudruck, durchgesehen und mit einem Nachtrag herausgegeben von *J. Scharbert,* Darmstadt 1980.

Schilling, Othmar, Der Jenseitsgedanke im Alten Testament. Seine Entfaltung und deren Triebkräfte. Ein Beitrag zur Theologie des Alten Testaments, Mainz 1951.

Schubert, Kurt, Die Entwicklung der Auferstehungslehre von der nachexilischen bis zur frührabbinischen Zeit: BZ.NF 6 (1962) 177-214.

Stemberger, Günter, Das Problem der Auferstehung im Alten Testament: Kairos 14 (1972) 273-290.

Wächter, Ludwig, Der Tod im Alten Testament (AzTh II,8), Stuttgart u.a. 1967.

2. Zu Psalm 73

Birkeland, Harris, The Chief-Problems of Ps 73,17ss: ZAW 67 (1955) 99-103.

Blank, Sheldon H., The Nearness of God and Psalm Seventy-Three: To Do and to Teach (FS CH. L. Pyatt), Lexington 1953 = *Ders.,* Prophetic Thought. Essays and Addresses, Cincinnati 1977, 69-75.

Caquot, André, Le Psaume LXXIII: Sem 21 (1971) 29-56.

Irsigler, Hubert, Psalm 73 - Monolog eines Weisen (ATS 20), St.Ottilien 1984.

Kuhn, Gottfried, Bemerkungen zu Ps 73: ZAW 55 (1937) 307-308.

Kuntz, J. K., The Canonical Wisdom Psalms of Ancient Israel. Their Rhetorical, Thematic, and Formal Elements: Rhetorical Criticism. Essays in Honor of James Muilenburg, Pittsburg 1974, 186-222.

Luyten, J., Psalm 73 and Wisdom: *M. Gilbert* (Hg.), La Sagesse de l'Ancien Testament (BEThL LI), Louvain u.a. 1979, 59-81.

Mannati, M., Sur le quadruple *avec toi* de Ps LXXIII 21-26: VT 21 (1971) 59-67.

Ders., Les adorateurs de môt dans le psaume 73: VT 22 (1972) 420-425.

Munch, P. A., Das Problem des Reichtums in den Ps 37.49.73: ZAW 55 (1937) 36-46.

Murphy, Roland E., A Consideration of the Classification ›Wisdom Psalms‹: VT.S 9 (1963), 156-167.

Ramaroson, Léonard, Immortalité et résurrection dans les Psaumes: ScEs XXXVI/3 (1984) 287-295.

Renaud, Bernard, Le Psaume 73, méditation individuelle ou prière collective? (FS E. Jacob): RHPhR 59 (1979) 541-550.

Ringgren, Helmer, Einige Bemerkungen zum LXXIII Psalm: VT 3 (1953) 265-272.

Ross, James F., Ps 73: Israelite Wisdom (FS Samuel Terrien), New York 1978, 161-175.

Ruppert, Lothar, Der leidende Gerechte. Eine motivgeschichtliche Untersuchung zum Alten Testament und zwischentestamentlichen Judentum (FzB 5), Würzburg/Stuttgart 1972.

Würthwein, Ernst, Erwägungen zu Psalm 73: *W. Baumgartner* u.a. (Hgg.), FS Alfred Bertholet, Tübingen 1950, 532-549 = *Ders.,* Wort und Existenz. Studien zum Alten Testament, Göttingen 1970, 161-178.

Nach Fertigstellung des Manuskripts erschien folgender Artikel, der für diesen Beitrag nicht mehr berücksichtigt werden konnte:

R. J. *Tournay OP,* Le Psaume LXXIII. Relectures et interpretation: RB 92 (1985) 187-199.

Zur Eigenart Tritojesajas[1]

1892 vertrat B. Duhm in seinem Jesajakommentar die These, die Kapitel Jes 56-66 stammten nicht von Deuterojesaja, sondern von einem späteren, nach der Rückführung in Jerusalem wirkenden Propheten, den er Tritojesaja nannte. Diese Trennung hat sich schnell durchgesetzt und wird heute kaum noch angezweifelt; die Unterschiede zwischen Jes 40-55 und 56-66 sind in Stil und Inhalt so groß, daß man kaum einen einheitlichen Verfasser annehmen kann[2].

Umstritten ist dagegen die Meinung Duhms, der Block 56-66 habe einen einheitlichen Verfasser. Elliger[3] hat diese Ansicht durch eine Stiluntersuchung zu stützen versucht; wahrscheinlich aber überschätzt er die stilistischen Argumente. Auch eine Gruppe von Menschen kann ja einen einheitlichen Sprachgebrauch haben. Außerdem können, was Elliger gar nicht bedenkt, die Stileigentümlichkeiten von Texten auch durch die in ihnen zu Wort kommenden Traditionen geprägt sein. So nimmt denn heute die Mehrzahl der Forscher verschiedene Verfasser an[4]. Wir brauchen für un-

---

[1] Diesem Aufsatz liegt meine im November 1964 in Heidelberg gehaltene Habilitationsvorlesung zugrunde, die für den Druck neu bearbeitet und erweitert wurde. Benutzte Kommentare: A. Knobel, Der Prophet Jesaja, 1861[3]; F. Delitzsch, Biblischer Commentar über den Propheten Jesaja, BC III/1, 1889[4]; K. Marti, Das Buch Jesaja, KHC X, 1900; C. von Orelli, Der Prophet Jesaja, SZ 4/1, 1904[3]; B. Duhm, Das Buch Jesaja, HK III/1, 1922[4]; K. Budde, Das Buch Jesaja Kap. 40-66, in: HSAT Bd. I, 1922[4], S. 653-720; M. Haller, Das Judentum, SAT 2/3, 1925[2]; E. König, Das Buch Jesaja, 1926; P. Volz, Jesaja II, KAT IX, 1932; G. Fohrer, Das Buch Jesaja, 3. Bd., Zürcher Bibelkommentare, 1964; J. Muilenburg, The Book of Isaiah Chapters 40-66, in: IB V, S. 381-773. - Der Kommentar von C. Westermann (ATD 19) erschien nach Abschluß des Manuskripts und konnte nicht mehr berücksichtigt werden.

[2] Vgl. G. Fohrer, Neuere Literatur zur alttestamentlichen Prophetie, ThR 20 (1952), S. 230. Neuerdings will M. Haran, The Literary Structure and Chronological Framework of the Prophecies in Is. XL-XLVIII (VTSuppl IX, 1963, S. 127-155), in Jes 49-66 Deuterojesaja nach der Rückkehr aus dem Exil finden (vgl. S. 150). Es bleibt abzuwarten, ob diese mir unwahrscheinliche These Anhänger finden wird.

[3] K. Elliger, Die Einheit des Tritojesaja, BWANT 3/9, 1928; vgl. dazu auch H. Odeberg, Trito-Isaiah, UUA Teologi 1, 1931.

[4] Vgl. G. Fohrer, ThR 20 (1952), S. 241.

sere Fragestellung dieses Problem hier nicht zu diskutieren; wenn im folgenden von Tritojesaja die Rede ist, soll damit nur der Verfasser des jeweils behandelten Stückes im Gegensatz zu Deuterojesaja gemeint sein.

Zimmerli hat die Diskussion dadurch weitergebracht, daß er ausführlich untersucht hat, wie Tritojesaja Texte aus Deuterojesaja aufnimmt und verändert[5]. Er hat gezeigt, daß die Veränderungen in der Regel dadurch zu erklären sind, daß bei Deuterojesaja konkret gemeinte Äußerungen, die in einer bestimmten Situation gesagt worden sind, aus ihrem ursprünglichen Zusammenhang gelöst und zu „konventionelleren Aussagen der frommen Rede", zu „Formel(n) der religiösen Sprache" werden[6].

Duhm hatte schon ähnliche Beobachtungen gemacht. Da für ihn wirkliche Propheten schöpferische Persönlichkeiten waren, konnte er Tritojesaja nur als einen Epigonen ansehen, als „ein schwerflüssiges, mühsam arbeitendes Talent, ein(en) Prophet(en) am Schreibtisch"[7]. Wenn Zimmerli, offenbar im Blick auf solche und ähnliche Äußerungen Duhms, fragt: „Genügt es, bei Tritojesaja abschätzig einen Mangel an Originalität zu konstatieren, der ihn eben von den Formeln des Meisters nicht loskommen läßt?"[8], so führt er bereits mit dieser Frage entscheidend über die herkömmlichen, von Duhm beeinflußten Meinungen hinaus. Er beantwortet seine Frage selber: „In der Prägung der tritojesajanischen Verkündigung verrät sich die innere Bindung an die Behauptung, die Grundlage auch der deuterojesajanischen Verkündigung ist: ‚Das Wort unseres Gottes besteht für immer' (40, 8, dazu vgl. 55, 10 f.). Im Glauben an die innere Treue Jahwes, der sein einmal gesprochenes Wort voll einlösen wird, ruht letzten Endes die Eigenart der Sprache Tritojesajas."[9] Aber diese seine Antwort bedarf einer Ergänzung. Sie impliziert ja ein Traditionsverständnis, das kaum noch prophetisch genannt werden kann. An diesem Punkte wollen die folgenden Darlegungen einsetzen und durch Analyse einiger Texte der Eigenart Tritojesajas näherzukommen suchen.

---

[5] W. Zimmerli, Zur Sprache Tritojesajas, Schweizerische Theologische Umschau 20 (1950), S. 110-122 = Gottes Offenbarung, ThB 19, 1963, S. 217 bis 233.
[6] Gottes Offenbarung, S. 223 und 225.
[7] B. Duhm, Israels Propheten, 1922², S. 361 f.
[8] Gottes Offenbarung, S. 233.
[9] Ebenda.

62, 1-5

1) Um Zions willen will ich nicht schweigen,
um Jerusalems willen nicht ruhig sein,
bis daß heraustritt wie Lichtglanz seine Gerechtigkeit
und seine Hilfe wie eine Fackel, die brennt.
2) Dann sehen also Völker deine Gerechtigkeit
und alle Könige deine Ehre,
und man wird dich mit einem neuen Namen nennen,
den Jahwes Mund bezeichnen wird.
3) Dann wirst du eine Ehrenkrone sein in Jahwes Hand,
ein königlicher Turban in der Hand deines Gottes.
4) Nicht wirst du weiterhin genannt: „Verlassene",
noch wird dein Land weiterhin genannt: „Verwüstetes",
sondern dich wird man nennen: „Meine Lust (ist) an ihr"
und dein Land: „Vermählte".
Denn Lust hat Jahwe an dir,
und dein Land wird vermählt werden.
5) Denn 'wie' ein Jüngling eine Jungfrau heiratet,
'wird' dich dein 'Erbauer' heiraten[10],
und mit der Freude eines Bräutigams über eine Braut
wird sich dein Gott über dich freuen.

Das Problem des Textes ist, wer hier redet. Ältere Kommentatoren, z. B. Delitzsch, Orelli und König, wollen in dem „ich" von v. 1 Jahwe sehen. Hauptargument ist dabei, daß das Verb חשׁה „schweigen" Jes 42, 14; 57, 11; 64, 11 und 65, 6 auf Jahwe bezogen wird. Neuerdings aber herrscht unter den Kommentatoren Einmütigkeit, daß hier der Prophet rede, so z. B. Knobel, Duhm, Marti, Budde, Volz, Fohrer, Mowinckel[11] und Elliger[12]. Für sie besteht das entscheidende Argument darin, daß von v. 2 an Jahwe in der dritten Person genannt wird. Lediglich Haller meint: „Ob der Prophet spricht oder Gott selber, wird nicht ganz klar"[13].

Daß 42, 14; 57, 11; 64, 11 und 65, 6 das Verb חשׁה auf Jahwe bezogen wird, ist deshalb nicht unbedingt ein zwingendes Argument, weil es 62, 6 eindeutig auf Menschen angewandt wird. Immerhin aber findet sich bei Deutero- und Tritojesaja überwiegend die Beziehung auf Jahwe. Sachlich interessant und weiterführend scheint mir aber die Beobachtung, daß es 64, 11 in der abschließenden Bitte eines Volksklageliedes heißt: „Willst du

---

[10] Lies mit 1 QJes^a כבעול und ferner יבעלך בניך.
[11] S. Mowinckel, Der metrische Aufbau von Jes 62, 1-12 und die neuen sog. „Kurzverse", ZAW 65 (1953), S. 167-187, vgl. S. 169.
[12] Elliger, Einheit, S. 26.
[13] Haller, SAT 2/3, S. 143.

darüber an dich halten, willst du schweigen und uns zum Übermaß beugen?". Zu dieser Bitte sind noch Ps 28, 1; 35, 22; 39, 13; 83, 2 und 109, 1 hinzuzunehmen, wo in Klageliedern das bedeutungsverwandte Verb חרש in der Bitte „schweige nicht!" verwendet wird. Von diesen Stellen her legt sich m. E. die Vermutung nahe, v. 1 sei als göttliche Antwort auf eine Klage, also als ein Heilsorakel, zu verstehen. Zumindest wird man nicht bestreiten können, daß dieses Verständnis des Verses möglich ist. Für diese Deutung spricht wohl auch v. 1b, den man sich eher im Munde Jahwes als eines Propheten vorstellen kann.

Wie aber läßt sich dann erklären, daß in v. 2-5 von Jahwe in der dritten Person geredet wird? - Von den Kommentatoren ist bisher nicht gebührend gewürdigt worden, daß in v. 1 von Zion in der dritten Person, in v. 2-5 dagegen in der zweiten geredet wird. Wenn wirklich in v. 1 Jahwe redet, hätten wir also schon zwei Personenverschiebungen:

v. 1: Jahwe in der ersten Person, Zion in der dritten, v. 2-5: Jahwe in der dritten Person, Zion in der zweiten. Dann aber kann der Text kaum noch als eine einheitliche Rede angesehen werden, dann müssen wir zwischen v. 1 und v. 2 einen Trennungsstrich ziehen.

Nun bestehen aber auch zweifellos Verbindungen: der Wendung v. 1bα „bis daß heraustritt wie Lichtglanz seine Gerechtigkeit" entspricht deutlich 2aα „dann also sehen Völker deine Gerechtigkeit". Hier wird von einem anderen Sprecher - also nicht von Jahwe! - die Wendung v. 1bα wieder aufgenommen und weiter ausgeführt. Die folgenden Sätze „... und alle Könige deine Ehre, und man wird dich mit einem neuen Namen nennen, den Jahwes Mund bezeichnen wird. Dann wirst du eine Ehrenkrone sein in Jahwes Hand, ein königlicher Turban in der Hand deines Gottes" lassen sich ungezwungen als Entfaltung der Aussage aus v. 1 verstehen: in allen geht es darum, daß die Gerechtigkeit Zions sichtbar wird. Die Verse 4-5 andrerseits können gut als eine Entfaltung von v. 1bβ „und seine Hilfe wie eine Fackel, die brennt" verstanden werden; in ihnen geht es weniger um die durch die Gerechtigkeit hervorgerufene Ehrenstellung als vielmehr um die Hilfe, die Zion zuteil wird. Auf Grund dieser Hilfe wird Zion nicht mehr „Verlassene" und sein Land nicht mehr „Verwüstetes" genannt werden können.

Der Abschnitt 62, 1-5 läßt sich also gut als Einheit verstehen, wenn man v. 1 als Zitierung eines überlieferten Textes deutet, v. 2-5 als predigthafte Auslegung dieses Textes, als Aktualisierung. Woher das Zitat v. 1 stammt, läßt sich nicht mehr ausmachen; man könnte an uns unbekannte Texte Deuterojesajas denken, der ja das Heilsorakel als Gattung kennt, man könnte aber auch einfach an ein kultisches Formular denken.

Ehe wir nun versuchen, diese Deutung durch eine Analyse ähnlich gebauter Texte zu stützen, sollen einige Erwägungen über deren Konsequenzen eingeschaltet werden.

Ganz deutlich stellt sich in dem so verstandenen Text die Frage nach der Tradition und ihrer Bedeutung. Freilich wissen wir heute zur Genüge, daß die Propheten nicht die großen Neuerer waren, die man vor fünfzig Jahren in ihnen sehen wollte. Vor allem von Rad[14] hat gezeigt, daß sie häufig überlieferte Gedanken, Vorstellungen und Formulierungen aufnehmen[15]. Die Frage ist aber dann, worin bei aller Aufnahme von Traditionen das genuin Prophetische zu suchen ist. Von Rad sieht es in der „Eschatologisierung des Geschichtsdenkens": das Typische der Prophetie liegt nach ihm darin, daß sie „alles für die Existenz Israels Entscheidende, Leben und Tod, von einem kommenden Gottesgeschehen erwartet"[16]. Ähnliches meint Wolff, wenn er sagt: „Tradition bleibt gar nicht Tradition; sie erscheint im prophetischen Wort als Akt des gegenwärtigen, ja des kommenden Gottes, einerseits so, daß sie Israel im kommenden Gericht unentschuldbar macht, andererseits so, daß der kommende Herr als der alte Heilsgott Israels erkennbar wird[17]."

Blicken wir noch einmal auf unseren Text. Wenn wir in ihm die Ankündigung eines neuen Gottesgeschehens haben, dann in v. 1! Was Tritojesaja in v. 2-5 hinzufügt, ist eine Auslegung dieses Zitats, die selber nichts Neues bringt. Damit ist dann aber, wenn die eben zitierte Bestimmung der prophetischen Eigenart zutrifft, der Bereich des Prophetischen verlassen. Die Eigenart Tritojesajas besteht dann darin, daß er nichts Neues bringen will, sondern das alte „Neue" entfaltet, es auf die Gegenwart appliziert. Das aber ist nicht mehr Prophetie, sondern schriftgelehrte Auslegung.

Genau wie 62, 1-5 sind die folgenden Verse 62, 6-7 gebaut:

---

[14] G. von Rad, Theologie des Alten Testaments, Bd. II, 1960, passim; vgl. auch die von G. Fohrer, Tradition und Interpretation im Alten Testament, ZAW 73 (1961), S. 25 f. Anm. 59 genannten Arbeiten, ferner R. Rendtorff, Tradition und Prophetie, Theologia Viatorum VIII, 1962, S. 216-226.

[15] Vgl. auch G. Fohrer, ZAW 73 (1961), S. 24 f.

[16] A. a. O., S. 125 ff., besonders S. 131.

[17] H. W. Wolff, Hauptprobleme alttestamentlicher Prophetie, EvTh 15 (1955), S. 446-468 = Gesammelte Studien zum Alten Testament, ThB 22, 1964, S. 206-231, S. 459 bzw. 221.

6) Auf deine Mauern, Jerusalem, habe ich Wächter bestellt.
Den ganzen Tag und die ganze Nacht sollen sie nicht schweigen.
Ihr, die ihr Jahwe erinnert, habt keine Ruhe!
7) Und gebt ihm keine Ruhe, bis daß er aufrichte
und bis er Jerusalem mache zum Lobpreis auf Erden.

Daß in v. 6a ein Zitat aus einer Jahwerede vorliegt, in v. 6b.7 dagegen eine Ermahnung des „Propheten", haben bereits Delitzsch, König, Duhm, Elliger und Haller erkannt; daß Volz und Fohrer diese Einsicht wieder aufgegeben haben, hat ihren Auslegungen nicht zu größerer Klarheit verholfen.

Auf Einzelheiten unseres Textes brauchen wir hier nicht einzugehen; wir können offenlassen, ob mit den Wächtern vielleicht Propheten gemeint sind oder ob sich in den *mazkirim* vielleicht ein höfisches Amt spiegelt. Für uns ist entscheidend, daß das Jahwewort v. 6a von Tritojesaja wieder predigthaft ausgelegt wird.

Möglicherweise sind auch die folgenden Verse als Zitat mit Auslegungen zu verstehen:

62, 8-9:

8) Jahwe schwor bei seiner Rechten, bei seinem starken Arm:
Gewiß nicht gebe ich noch länger dein Korn als Speise deinen Feinden,
noch sollen Fremdlinge deinen Most trinken, um den du dich abmühtest.
9) Fürwahr: diejenigen, die es ernten, sie sollen es essen,
und dabei Jahwe preisen,
und die, die ihn (sc. den Most) einsammeln, sollen ihn trinken
in 'seinen' heiligen Vorhöfen.

V. 8 ist durch die Einleitung als Jahwerede gekennzeichnet. Dem entspricht, daß von Jahwe in der ersten und von Zion in der zweiten Person die Rede ist. In v. 9 wird nun die Anrede verlassen, statt der 2. sing. fem. finden wir jetzt die 3. plur. Man gewinnt den Eindruck, daß in v. 9 das Fazit aus v. 8 gezogen, also ausgelegt wird. Diesem Verständnis entspricht, daß in v. 9a Jahwe in der dritten Person genannt wird. Leider steht aber nun in v. 9b בחצרות קדשי: „in meinen heiligen Vorhöfen". Man könnte von daher die eben gebotene Auslegung anzweifeln und die Nennung von Jahwe in der dritten Person als formelhaften Gebrauch erklären. Immerhin aber bleibt, daß die Anrede durch die dritte Person ersetzt wird. Und da wir aus Qumran wissen, daß י und ו in manchen Handschriften praktisch nicht zu unterscheiden sind, scheint es mir einleuchtender, hier קדשׁ zu lesen; die falsche Auflösung eines doppeldeutigen י/ו wäre dann durch einen Schreiber erfolgt, der nicht mehr wußte, daß v. 9 keine Fortsetzung der Jahwerede aus v. 8 sein sollte.

Sicherlich ist es mißlich, an einem für eine neue Auslegung wichtigen Punkte eine Textänderung vorzuschlagen. Immerhin aber ist sie graphisch naheliegend, außerdem ist zu bedenken, daß ohne sie der Text unzweifelhaft eine gewisse Spannung birgt, mit ihr er sich dagegen glatt wie die beiden vor ihm stehenden Einheiten verstehen läßt.

Doch wie immer man diese Konjektur beurteilen mag - auf jeden Fall aber scheinen mir die beiden zuerst behandelten Texte eindeutig zu sein; wir finden in ihnen eine bisher noch nicht genügend beachtete Gattung: bekanntes Jahwewort und Auslegung durch Tritojesaja.

Eine Parallele hierzu scheint nun auf den ersten Blick in der von Wolff herausgearbeiteten[18] und von Westermann[19] aufgenommenen und weitergeführten Unterscheidung von „Gerichts- oder Heilsankündigung" und „Begründung" vorzuliegen. Denn die Gerichts- oder Heilsankündigung besteht auch aus einem Jahwewort, die Begründung aus einem dazugehörigen Prophetenwort. Dort aber bringt - zumindest im Regelfall - das Jahwewort etwas Neues, das prophetische dagegen sucht dieses Neue aus der Situation heraus zu begründen. Bei den behandelten Texten aus Tritojesaja dagegen schien das Jahwewort nicht Neues, sondern Zitat aus einem Traditionsgut zu sein; die Worte Tritojesajas wollen dieses Jahwewort nicht begründen, sondern auslegen. Sie bieten gegenüber dem Jahwewort gar nichts inhaltlich Verschiedenes.

Dann aber können wir, das sei noch einmal betont, dieses Handhaben, dieses Auslegen der zuhandenen Überlieferung nicht mehr dem Bereich der Prophetie zuweisen, sondern müssen hier beginnende Schriftgelehrsamkeit sehen. Dies wird vollends deutlich an 56, 1-7.

> 1) So spricht Jahwe: Bewahret Recht und tut Rechttat,
> denn nahe ist meine Hilfe zu kommen
> und meine Rechttat, sich zu enthüllen.
> 2) Glücklich der Mann, der dieses tut,
> der Mensch, der daran festhält,
> indem er den Sabbath bewahrt, ihn nicht zu entweihen,
> indem er seine Hand bewahrt, kein Böses zu tun.

---

[18] H. W. Wolff, Die Begründungen der prophetischen Heils- und Unheilssprüche, ZAW 52 (1934), S. 1-22 = Gesammelte Studien, S. 9-35.
[19] C. Westermann, Grundformen prophetischer Rede, 1960.

V. 1 ist durch die Botenformel als Jahwerede gekennzeichnet. Inhaltlich liegt ein Mahnspruch vor, der sicherlich in v. la nichts Neues bringt; die Wendung „*mišpat* und *sedaqa* tun" gehört zu den geläufigsten des Alten Testaments. In v. lb dagegen „denn nahe ist meine Hilfe zu kommen, und meine Rechttat, sich zu enthüllen" nimmt Tritojesaja wohl ein Wort Deuterojesajas auf, der 46, 12 gesagt hat: „Nahegebracht habe ich meine Rechttat". Bei Deuterojesaja ist dieses Wort ganz situationsbezogen und meint konkret die nahe bevorstehende Heilstat der Rückführung. Tritojesaja dagegen hat aus der konkreten Ankündigung eine allgemeine Wesensaussage gemacht: Gottes Hilfe ist immer nahe am Kommen und seine Rechttat immer nahe am Offenbarwerden - so muß man doch wohl die Nominalsätze verstehen.

Wenn Tritojesaja hier wirklich überlieferte Elemente zusammenstellt, erhebt sich die Frage, was dann die Einleitung „so spricht Jahwe" bedeuten solle. Sie soll dann wohl kaum das Folgende als eine tatsächliche Audition kennzeichnen[20]. Die Wendung braucht aber deshalb nicht „nur Formel" zu sein und „zur *captatio benevolentiae*" zu dienen[21]. Man wird vielmehr damit rechnen müssen, daß Tritojesaja auch ohne ein Wortereignis eine von ihm vorgenommene Zusammenstellung von überlieferten Jahweworten durch die Botenformel einleiten konnte, weil für ihn Jahwe eben in dieser Tradition sprach.[21a]

In v. 2 haben wir einen Segensspruch, der dem Formelschatz der Weisheit entnommen ist. Haller und Elliger[22] haben erkannt, daß in v. 2 das Gotteswort aus v. 1 nicht fortgeführt wird, daß vielmehr ein eigenes Wort des Propheten vorliegt. Fohrer scheint ähnliches zu meinen, wenn er v. 2 einen „Heilsspruch" nennt, „dessen Ausführung wieder die einleitende Mahnung erläutert"[23]. Mir scheint diese Einsicht unbezweifelbar; neben inhaltlichen Argumenten, die gleich erörtert werden sollen, ist zunächst wieder auf eine Personverschiebung hinzuweisen: in v. 1 werden Menschen in der 2. plur. angeredet, in v. 2 finden wir die 3. sing.

Inhaltlich bedeutet v. 2 eine Erläuterung dessen, was in v. 1 durch das Verhältnis von Imperativ und Begründungssatz angedeutet wird. Weil Got-

---

[20] Vgl. z. B. Elliger, Einheit, S. 6; Fohrer, S. 186: „Orakel".
[21] Haller, SAT 2/3, S. 132.
[21a] Vgl. z. B. auch Sach 8.
[22] Elliger, Einheit, S. 7.
[23] Kommentar, S. 186.

tes Hilfe und Heilstat nahe zu kommen sind, soll man Recht bewahren und Rechttat tun - das könnte bedeuten, daß Jahwes Hilfe und Heilstat auf jeden Fall als ein gewaltiges, unaufhaltsames Ereignis kommen werden und man sich durch sein Tun darauf vorbereiten soll, das könnte aber auch bedeuten, daß sie im alltäglichen Leben für den Menschen kommen, der Recht bewahrt und Rechttat tut und daß deshalb zu diesem Tun aufgefordert wird.

In v. 2 wird nun die zweite Verständnismöglichkeit als die richtige hingestellt. „Glücklich der Mann" entspricht dabei der Wendung v. 1b „nahe ist meine Hilfe zu kommen und meine Heilstat sich zu offenbaren", eben darin liegt für den Menschen seine Glückseligkeit. „Der solches tut" und „der daran festhält" entspricht dem Imperativ „Bewahret Recht und tut Rechttat". In der Weisheit bezieht sich ein אשרי-Spruch immer auf das gute Ergehen eines Menschen im Alltag; deshalb ist anzunehmen, daß die in v. 1 genannte Hilfe und Heilstat Gottes durch v. 2 als alltägliches Wohlergehen gedeutet werden sollen. Wir werden diese Vermutung in v. 3-7 bestätigt finden.

Wir können also sagen: Vers 2a ist eine Auslegung von v. 1, die die in dem Begründungssatz von v. 1 liegende Doppeldeutigkeit dahingehend auflöst, daß das Heil für den nahe ist, der dem göttlichen Gebot von v. 1 nachkommt.

Die auslegungsmäßige Präzisierung geht aber noch weiter. Die Aufforderung „Bewahret Recht und tut Rechttat" ist umfassend und demgemäß allgemein und unscharf. Ebenso allgemein sind in der Auslegung „der dieses tut" und „der daran festhält". Durch das angereihte Prädikativum „indem er den Sabbath bewahrt, ihn nicht zu entweihen" wird nun auch hier präzisiert. In allen Kommentaren wird darauf hingewiesen, daß die Erwähnung des Sabbaths die nachexilische Zeit voraussetze, weil im Exil das Halten des Sabbaths zum status confessionis geworden sei. Wir brauchen deshalb solche Erörterungen nicht zu wiederholen. Wichtig für unsere Fragestellung ist, daß die allgemeine Aufforderung aus v. 1a, die in v. 2a ebenso allgemein umschrieben wird, in v. 2bα mittels des für die damalige Zeit entscheidenden Gebotes erläutert und präzisiert wird - wieder eine Auslegung.

Damit aber ist das Konkretisierungsbedürfnis dann freilich erschöpft; die Weiterführung in 2bβ „indem er seine Hand hütet, kein Böses zu tun" ist wieder ebenso allgemein wie v. 1a und 2a.

Zusammenfassend läßt sich also sagen: In v. 1 werden aus der Tradition stammende Jahweworte zitiert, wobei v. 1a eine ganz allgemein gehaltene Mahnung aufnimmt, v. 1b wohl Abwandlung eines deuterojesajanischen Wortes ist. Das abgewandelte deuterojesajanische Wort dient zur Begründung der allgemeinen Aufforderung. Dabei ist die Verbindung von Aufforderung und Begründung nicht eindeutig. Es könnte gemeint sein, daß Gottes Heilstat als ein besonderes Geschichtsereignis unabhängig vom Tun der Menschen kommen wird - es könnte aber auch gemeint sein, daß Gottes Hilfe und Heilstat ohne große äußere Ereignisse zu den Menschen kommen, die die Gebote halten. - In v. 2 wird ein Segensspruch benutzt, um dieses Verhältnis eindeutig im Sinne der zweiten Möglichkeit zu bestimmen. Weiterhin wird die allgemeine Formulierung „bewahret Recht und tut Rechttat" präzisiert durch den Hinweis auf das zur damaligen Zeit wichtigste Gebot, auf das Halten des Sabbaths.

Theologisch bedeutet nun diese Auslegung: Entscheidend dafür, ob das Heil Gottes zu einem Menschen kommen wird, ist vor allem, ob er die Gebote, und besonders das Sabbathgebot, hält.

Der Text wird in seiner Eigenart erst dann deutlich, wenn man sich klarmacht, was hier n i c h t gesagt wird: es wird nichts gesagt von Zugehörigkeit zum Volk Israel, es wird nichts gesagt von irgendwelchen kultischen Reinheits- und Vollkommenheitsvorstellungen. Entscheidender Punkt ist allein das Halten der Gesetze, besonders des Sabbathgebotes.

Diese Auslegung der alten Aufforderung, *mišpat* und *sedaqa* zu tun, ist eine Antwort auf die Strukturveränderungen, die die Gemeinde der Rückkehrer erfahren hatte. Zusammen mit den Israeliten waren ja Proselyten zurückgekehrt. Ferner gab es Israeliten, die in Babylon ein hohes Hofamt innegehabt hatten und deshalb verschnitten worden waren. Nach den alten Kultvorschriften wären solche Fremdlinge und Eunuchen nicht kultfähig gewesen. Wenn aber jetzt die entscheidende Bedingung für das Kommen des Heils Gottes zu einem Menschen allein im Halten der Gebote, speziell des Sabbathgebotes, gesehen wurde, konnten auch diese früher ausgeschlossenen Menschengruppen in die Gemeinde aufgenommen werden.

Daß mit diesen Erwägungen nicht mehr aus v. 1-2 herausgelesen wird, als tatsächlich in ihnen steht, zeigt die Fortsetzung v. 3-7:

3) Nicht sage der Fremdling, der sich Jahwe angeschlossen hat:
Gewiß will Jahwe mich abtrennen von seinem Volk!
Und nicht sage der Verschnittene:
Fürwahr, ich bin ein abgestorbener Baum.

4) Denn so spricht Jahwe:
Den Verschnittenen, die meine Sabbathe halten
und also erwählen, woran ich Gefallen habe -
Halter meines Bundes (sind sie damit) -
5) denen gebe ich in meinem Haus und in meinen Mauern ein Denkmal
und einen besseren Namen, als (ihn) Söhne und Töchter (geben können),
einen ewigen Namen gebe ich ihnen, der nicht ausgetilgt werden kann.
6) Und die Fremdlinge, die sich Jahwe anschließen, ihm zu dienen
und um den Namen Jahwes zu lieben und ihm zu Knechten zu sein,
alle, die den Sabbath halten, ihn nicht zu entweihen -
Halter meines Bundes (sind sie damit) -
7) sie bringe ich zu meinem heiligen Berg
und gebe ihnen Freude in meinem Bethause;
ihre Brand- und Schlachtopfer sind zu Wohlgefallen auf meinem Altar.
Denn mein Haus wird Bethaus genannt werden für alle Völker.

Während die alten Kommentatoren durchweg v. 1-8 als eine Einheit ansehen, wollen Elliger und Volz zwischen v. 2 und v. 3 einen Trennungsstrich ziehen. Elliger hält den Abschnitt v. 3-7 für das Werk eines Redaktors, Volz will in v. 3-8 einen Brief des Propheten sehen, in v. 1-2 möglicherweise „redaktionelle Klammern"[24]. Auch Duhm und Marti sehen v. 1-8 als uneinheitlich an, versuchen aber, durch Streichungen in v. 3-8 diesen Abschnitt v. 1-2 anzugleichen.

Man kann wohl kaum wie die älteren Kommentatoren v. 1-8 unkompliziert als eine Einheit ansehen, dazu birgt der Text zu viele Spannungen. In v. 1 findet sich eine allgemeine pluralische Anrede, in v. 2 eine allgemeine Feststellung in der 3. sg., in v. 3-7 dagegen spezielle Stellungnahmen zu den Problemen der Fremden und Verschnittenen. Andererseits scheint mir aber auch Elligers Radikalkur, v. 3-8 als Werk eines Redaktors anzusehen, nicht sachgemäß zu sein. Denn wenn in v. 3-8 von den Fremden und Verschnittenen geredet wird, die Jahwes Sabbathe halten, dann liegt hier doch wohl mehr vor als eine bloße Stichwortanreihung. Ich habe oben zu zeigen versucht, daß die Intention der Auslegung, die das alte Gebot v. 1a in v. 2 erfährt, genau auf die Situation von v. 3-7 zielt; wenn das stimmen sollte, kann man den Text nicht auseinanderreißen. Dann muß man vielmehr in v. 3-8 die praktische Anwendung der Auslegung sehen, die das alte Gebot v. 1a in v. 2 erhält. Die theologische These „Glücklich, und zwar glücklich durch das Kommen der Hilfe und Heilstat Gottes, ist der Mann, der die Gebote, speziell das Sabbathgebot, hält" wird hier als gültig auch

---

24 Vgl. Elliger, Einheit, S. 125; Volz, KAT, S. 203 f.

für die nach den alten Kultsatzungen ausgeschlossenen Fremdlinge und Verschnittenen behauptet. Interessant ist dabei, daß die Verschnittenen klagen, sie hätten keine Nachkommen. Offenbar hat die alte Kultsatzung Dt 23, 2, der kultisch-rituelle Maßstäbe zugrundelagen[25], eine Vergeistigung erfahren. Sie wird jetzt so gedeutet, daß die Verschnittenen deshalb vom Heil Jahwes ausgeschlossen sind, weil sie am Heilsgut des Kindersegens keinen Anteil mehr haben können und folglich ihr Name zugrundegeht. Gegen diesen Einwand wird angeführt, daß das Heil ihnen doch zuteil wird, da sie ein Denkmal im Tempel aufstellen und sich dadurch einen besseren Namen, als ihn Söhne und Töchter bieten, verschaffen können. Jahwes Hilfe und Heilstat werden also ganz innerweltlich verstanden. - Daß Jahwe die Fremdlinge, die seinen Sabbath halten, zu seinem heiligen Berg bringt, ist dann auch nicht eschatologisch gemeint[26]. Im Übrigen spricht auch die Aussage, daß ihre Brand- und Schlachtopfer zu Wohlgefallen sein werden, gegen eine eschatologische Deutung, wie Volz bemerkt. - v. 7b „denn mein Haus soll Bethaus genannt werden für alle Völker" klingt wie ein Zitat, ist aber nicht verifizierbar.

Zusammenfassend läßt sich sagen: 56, 1-7 scheint eine Einheit zu sein, die aus drei Elementen besteht:

v. 1: überliefertes Jahwewort,

v. 2: Auslegung dieses Wortes,

v. 3-7: situationsbezogene Anwendung dieser Auslegung.

Das mittlere Glied fand sich in den eingangs behandelten Texten nicht, war dort auch nicht nötig, weil diese Texte in sich klar waren, während 56, 1 zwei Verständnismöglichkeiten birgt.

Gegen diese Deutung von 56, 1-7 scheint zu sprechen, daß dann in v. 4 eine predigthafte Auslegung Tritojesajas durch *ko 'amar Jahwe* eingeführt würde. Aber R. Rendtorff hat ja darauf hingewiesen, daß es Botenformeln gibt, „die vom Überbringer selbst in freier Interpretation seines Auftrags hinzugefügt werden"[27], und in v. 1 verwendet Tritojesaja ja die Botenformel auch nicht in ihrem ursprünglichen Sinn, sondern führt mit ihr überlieferte Formeln ein. Ganz deutlich aber zeigt eine Abwandlung der Botenformel, das in einen Satz eingeschobene *'amar Jahwe*, daß Tritojesaja

---

[25] Vgl. z. B. G. von Rad, Das fünfte Buch Mose, ATD 8, 1964, S. 104 f.
[26] Vgl. Volz, KAT, S. 203 und 206.
[27] R. Rendtorff, Botenformel und Botenspruch, ZAW 74 (1962), S. 165-177; S. 169. Vgl. auch oben S. 9; ferner H. Wildberger, Jahwewort und prophetische Rede bei Jeremia, Zürich 1942, S. 102 ff; C. Westermann, Grundformen, S. 67.

nicht unbedingt das Ergehen eines Wortes von Jahwe her meint, wenn er sagt, Jahwe rede (vgl. 57, 19.21; 65, 7.25; 66, 9.20.21.23).

Jes 58

Daß die Verse 13-14 ein späterer Zusatz sind, wird heute fast allgemein angenommen (z. B. Duhm, Marti, Haller, Fohrer, Elliger)[28]. Nun ist aber zu beachten, daß v. 3b-4 inhaltlich deutlich v. 13-14 entsprechen: in beiden Abschnitten geht es darum, daß man an dem heiligen Tage nicht sein Geschäft treiben soll, in v. 3b-4 am Fasttage, in v. 13-14 am Sabbath. Außerdem aber paßt v. 3b-4 nicht zu v. 5 ff.: in v. 5 ff. wird das Fasten prinzipiell abgelehnt und an seiner Stelle soziales Handeln gefordert; in v. 3b-4 wird bemängelt, daß man am Fastentage sein Geschäft treibt - die Meinung ist offensichtlich, daß man ohne dieses Verhalten so fasten könne, daß in der Höhe die Stimme der Fastenden gehört wird. Deshalb scheint mir v. 3b-4 ebenfalls ein späterer Einschub zu sein, wahrscheinlich von derselben Hand, die v. 13-14 eingefügt hat. Ohne v. 3b-4 besteht die Antwort auf die Frage von v. 3a „Warum fasten wir und du siehst es nicht, kasteien wir uns und du nimmst es nicht zur Kenntnis?" in der Gegenfrage v. 5 „Sieht so ein Fasten aus, das ich akzeptiere ...", die dann in v. 6 dadurch beantwortet wird, daß als das gottgefällige Fasten das soziale Handeln angesehen wird.

> 1) Rufe aus voller Kehle, halte nicht zurück,
> wie eine Posaune erhebe deine Stimme
> und künde meinem Volk ihr Vergehen,
> dem Hause Jakob ihre Sünden.
> 2) Zwar suchen sie mich tagtäglich
> und lieben Kenntnis meiner Wege;
> wie ein Volk, das Gerechtigkeit übt
> und das Recht seines Gottes nicht verläßt,
> so fragen sie mich nach gerechten Gerichten
> und haben sie Gefallen am Nahen Gottes:
> 3) Warum fasten wir und du siehst es nicht,
> kasteien wir uns und du nimmst es nicht zur Kenntnis?
> > Siehe, an eurem Fasttage findet ihr ein Geschäft
> > und treibt all eure Arbeiter an.
> > 4) Siehe, zu Hader und Zwist fastet ihr,
> > zum Schlagen mit ruchloser Faust.
> > Ihr fastet nicht so,

---

[28] Muilenburg allerdings schreibt S. 685 „There is no contradiction between vss. 1-12 and vss. 13-14 of our poem."

daß man in der Höhe eure Stimme hören könnte.
5) Sieht so ein Fasten aus, das ich liebe:
ein Tag, da der Mensch sich kasteit?
Beugen gleich der Binse das Haupt,
in Sack und Asche sich betten:
Willst du das ein Fasten nennen,
einen Tag des Wohlgefallens für Jahwe?
6) Ist nicht das ein Fasten, das ich liebe:
ungerechte Fesseln öffnen,
Bande des Jochs loslassen,
Gebrochene frei entlassen,
daß du jedes Joch zerbrichst;
7) nicht, daß du dem Hungrigen 'dein Brot' brichst
und Obdachlosigkeit ins Haus bringst?
Wenn du einen nackt siehst und ihn kleidest
und dich vor deinem Fleisch nicht verbirgst,
8) dann wird hervorbrechen wie Morgenrot dein Licht
und deine Heilung wird eilends sprossen,
und deine Gerechtigkeit geht vor dir her
und die Herrlichkeit Jahwes schließt den Zug.
9) Dann wirst du rufen und Jahwe wird antworten,
wirst du schreien und er wird sprechen: hier bin ich.
Wenn du entfernst aus deiner Mitte das Joch,
das Fingerausstrecken und Unheilreden,
10) und spendest dem Hungrigen dein Brot
und die gebeugte Seele sättigst,
dann wird aufstrahlen im Finstern dein Licht
und deine Dunkelheit wie der Mittag,
11) und leiten wird dich Jahwe beständig
und sättigen in Dürren deine Seele,
und deine Kraft wird er 'verjüngen'
und du wirst sein wie ein bewässerter Garten
und wie ein Quellort von Wassern,
dessen Wasser nicht trügen.
12) Und bauen werden Leute von dir deine uralten Trümmer,
ewige Gründungen wirst du errichten
und wirst heißen Rissevermaurer,
Wiederhersteller der Pfade zum Wohnen.
  13) Wenn du zurückhältst vom Sabbath deinen Fuß,
  zu tun dein Geschäft an meinem heiligen Tage,
  und nennst den Sabbath eine Wonne,
  und 'den Neumond' Jahwes eine Lust
  und ihn ehrst, nicht zu tun deine Wege,
  nicht zu finden dein Geschäft und zu schwätzen,
  14) dann wirst du deine Lust an Jahwe haben,
  werde ich dich fahren lassen über die Höhen der Erde

und dich essen lassen das Erbe deines Vaters Jakob,
denn der Mund Jahwes hat's geredet.

Nun hat bereits Elliger klar erkannt, daß auch die Verse 6-12 keineswegs einheitlich sind, sondern daß hier zwei parallele Gedankengänge vorliegen: „Dann wird v. 9b-11a dieser Gang noch einmal durchlaufen, aber wohlgemerkt abgekürzt und auch hier und da abgewandelt"[29]. Es ist aufschlußreich, v. 6-9a und v. 9b-12 zu vergleichen:

6) Ist nicht das ein Fasten, das ich liebe: ungerechte Fesseln öffnen, Bande des Jochs loslassen, Gebrochene frei entlassen, daß du jedes Joch zerbrichst;	9b) Wenn du entfernst aus deiner Mitte das Joch, das Fingerausstrecken und Unheilreden,
7) nicht, daß du dem Hungrigen 'dein Brot' brichst und Obdachlosigkeit ins Haus bringst? Wenn du einen nackt siehst und ihn kleidest, und dich vor deinem Fleisch nicht verbirgst,	10a) und spendest dem Hungrigen dein Brot und die gebeugte Seele sättigst,
8a) dann wird hervorbrechen wie Morgenrot dein Licht und deine Heilung wird eilends sprossen,	10b) so wird aufstrahlen im Finstern dein Licht und deine Dunkelheit wie der Mittag,
8b) und deine Gerechtigkeit geht vor dir her und die Herrlichkeit Jahwes schließt den Zug.	11a) und leiten wird dich Jahwe beständig und sättigen in Dürren deine Seele,
9a) Dann wirst du rufen und Jahwe wird antworten, wirst du schreien und er wird sagen: hier bin ich.	11b) und deine Kraft wird er 'verjüngen', und du wirst sein wie ein bewässerter Garten, wie ein Quellort von Wassern, dessen Wasser nicht trügen.
	12) Und bauen werden Leute von dir deine uralten Trümmer, ewige Gründungen wirst du errichten und wirst heißen: Rissevermaurer, Wiederhersteller der Pfade zum Wohnen.

Die Verse 9b-10a entsprechen ziemlich genau v. 6-7. V. 10b dagegen bringt gegenüber v. 8a einen bezeichnenden Unterschied. „Heilung" in v. 8a bezieht sich doch wohl konkret auf die Notlage, die in der Klage v. 3a vorausgesetzt ist: ebenso dürfte dann auch das „Hervorbrechen des Lichts wie Morgenrot" das Ende der Notlage meinen. In v. 10b ist das Konkretum „Heilung" durch die allgemeine Wendung „deine Dunkelheit wie der Mittag" ersetzt, entsprechend muß man wohl „So wird aufstrahlen im Fin-

---

[29] Elliger, Einheit, S. 14; vgl. auch schon Marti, KAT.

stern dein Licht" ebenfalls als grundsätzliche Aussage verstehen. Der Abschnitt v. 9b-12 scheint also die Tendenz zu haben, aus den Wendungen von v. 6-9a grundsätzliche Aussagen zu erheben. - Diese Vermutung wird durch einen Vergleich von v. 8b mit v. 11a zur Gewißheit. In v. 8b wird, wie Zimmerli ausführlich dargelegt hat[30], Jes 52, 12b „denn Jahwe geht vor euch her, und eure Nachhut ist der Gott Israels" zitiert. Das „Bild des wandernden Gottesvolkes" klingt zwar in 58, 8b noch an, ist aber „jetzt in einem übertragenen, bildlichen Sinne zu verstehen", es ist „religiös geheiligte Vokabel geworden". Diese Entwicklung ist in 58, 11a folgerichtig weitergeführt: in der Formulierung „und leiten wird dich Jahwe beständig und sättigen in Dürren deine Seele" sind die Anklänge an die Rückwanderung weggelassen, es geht jetzt ganz allgemein um Jahwes Leitung in den Nöten des Lebens. - Die Wiedergabe von v. 9a in v. 11b zeigt dasselbe Phänomen: v. 9a ist Antwort auf die Klage von v. 3a, v. 11b dagegen bringt eine grundsätzliche Aussage. V. 12 dagegen zieht aus dieser eine Folgerung für die neue historische Situation: „Und bauen werden Leute von dir deine uralten Trümmer, ewige Gründungen wirst du errichten und wirst heißen: Rissevermaurer, Wiederhersteller der Pfade zum Wohnen".

Es scheint mir nach alledem deutlich zu sein, daß für v. 6-9a und v. 9b-12 nicht derselbe Verfasser anzunehmen ist. V. 9b-12 ist eine Auslegung von v. 6-9a, die geradezu als Midrasch bezeichnet werden kann[31].

In Jes 58 sind also drei Schichten greifbar: v. 1-3a.5-9 die prophetische Antwort auf ein Volksklagelied; v. 9b-12 eine midraschartige Auslegung, die zu grundsätzlicheren Aussagen vorzustoßen bemüht ist; v. 3b-4.13-14 eine weitere Hinzufügung, die die grundsätzliche Ablehnung des Fastens in eine bedingte abändert.

G. Fohrer hat darauf hingewiesen, daß von den Propheten „Traditionen nicht nur aufgenommen, sondern gleichzeitig auch neu interpretiert werden, und daß sogar neue Einsichten, die unabhängig von der oder gegen die Tradition gewonnen worden sind, mittels uminterpretierter traditioneller Vorstellungen ausgedrückt werden[32]." Damit dürfte im großen und ganzen das Verhältnis der Propheten zu ihren Traditionen treffend be-

---

[30] Gottes Offenbarung, S. 219 ff.
[31] Vgl. H. L. Strack, Einleitung in den Talmud, 1908[4], S. 8 und 5; E. Groß, Art. Midrasch in RGG[3] IV, Sp. 940 f.
[32] G. Fohrer, ZAW 73 (1961), S. 24 f.

schrieben worden sein[33]. Dann aber ist deutlich, daß Tritojesaja kaum Prophet genannt werden darf. Für ihn ist die Tradition, wenigstens zum Teil, so fest geronnen, daß sie nicht uminterpretiert, sondern nur interpretiert werden kann. Wenn man nun Tritojesaja, wie seit Duhm fast allgemein üblich ist, an den Propheten, besonders an Deuterojesaja mißt, muß er als stümperhafter, beschränkter Epigone erscheinen. Damit aber wird man ihm einfach nicht gerecht; man muß sehen, daß mit ihm eine neue Epoche anbricht: die schriftgelehrte Auslegung, die die Tradition als feste, unveränderliche Größe ansieht.

Es bleibt die Aufgabe, die Art der Auslegung Tritojesajas näher zu beschreiben. Dazu ist aber die Grundlage der bisher behandelten Texte zu schmal, zumal sich m. E. zeigen läßt, daß in den Kapiteln 60, 61, 65 und 66 ähnliche Erscheinungen aufweisbar sind wie in den behandelten Texten. Die Analyse dieser Texte sowie die grundsätzliche Behandlung der Auslegungsmethode Tritojesajas sollen, da sie den Rahmen dieses Aufsatzes sprengen würden, an einem anderen Ort geboten werden. Um Mißverständnissen vorzubeugen, soll aber jetzt schon gesagt werden, daß Auslegung bei Tritojesaja natürlich nicht historisch-kritische Auslegung in unserem Sinne meint, sondern daß wie in Qumran auch bei ihm „nicht der Zusammenhang des Textes, sondern der Zusammenhang der Auslegung, d. h. der eigenen Gedanken des Auslegers den Sinn des Textes bestimmt"[34].

---

[33] Doch vgl. auch F. Hesse, Amos 5, 4-6, 14 f., ZAW 68 (1956), S. 1-17.
[34] K. Elliger, Studien zum Habakuk-Kommentar vom Toten Meer, BHTh 15, 1953, S. 142.

Das Rätsel Deuterojesaja[1]

Rätsel, immer wieder diskutierte Probleme, gibt es viele in der zweiten Hälfte des Jesajabuches, im sogenannten Deuterojesaja. Bilden die Kapitel 40-66 eine Einheit - oder muß man ab Kap. 56 einen Tritojesaja annehmen? Muß man vielleicht sogar zwischen den Kapiteln 48 und 49 einen Trennungsstrich ziehen? Wo sind die Kapitel 40-55 verfaßt worden? In Babylon, in Jerusalem, in Ägypten, am Libanon? All diese Orte sind mit mehr oder weniger guten Gründen vorgeschlagen worden. Weshalb sind eigentlich die Kapitel 40-66 an 1-39 angehängt worden, warum hat man aus ihnen kein selbständiges Buch gemacht? Daß hier mehr als ein Buchbinderproblem vorliegt[2], ist doch wohl anzunehmen. Ist der Verfasser der Kapitel 40-55 mehr Prophet, mehr Dichter oder mehr Schriftsteller? All diese Fragen und noch etliche mehr sind immer wieder diskutiert worden, und gar die Abhandlungen über das größte Rätsel des deuterojesajanischen Buches, über die Gottesknechtslieder, füllen inzwischen schon eine kleine Bibliothek.

Doch keines dieser Rätsel soll uns heute beschäftigen - ich will vielmehr ihre Zahl noch vergrößern, indem ich Deuterojesaja selbst zum Rät-

---

[1] Der Text bietet die geringfügig veränderte Fassung meiner öffentlichen Antrittsvorlesung an der Kirchlichen Hochschule Berlin vom 25.10.1967. Ich habe weitere zehn Jahre mit der Veröffentlichung gewartet, weil mir aus zahlreichen Gesprächen deutlich geworden war, wie leicht meine Argumente unter der vorherrschenden Annahme einer prophetischen Persönlichkeit „Deuterojesaja" mißverstanden werden können. Diese Befürchtung ist jetzt durch Horst Dietrich Preuß bestätigt worden, dem ich ein Manuskript des Vortrages geschickt hatte und der als meine Thesen darstellt, daß „die Abhängigkeit von bestimmten Gattungen oder gar deren Nachahmung die Annahme einer Einzelpersönlichkeit als des ‚Verfassers' dieser abhängigen Texte ausschlösse." (Vgl. Horst Dietrich Preuß, Deuterojesaja. Eine Einführung in seine Botschaft, 1976, S. 24f.) In der Tat wäre eine solche Behauptung „weder in sich notwendig noch zwingend" (a.a.O., S. 25) - nur: ich habe sie nie aufgestellt! Zum Beweis dessen habe ich mich entschlossen, die Vorlesung im Wesentlichen in der damals gehaltenen Fassung zu veröffentlichen, zumal eine Einarbeitung der seither erschienenen Literatur nach meinem Urteil an der Fragestellung nichts ändern würde.

[2] Walter Baumgartner soll auf die Frage Karl Barths, weshalb denn eigentlich Deuterojesaja an Protojesaja angefügt sei, geantwortet haben: „Das ist ein Buchbinderproblem."

sel erkläre. Die These, die ich im folgenden vortragen will, ist gewagt und wird sicherlich auf Widerspruch stoßen. Für wie gewagt ich selber sie halte, mögen Sie daraus ersehen, daß ich seit etwa zehn Jahren zögere, sie der scharfäugigen Kritik auszusetzen. Inzwischen aber ist sie mir bei wiederholter Überprüfung so diskutabel erschienen, daß ich sie in die rauhe Luft der Wissenschaft entlassen will.

1775 vertrat Johann Christoph Döderlein die These, daß die Kapitel 40-66 von 1-39 zu trennen seien; sie seien gegen Ende des Exils von einem Anonymus oder einem Homonymus, also einem ebenfalls Jesaja genannten Seher, verfaßt worden. „Quod quidem nullo periculo, multo autem commodo statuitur"[3] (Für diejenigen, die ihr Latinum noch nicht oder schon zu lange hinter sich haben, eine Übersetzung: „Das kann ohne jegliche Gefahr, dafür aber mit großem Nutzen festgestellt werden."). Dieser Satz Döderleins mag uns in Erinnerung rufen, daß es in der historischen Wissenschaft, zu der die Auslegung des Alten Testaments ja gehört, nie um letztgültige Wahrheiten, sondern immer nur um historische Wahrscheinlichkeitsurteile geht, die im Idealfall einen an Sicherheit grenzenden Grad von Wahrscheinlichkeit erreichen können. Immer aber muß sich ein historisches Urteil, wie allgemein anerkannt es auch sein mag, im Sinne des Döderleinschen Satzes die Frage nach periculum und commodum gefallen lassen.

Die commoda der Döderleinschen These sind überzeugend, denn sie beseitigen etliche Schwierigkeiten des Jesajabuches:

1. Ab Kap. 40 ist deutlich die Situation des Exils vorausgesetzt. So findet sich z.B. Kap. 47 ein Spottlied auf den 539 erfolgten Fall Babylons, in 48,28; 45,1 wird der Perserkönig Kyros genannt, der von 559-530 regierte, während Jesaja in den Jahren 740-701 wirkte.

2. Der sprachliche Stil der Kapitel 40-66 unterscheidet sich ganz wesentlich von dem Jesajas. Bei Jesaja kurze, nüchterne Sätze, ab Kap. 40 eine so bilderreiche, phantasievolle Sprache, daß ein Kommentator[4] hier anerkennend von einem „Produkt alttestamentlicher Glossolalie" spricht.

3. Die ab Kap. 40 sich aussprechende Theologie ist mit der Jesajas kaum zu vereinen. Bei Jesaja steht das Gericht im Zentrum seiner Botschaft, Heil

---

[3] Zitiert nach Ludwig Köhler, Deuterojesaja stilkritisch untersucht (BZAW 37), 1923, S. 1.

[4] Vgl. Franz Delitzsch, Biblischer Commentar über den Propheten Jesaja (BC III, 1), 3. Aufl. 1879, S. 412.

gibt es nur für die, die umkehren. Ab Kap. 40 kommt das Heil ohne Bedingung zu den Israeliten, weil sie bereits übergenug (ein Doppeltes 40,2) für ihre Sünden gelitten haben.

So ist es nicht verwunderlich, daß sich die Döderleinsche These schnell durchgesetzt hat und heute als allgemein anerkannt gelten darf.

Nicht ganz so allgemein anerkannt ist die 1892 von Bernhard Duhm[5] vorgetragene These, daß in den Kapiteln 56-66 die nachexilische Zeit vorausgesetzt und also hier neben Deuterojesaja, wie man den Verfasser der Kapitel 40-55 zu nennen sich inzwischen gewöhnt hat, auch noch ein Tritojesaja anzusetzen sei. Immerhin hat sich heute die Mehrheit der Forscher der These Duhms angeschlossen - auch mir erscheint sie einleuchtend, und so schließe ich mich hier ebenfalls an, ohne ihre commoda zu erörtern. Wir werden also im folgenden nur die Kapitel 40-55 unserer Betrachtung zugrundelegen.

Die These Döderleins hat so viele commoda, daß neben ihnen eine Unbequemlichkeit kaum ins Gewicht zu fallen scheint: Von Deuterojesaja selbst erfahren wir in den ihm zugeschriebenen Stücken schlechterdings nichts. Selbst sein Name ist verschollen und muß durch ein wissenschaftliches Kunstprodukt ersetzt werden; keiner seiner Sprüche hat eine einleitende Bemerkung, die uns über den Verfasser und die Situation Aufklärung geben könnte. Deuterojesaja tritt ganz hinter seinen Worten zurück, er hat sich gewissermaßen in seinen Worten versteckt - und es hat die Kommentatoren immer wieder gereizt, ihn aus diesem Versteck herauszulocken und ein geistiges Portrait dieses großen Unbekannten aus seinem Werk zu rekonstruieren. Die Ergebnisse sind freilich nicht gerade ermutigend.

So schreibt etwa Bernhard Duhm: „Fern vom wirklichen Volk ist er nicht mehr Prophet wie die alten von Amos bis auf Jeremia, kann nicht in öffentlicher Rede eine Volksgemeinde zum Handeln auffordern oder auch vom Handeln abmahnen, die schlechten Elemente angreifen, die sozialen Mißstände rügen, die Niederen gegen die Gewalthaber in Schutz nehmen; er kann nur schreiben, er wird Schriftsteller wie Hesekiel. Aber freilich ein ganz anders gearteter Schriftsteller. Denn wie Hesekiel Priester, Schriftgelehrter, Apokalyptiker ist und darum in Prosa schreibt, so ist er ein *Poet*, ein Dichter mit reicher Phantasie, mit idealistischem Hochflug der Gedanken, mit einem beweglichen, sanguinischen Temperament, stets pathetisch, oft überschwenglich, laut und geräuschvoll, bisweilen ungestüm, und dann

---

5   Bernhard Duhm, Das Buch Jesaja (HK III, 1), 1892.

wieder voll weicher, warmer, liebkosender Worte für ‚Jakob', für Jahwes Liebling, für das ‚Frömmchen'. ... Unwillkürlich nennt man ihn zuerst einen Dichter. Aber er will ein *Prophet* sein." Es ist aber „nicht zu verkennen, daß er von den alten Propheten, die ‚die Hand packte', die unter dem göttlichen Druck sich wanden und wehrten, stark abweicht und oft die Grenze, die den Propheten vom Dichter scheidet, überschreitet. Gewiß darf man nicht an seiner Überzeugung zweifeln, daß er höhere Stimmen gehört hat, gewiß hat er oft unter dem Sternenhimmel oder am Meer oder beim Eintreffen neuer Nachrichten vom Siegesflug des Cyrus starke Eindrücke empfangen, die er auf die göttliche Einwirkungen zurückführte, aber wenn er am Schreibtische saß, gab doch manchmal ein Wort das andere und vermehrte die Phantasie und das überquellende Gefühl des Dichters das Empfangene in dem Maße, daß Dichtung und Beredtsamkeit den prophetischen Kern überwuchert. Nur ist dieser Dichter von einer so echten, kindlich großen Naivität, daß wir selbst da, wo wir uns zu einer Kritik seiner kühnen Behauptungen angereizt fühlen, uns sagen, auch diese, mag sein nur dichterische, Inspiration hat prophetischen Wert, auch der Dichter kann, wenn er echt ist, ein Mund Gottes sein."[6]

Ähnliche Erörterungen mit nicht viel geringerem Aufwand an Phantasie finden sich auch noch bei anderen Kommentatoren. So ist z.B. für Paul Volz Deuterojesaja der „geistige Führer der Verbannten", den man „mit einem gewissen Recht den Begründer der Synagoge nennen" dürfe und der obendrein durch seine Wendung zu den Heiden „der erste Missionar" geworden sei[7]. Sein Bild unterscheidet sich also recht kräftig von dem am Libanon am Schreibtisch dichtenden Deuterojesaja Duhms, und bei näherem Zusehen kommt man nicht um die Feststellung herum, daß jeder Forscher sich anscheinend sein eigenes Deuterojesajabild entsprechend seinem Ideal einer großen Persönlichkeit entwirft. Über all solche Versuche urteilte Wilhelm Caspari 1934: „Keinem Porträtisten Dtjes's fehlten Pinsel Palette Farben Divination, nur - der Nagel zum Aufhängen des Gemäldes."[8]

Otto Eißfeldt schreibt 1964 zunächst noch ganz im Sinne Duhms: „Man wird sich das Auftreten des Propheten auch ganz anders denken müssen

---

[6] Bernhard Duhm, Israels Propheten, 2. Aufl. 1922, S. 291-293.
[7] Paul Volz, Jesaja II (KAT IX), 1932, S. XVI, XVII und XVIII.
[8] Wilhelm Caspari, Lieder und Gottessprüche der Rückwanderer (BZAW 65), 1934, S. 228.

als das seiner Vorgänger. Sind bei diesen bestimmte Anlässe ihres Auftretens teils überliefert ..., teils mit Sicherheit zu erschließen ..., so enthalten c. 40-55 nicht einen einzigen Hinweis auf eine konkrete Gelegenheit der Verkündigung, und sie gestatten auch keine Rekonstruktion einer solchen. Es ist daher sehr fraglich, ob man sich Deuterojesaja überhaupt als ‚Redner' vorstellen darf. Die ganze Art seiner Dichtungen läßt eher an das unsichtbare Publikum des Schriftstellers denken als an eine vor dem Redner sitzende Hörerschaft." Dann aber fährt er fort: „Indes ist eine sichere Entscheidung hier nicht möglich; sie würde auch das Verständnis der Gedichte kaum fördern."⁹ Der letzte Satz Eißfeldts läßt eine grundsätzliche Skepsis gegenüber Wiederbelebungsversuchen à la Duhm anklingen, und eine solche findet sich heute in zunehmendem Maße in neueren Arbeiten über Deuterojesaja. So schreibt z.B. de Boer 1956: „Nothing is known of Second-Isaiah's personal life. The portrait that can be painted on the basis of his preaching remains sketchy."[10]

Diese Skepsis dürfte damit zusammenhängen, daß sich durch die Anwendung der form- und überlieferungsgeschichtlichen Methode auf Deuterojesaja in den letzten dreißig Jahren immer deutlicher ein ganz überraschendes Ergebnis herausgeschält hat: Gerade die Wendungen, die die Älteren als Ausdruck charakteristischer deuterojesajanischer Eigenart ansahen, sind weitgehend traditionsbedingt. So schreibt etwa Claus Westermann 1966 in seinem Kommentar: „Eines der wesentlichsten Merkmale der Prophetie Deuterojesajas besteht in der Verbindung der Prophetie mit der Psalmensprache. Der Prophet muß in ganz besonderem Maße mit den Psalmen vertraut gewesen sein." Nach Westermann ist es „immerhin möglich, daß Deuterojesaja in einem Zusammenhang mit den Tempelsängern steht, denen insbesondere die Pflege und Tradierung der Psalmen oblag. Das Werk Deuterojesajas wäre dann die schönste Bestätigung dafür, daß die Psalmen nicht in der Isolierung eines kultischen Bereichs, sondern in der Mitte des Gottesvolks ihren Ort hatten, von wo sie in alle Bereiche hineinreichten. Nur so war es möglich, daß Deuterojesaja seine das ganze Leben des Volkes umspannende Heilsbotschaft in so hohem Maße in die Sprache der Psalmen prägen konnte."[11] Aufgrund solcher Erkenntnisse kam von Rad schon 1960 zu der Feststellung: „Auch bei seinem (sc. Deu-

---

9 Otto Eißfeldt, Einleitung in das Alte Testament, 3. Aufl. 1964, S. 457.
10 P.A.H. de Boer, Second-Isaiah's Message (OTS XI), 1956, S. 118.
11 Claus Westermann, Das Buch Jesaja Kapitel 40-66 (ATD 19), 1966, S. 11.

terojesajas) Stil liegen die Dinge etwas anders als bei Jesaja, wo wir vom Stil glaubten auf den außergewöhnlichen Menschen rückschließen zu dürfen; denn das hohe Pathos, in dem Deuterojesajas Rede einhergeht, die rhetorische Fülle, unter deren Bann jeder Leser geraten muß, lehnt sich stark an die Diktion des Hymnus und anderer kultischer Formen an und hat in dem Maße doch etwas Überpersönliches."[12]

Gerade die Wendungen also, in denen Duhm die unverwechselbare Handschrift des Dichters Deuterojesaja finden wollte, sind nach dem Urteil der neueren Forschung traditionsbedingt, gerade sie haben nach dem zweifellos zutreffenden Diktum von Rads „etwas Überpersönliches"! Damit muß der Versuch, diesen geheimnisvollen Unbekannten aus seinem Werk wiederzugewinnen, als gescheitert angesehen werden. Das Rätsel Deuterojesaja, das bei Duhm schon fast gelöst zu sein schien, ist geheimnisvoller als je zuvor. Wir können die Persönlichkeit Deuterojesajas nicht greifen, der Nebel der Anonymität will sich nicht lichten.

Eine kühne exegetische These bedarf allerdings noch der Erwähnung. Sigmund Mowinckel[13] und nach ihm viele andere[14] wollen in dem vieldiskutierten Ebed der Gottesknechtslieder Deuterojesaja finden. In diesem Falle hätten wir endlich den von Caspari vermißten Nagel zum Aufhängen eines Gemäldes: Deuterojesaja wäre dann ein als Märtyrer gestorbener großer Prophet, wie vor allem aus Kap. 53 zu schließen wäre. Doch ist diese Theorie keineswegs allgemein als Ei des Kolumbus begrüßt worden, und mir scheint, daß man bei *dieser* Kombination von Ebedliedern und Deuterojesaja in verstärktem Maße das bedenken muß, was Julius Wellhausen gegen die individuelle Deutung der Gottesknechtslieder eingewandt hat: „Die Annahme ist abenteuerlich, daß im Exil ein unvergleichlicher Prophet, womöglich von seinen eigenen Landsleuten, zum Märtyrer gemacht, dann aber verschollen wäre."[15] Ob man sich diesem Urteil Wellhausens anschließen will oder nicht - auf jeden Fall bedarf die Mowinckelsche Kombination einer Überprüfung, nachdem Otto Kaiser wieder beacht-

---

[12] Gerhard von Rad, Theologie des Alten Testaments, Bd II, 1960, S. 252.
[13] Vgl. Sigmund Mowinckel, Der Knecht Jahwäs, Gießen 1921.
[14] Genannt seien ohne Anspruch auf Vollständigkeit Hermann Gunkel, Hans Schmidt, Emil Balla, Ernst Sellin, Paul Volz, Karl Elliger, Georg Fohrer.
[15] Julius Wellhausen, Israelitische und jüdische Geschichte, 4. Ausgabe 1901, S. 159, Anm. 1.

liche Argumente für eine kollektive Deutung des Gottesknechtes beigebracht hat[16].

Die Schwierigkeiten, ein Bild Deuterojesajas zu zeichnen, sind entgegen den ursprünglichen Erwartungen im Verlauf der alttestamentlichen Forschung so sehr gewachsen, die entworfenen Bilder sind unter sich so unterschiedlich, daß es mir an der Zeit zu sein scheint, eine Frage zu stellen und zu diskutieren, die manchem sicherlich reichlich kühn vorkommen wird: Hat es überhaupt einen Menschen Deuterojesaja gegeben - oder müssen wir ihn als ein Geschöpf der Ausleger ansehen, als einen Homunculus, der zwar zweihundert Jahre lang durch die wissenschaftlichen Werke gegeistert ist, der aber jetzt am besten wieder in der Versenkung verschwinden sollte.

Die Frage ist nicht neu: 1934 hat Wilhelm Caspari sie schon einmal gestellt und so zu beantworten versucht, daß die Kapitel 40-55 als Lieder und Gottessprüche der Rückwanderer anzusehen seien.[17] Caspari hat m.E. das Problem richtig gesehen - aber sein Lösungsvorschlag ist so skurril, daß er eine sachgemäße Erörterung des Problems geradezu verhindert hat; in die Nähe Casparis wollte offensichtlich niemand geraten. Bezeichnend sind die sarkastischen Bemerkungen von Georg Fohrer: „Ganz anders gliedert W. Caspari Jes 40-55 ein. Den einheitlichen Sprachgebrauch sucht er, so weit er nicht bloßer Schein ist, auf schriftgelehrte Bearbeitung zurückzuführen, so daß er von einem persönlichen, einheitlichen Verfasser absehen kann. Vielmehr liegt eine Sammlung von ‚prophetischen' Aussprüchen und Liedern der Heimkehrer unter Kyrus vor, für deren langen Rückweg das Marschlied die ‚selbstverständliche Gattung' ... gewesen sei. Offenbar sind die Deportierten kompanieweise unter Führung bewährter Hauptfeldwebel nach Palästina marschiert."[18] Der Sarkasmus dürfte berechtigt sein - Casparis These ist nicht akzeptabel. Das gilt aber nur für seine Antwort und nicht für seine Fragestellung. Sie wollen wir jetzt also wiederaufnehmen. Was spricht dafür, daß eine Persönlichkeit „Deuterojesaja" als Verfasser von Jes 40-55 anzunehmen ist?

Die commoda der Döderleinschen These bestanden darin, daß sie gegenüber den echten Jesajaworten die veränderte historische Lage, den an-

---

[16] Otto Kaiser, Der Königliche Knecht (FRLANT 70), 2. Aufl. 1962.
[17] Vgl. Anm. 8.
[18] Georg Fohrer, Neuere Literatur zur alttestamentlichen Prophetie, ThR 19 (1951), S. 277-346, hier S. 300f.

dersartigen Stil und die andersartige Theologie von Jes 40-55 erklären konnten. Diese drei Punkte zusammen erfordern zwingend die Annahme, daß die Kapitel Jes 40-55 erst im Exil entstanden sind und also nicht von Jesaja stammen können. An dieser Stelle des Beweisganges aber kommt dann als nächster Schritt: Wenn die Kapitel nicht von Jesaja stammen, sondern erst im Exil entstanden sind, müssen sie also von einem im Exil wirkenden unbekannten Propheten verfaßt worden sein, eben von Deuterojesaja. Wir müssen uns klarmachen, daß diese Annahme nicht notwendig aus den Voraussetzungen folgt; m.E. spielt hier zweifellos die unbewußte, jedenfalls nicht ausgesprochene Überzeugung, nur eine schöpferische Persönlichkeit könne ein so großartiges Werk schaffen, die entscheidende Rolle.

Nun aber haben wir in den letzten fünfzig Jahren erlebt, daß durch die Gattungsforschung der Begriff der schöpferischen Persönlichkeit, des „Dichters", als Erklärungsprinzip für die Psalmen weitgehend aufgegeben werden mußte. Die Psalmen sind nicht länger lediglich als Produkte freischaffender Dichter zu verstehen, sondern ergeben sich in Form und Inhalt weitgehend aus ihrem Sitz im Leben. In analoger Weise sind neuerdings Versuche unternommen worden, die prophetische Botschaft etwa eines Amos von einem vorgegebenen Amt her zu erklären, wobei dann natürlich die Persönlichkeit eines Amos in dem Maße an Bedeutung verliert, wie seine Traditionsgebundenheit wächst. Wahrscheinlich sind hier einige Forscher in einer Gegenbewegung gegen die vorher herrschende Betonung der prophetischen Persönlichkeiten zu weit gegangen[19] - aber aufs Ganze gesehen ist es doch unverkennbar, daß die Propheten heute nicht mehr so wie früher als die großen Neuschöpfer verstanden werden können, sondern in viel stärkerem Maße traditionsgebunden reden.

Diese allgemeine Lage der Forschung ermöglicht nun eine unbefangene Prüfung unseres Problems. Bisher erschien nämlich die Annahme einer Verfasserpersönlichkeit „Deuterojesaja" als so selbstverständlich, daß einer eventuellen Bestreitung die Beweislast zufallen mußte. Jetzt hingegen, wo der Gang der Forschung die Annahme einer schöpferischen Persönlichkeit nicht mehr unbedingt[20] als die selbstverständliche Annahme for-

---

[19] Hierzu vgl. z.B. Rudolf Smend, Das Nein des Amos, EvTh 23 (1963), S. 404-423.
[20] Um Mißverständnisse zu vermeiden, sei noch einmal (vgl. Anm. 1!) gesagt: Ich will nicht behaupten, daß die Abhängigkeit von bestimmten Gattungen die Annahme einer Einzelpersönlichkeit als eines Verfassers ausschlösse! Wohl aber meine ich, daß man dann, wenn man eine Wendung als traditionsbedingt erkennt, sie nicht unbedingt als

dert, müssen wir voraussetzungslos prüfen, was in Jes 40-55 für oder gegen die Annahme einer Verfasserpersönlichkeit Deuterojesaja spricht. Denn zwingend ließ sich aus den bisher besprochenen commoda der Döderleinschen These ja nur folgern, daß diese Kapitel aus der Exilszeit und nicht von Jesaja stammen. Was läßt sich also anführen, um die negative Feststellung „nicht von Jesaja" umzuwandeln in die positive „von einer Person Deuterojesaja"? Wir betrachten unter dieser Fragestellung im folgenden drei Problemkreise:
1. das Problem der literarischen Einheit von Jes 40-55,
2. das Problem eines einheitlichen Stils und
3. das Problem einer einheitlichen Theologie.

1. Das Problem der literarischen Einheit von Jes 40-55

1914 schrieb Hugo Greßmann einen Aufsatz[21], in dem er zu zeigen unternahm, daß eine formgeschichtliche Betrachtung des Deuterojesajabuches zur Erkenntnis von etwa 50 ursprünglich selbständigen Einheiten führt. Das Buch Deuterojesaja kann also nicht von vornherein als Buch in unserem Sinne konzipiert worden sein. Auch Ludwig Köhler[22] erörterte diese Frage nicht, in einer an Greßmann angelehnten Betrachtungsweise fand er etwa 70 Einzelworte, die durch einen typisch deuterojesajanischen Stil untereinander verbunden sind. Sigmund Mowinckel[23] fragte hier weiter; er wollte 1931 zeigen, daß ein Sammler etwa 40-50 ursprünglich selbständige Gedichte nach Stichwortassoziationen aneinandergereiht habe. Gegen Mowinckel versuchte Karl Elliger 1933[24], an einigen Stellen auch einen sachlichen Zusammenhang der ursprünglich selbständigen Stücke anzunehmen, der nach ihm allerdings nur zum Teil von Deuterojesaja selbst, zum Teil aber auch von Tritojesaja stammen soll, der das Werk Deuterojesajas bearbeitet habe und von dem auch einige Texte in Jes 40-55 stam-

---

Produkt einer schöpferischen Persönlichkeit ansehen muß, wenn man sonst keinerlei Nachricht von einer solchen hat.
21 Hugo Greßmann, Die literarische Analyse Deuterojesajas, ZAW 34 (1914), S. 254-297.
22 Ludwig Köhler, Deuterojesaja stilkritisch untersucht (BZAW 37), 1923.
23 Sigmund Mowinckel, Die Komposition des deuterojesajanischen Buches, ZAW 49 (1931), S. 87-112 und 242-260.
24 Karl Elliger, Deuterojesaja in seinem Verhältnis zu Tritojesaja (BWANT IV, 3), 1933.

men sollen. Neuerdings versuchen James Muilenburg[25] und Claus Westermann[26] größere Kompositionseinheiten aufzuzeigen.

Aber auch wenn die Versuche von Muilenburg und Westermann in Zukunft Anerkennung finden sollten, ist doch seit Greßmanns Anwendung der formgeschichtlichen Methode klar, daß in Jes 40-55 zahlreiche ursprünglich selbständige Einheiten zusammengestellt sind. Die Frage nach der literarischen Einheitlichkeit Deuterojesajas kann deshalb heute nur noch die Frage nach einer eventuellen sinnvollen Komposition dieser Einheiten sein, nicht aber die Frage nach einer ursprünglich konzipierten literarischen Einheit des Gesamtbuches. In diesem Sinn schrieb Elliger: „Es ist das Verdienst Greßmanns, als proton Pseudos aller Versuche, Jes 40-55 ganz oder teilweise als geschlossene Einheit zu verstehen, das Hängen am Begriff der Bucheinheit nachgewiesen und diese Vorstellung gründlich zerstört zu haben."[27]

Die Prüfung der literarischen Komposition ergibt also kein eindeutiges Ergebnis für oder gegen eine einheitliche singuläre Verfasserpersönlichkeit. Zwingend könnte für eine solche nur geltend gemacht werden, daß Jes 40-55 als von Anfang an einheitlich konzipiertes Werk anzusehen sei - gerade das aber ist nicht der Fall. Andererseits kann man auch aus der Erkenntnis, daß hier eine Sammlung von ursprünglich selbständigen literarischen Einheiten vorliegt, kein Argument gegen die Annahme einer einzigen Verfasserpersönlichkeit herleiten, denn selbstverständlich können auch verschiedene ursprünglich selbständige literarische Einheiten von einem einzigen Verfasser stammen. Ebenso ergebnislos für unsere Fragestellung ist das Problem, ob eine zufällige Zusammenstellung von Einzelstücken vorliegt oder ob sich sekundäre Ordnungsprinzipien aufzeigen lassen. Denn sekundäre Ordnungsprinzipien können ja ebensogut von einem Bearbeiter (Sammler) wie von einem Verfasser stammen.

---

[25] James Muilenburg in: Interpreter's Bible, New York 1956.
[26] Claus Westermann, Das Buch Jesaja Kapitel 40-66 (ATD 19), 1966.
[27] A.a.O., S. 222.

2. Das Problem eines einheitlichen Stils

Wir hatten schon gesehen, daß für die älteren Forscher, z.B. für Duhm und Köhler, die Eigenart des Dichterpropheten Deuterojesaja in seinem unverwechselbar typischen Stil am klarsten zutage tritt. Andererseits war gesagt worden, daß die neuere Forschung gerade bei Deuterojesaja eine starke Abhängigkeit von der Psalmensprache finden will, was von Rad ja zu der Feststellung veranlaßt hat, die rhetorische Fülle Deuterojesajas lehne sich stark an die Diktion des Hymnus und anderer kultischer Formulare an und zeige in dem Maße doch etwas Überpersönliches. Betrachten wir dieses Problem im folgenden nun etwas näher!

Die wohl gründlichste Untersuchung über den Stil Deuterojesajas ist 1933 von Karl Elliger vorgelegt worden[28]. Er hat einen typisch deuterojesajanischen Stil herauszuarbeiten versucht, mußte dann allerdings aus den Kapiteln 40-55 etliche Stücke ausscheiden, die nach ihm nicht deuterojesajanischen, sondern tritojesajanischen Stil zeigen. Dieses Verfahren hat den Widerspruch von Joachim Begrich hervorgerufen, der 1938 folgendes schrieb: Gerade von den Gattungsbeobachtungen aus „sind aber Bedenken anzumelden gegen den Versuch, allein von stilistischen Anzeichen aus zur Unechtheitserklärung verschiedener Texte zu kommen. Das Recht der Methode ist grundsätzlich nicht zu bestreiten. Es kommt für die Handhabung nur darauf an, daß man sich nicht auf eine Statistik der Worte und Wendungen beschränkt und vor allem sie nicht zu früh anwendet. Daß Texte wie 51,9-16 und 52,13-53,12, um nur diese Beispiele herauszugreifen, mannigfach ihre sprachliche und phraseologische Sonderstellung unter den Texten Deuterojesajas einnehmen, ist richtig beobachtet. Aber wie ist das zu erklären? Einfach aus der Tatsache, daß hier im Klage- und Danklied, wo der Prophet auf das eigene Ergehen zu sprechen kommt, die den Gattungen eigenen Stoffe und Wendungen auftreten, welche aufzunehmen sonst für ihn kein Anlaß besteht."[29] Die Argumentation Begrichs ist einleuchtend - nur hat er sie leider nicht konsequent angewendet. Denn wenn stilistische *Unterschiede* bei Deuterojesaja durch den Hinweis auf die Verwendung von bestimmten Gattungen, die eben ihre eigenen Stoffe und Wen-

---

[28] Vgl. Anm. 24.
[29] Joachim Begrich, Studien zu Deuterojesaja (BWANT IV, 25), 1938, S. 59f. = Studien zu Deuterojesaja (ThB 20), 1963, S. 66.

dungen haben, erklärt werden können, dann muß doch auch gefragt werden, ob nicht die ansonsten konstatierbaren *Gemeinsamkeiten* sich ebenfalls aus der Verwendung von bestimmten Gattungen oder Redeformen erklären lassen. Die Methode, die für die stilistischen Abweichungen recht ist, muß doch auch für die stilistischen Übereinstimmungen billig sein.

Begrich selber hat hier wesentliche Vorarbeiten geleistet, z.B. mit seiner Wiederentdeckung des priesterlichen Heilsorakels[30]. Er hat gezeigt, daß der jähe Stimmungsumschwung, der sich in etlichen Psalmen findet, dadurch zu erklären ist, daß in diesen Psalmen zwischen der Bitte des Psalmisten und der sogenannten Gewißheit der Erhörung ein Heilsorakel anzusetzen ist, das von einem Priester im Namen Jahwes gesprochen worden ist. Ein rückschauender Bericht auf ein solches Heilsorakel findet sich Thr 3,57:

Du nahtest dich am Tag, da ich rief,
du sprachest: fürchte dich nicht!

Das Heilsorakel hat also mit der Wendung „Fürchte dich nicht!" begonnen, die folglich als Indiz für das Vorliegen eines Heilsorakels gelten kann. Begrich stützt seine Untersuchung zu den Psalmen entscheidend durch die Einbeziehung Deuterojesajas: „Deuterojesaja, von dem ja auch sonst bekannt ist, welch tiefgehender Einfluß von der Psalmendichtung auf seine prophetische Rede ausgegangen ist, hat das priesterliche Heilsorakel mit bewußter Absicht aufgenommen und als eine geeignete Form seiner Botschaft an sein Volk verwendet. Ermöglicht wurde ihm dies durch die Einführung Israels als einer Einzelperson, ein Kunstmittel, durch welches auch andere vor ihm und nach ihm Gattungen der individuellen Lyrik zu einer wirkungsvollen Form des Ausdrucks für das Leben und die Regungen ihres Volkes zu machen verstanden haben. Aus der bewußten Nachahmung erklärt sich, daß in vielen seiner Worte die übernommene Gattung bis in die Einzelheiten erkennbar wird. ... Daß die angegebenen prophetischen Worte wirklich Nachahmungen des priesterlichen Heilsorakels sind, wird meines Erachtens dadurch bewiesen, daß der Aufbau der Einheiten als ganzer, ihre Stimmung, ihre einzelnen Formen und Inhalte sich abhängig und bestimmt zeigen von der Situation, die eingangs angedeutet wurde: Wenn ein einzelner, der im Heiligtum mit seinem Klagelied vor Jahwe getreten ist, seine Klagen und Bitten erschöpft hat, so tritt ein Priester auf,

---

[30] Joachim Begrich, Das priesterliche Heilsorakel, ZAW 52 (1934), S. 81-92 = Gesammelte Studien zum Alten Testament (ThB 21), 1964, S. 217-231.

der, vielleicht auf Grund eines Opferbescheides, sich an den Beter mit dem Orakel Jahwes wendet und, auf sein Klagen und Bitten bezugnehmend, ihm die Erhörung seines Gottes zusichert."[31] Im weiteren Verlauf seiner Untersuchungen führt dann Begrich noch den Nachweis, daß dem Klagelied und dem priesterlichen Heilsorakel bei Deuterojesaja „der gleiche Stoff, und zwar bis in die Einzelheiten hinein, gemeinsam ist."[32]

Ich habe diese Darlegungen Begrichs so ausführlich zitiert, weil sie nach meinem Urteil die wichtigste Wende der Deuterojesajaforschung seit Duhms Abtrennung des Tritojesaja markieren. Das große, schöne Standbild des Dichters Deuterojesaja erhält einen ersten Stoß und fängt sachte an zu wackeln. Plötzlich haben wir nicht mehr einen freischaffenden, aus der Tiefe seiner Persönlichkeit schöpfenden Dichter, sondern - man höre und staune! - den Nachahmer einer priesterlichen Gattung! Ein kleiner Rest des Dichters Deuterojesaja ist noch geblieben: er hat durch die Einführung Israels als einer Einzelperson ein Kunstmittel geschaffen, das die Nachahmung des priesterlichen Heilsorakels erst ermöglichte. Viel Originelles ist dabei für den „Dichter" freilich nicht übriggeblieben; Völker in einer Gestalt zu personifizieren ist auch sonst im Alten Testament ein geläufiger Vorgang.

Ziehen wir schnell einmal eine Zwischenbilanz: Gemeinsame Stilmerkmale in den Heilsorakeln bei Deuterojesaja können also nicht als zwingendes Indiz für eine einheitliche Verfasserpersönlichkeit gewertet werden, da sie mit ziemlicher Sicherheit traditionsbedingt sind. Lassen Sie mich hinzufügen: Zu einem analogen Ergebnis führt eine Untersuchung der hymnischen Stücke und der Klagelieder Deuterojesajas. Auch hier ist der einheitliche Stil traditionsbedingt.

Doch zurück zu den Heilsorakeln! Begrich wollte also die Heilsorakel bei Deuterojesaja als Nachahmungen von kultgebundenen priesterlichen Heilsorakeln verstehen. Wieso eigentlich bloß Nachahmungen? Etwa deshalb, weil Begrich unbewußt noch von der Vorstellung eines schriftstellernden Dichterpropheten beeinflußt war? Genau an diesem Punkt setzt Hans-Eberhard von Waldow ein[33]: „Für Begrich dient die Gattungsuntersuchung in erster Linie der sachgemäßen Aufgliederung nach Einheiten.

---

31 ZAW 52, S. 81f. = ThB 21, S. 217f.
32 ZAW 52, S. 87 = ThB 21, S. 225.
33 Hans-Eberhard von Waldow, Anlaß und Hintergrund der Verkündigung des Deuterojesaja, Diss. Bonn 1953.

Eine weitere Ausnutzung seiner Gattungsanalyse im Blick auf die Frage nach dem Verhältnis vom ‚Sitz im Leben' der verwendeten Gattungen zu den konkreten Anlässen hat er sich von vornherein verbaut durch die völlig unbewiesene Voraussetzung, die Gattungen bei Dtjes. hätten als schriftliche Imitationen zu gelten." Von Waldows eigene These wirkt zunächst verblüffend, ist aber bei näherer Betrachtung nur folgerichtig: Im Exil haben die Israeliten Volksklagen gefeiert, und in diesen Klagefeiern ist Deuterojesaja als Heilsprophet aufgetreten und hat Heilsorakel gesprochen. Die Heilsorakel bei Deuterojesaja sind also mitnichten als Nachahmung dieser priesterlichen Gattung zu beurteilen, sondern als wirkliche, echte Heilsorakel.

Ich halte die These von Waldows, die ich hier nur knapp andeuten kann, für überzeugend. Wenn sie stimmt, entgleitet uns allerdings der Dichter Deuterojesaja immer mehr und wird unversehens zum Sprecher eines kultischen Formulars, zumindest in den Heilsorakeln. Und logisch ergibt sich dann die Frage, die zwar von Waldow nicht gesehen hat, an der man aber m.E. kaum vorbeikommt: Was spricht eigentlich überhaupt noch für eine Verfasserpersönlichkeit Deuterojesaja? Von den Heilsorakeln her besteht jedenfalls keinerlei Notwendigkeit, sie anzunehmen.

Auch bei anderen Gattungen, z.B. den Gerichtsreden, läßt sich zeigen, daß Sprache und Stil stark von vorgegebenen Traditionen geprägt sind und somit als Beweis für eine originale Verfasserpersönlichkeit ausfallen.

Allerdings bleibt ein kleiner Rest. An einigen Stellen finden wir ganz außergewöhnlich kühne Bilder, so kühn, daß man mit Franz Delitzsch hier von einem „Produkt alttestamentlicher Glossolalie"[34] sprechen möchte:

> Fürchte dich nicht, du Wurm Jakob,
> < Made > Israel!
> Ich helfe dir, Ausspruch Jahwes,
> dein Erlöser ist der Heilige Israels.
> Siehe, ich mache dich zum Dreschschlitten,
> neu und mit doppelten Schneiden.
> Du sollst Berge dreschen und zermalmen,
> sollst Hügel zu Spreu machen.
> Du wirst sie worfeln, der Wind wir sie verwehen,
> der Sturmwind sie zerstreuen.
> Du aber kannst über Jahwe jubeln,
> des Heiligen Israels dich rühmen. (Jes 41,14-16)

---

34 Vgl. Anm. 4.

Zeigt sich in den gewagten Bildern vom Wurm, der zu einem Dreschschlitten gemacht werden und Berge dreschen soll, nicht endlich doch die überschäumende Phantasie eines kühnen Dichters? Haben wir nicht hier und an ähnlich ungewöhnlich formulierten Stellen einen deutlichen Hinweis auf den Dichter Deuterojesaja? So konnte man in der Tat bis vor kurzem annehmen. 1965 aber hat Eva Heßler in einem Aufsatz[35] gezeigt, daß die hier gebrauchten Bilder aus einer Aneinanderreihung von theologischen Motivwörtern bestehen, die als eine Art Vokabeln mit einem festgelegten Aussagewert verstanden werden müssen. Sie faßt das Ergebnis ihrer Untersuchungen folgendermaßen zusammen: „Die ‚Bilder' bei Deuterojesaja ... haben nicht den Zweck, rhetorische oder aesthetische Effekte hervorzubringen oder einen didaktisch-pädagogischen Nutzen (durch ‚Veranschaulichung') einzubringen. Dies alles sind Nebenprodukte, von denen auszugehen bei der Exegese zu Irrtümern führen kann. Sie bezeichnen vielmehr mit einem aus der Schrifttradition entnommenen Motiv den Typos des hier angekündigten Handelns Jahwes, sie vermitteln also eine theologische Fundamentalaussage. Indem sie diese auf den vorliegenden Fall anwenden, qualifizieren sie diesen und aktualisieren zugleich die schon vorgegebene Glaubensaussage. Gleichzeitig garantieren sie dadurch, mit der inneren Logik der Theologie und Glaubenssprache, die jetzt gegebene Zusage. Das ist der Sinn des hier gemeinten typologischen Verfahrens."[36]

Mir erscheinen die Darlegungen Heßlers überzeugend.[37] Dann aber entfällt vollends jede Möglichkeit, aus Stilbesonderheiten in Jes 40-55 notwendig auf eine Verfasserpersönlichkeit zu schließen, dann wären ja gerade die kühnsten Bilder nur aus Motivwörtern zusammengesetzt, die eine traditionsgeprägte Bedeutung haben!

Aber auch wenn man Eva Heßler mit mehr Skepsis gegenübertreten will, so genügen doch die ja nur gelegentlich auftauchenden übersteigerten Bilder nicht, um aus ihnen auf eine einheitliche Verfasserpersönlichkeit der Kapitel 40-55 zu schließen - das Gegengewicht der Wendungen, die als Übernahme von Wendungen aus der Psalmensprache zu erklären sind, ist zu groß.

---

[35] Eva Heßler, Die Funktion der Bilder bei Deuterojesaja, EvTh 25 (1965), S. 349-369.
[36] A.a.O., S. 369.
[37] Diese Zustimmung gilt vor allem den zitierten grundsätzlichen Bemerkungen; in der Ableitung und Deutung einzelner Bilder sehe ich manches anders als Frau Heßler.

Wir können jetzt als Ergebnis der Betrachtung des deuterojesajanischen Stils feststellen: Durch die Anwendung der form- und überlieferungsgeschichtlichen Methode auf Jes 40-55 ist deutlich geworden, daß die sprachliche Eigentümlichkeit dieser Kapitel in starkem Maße durch die überkommenen Stoffe bedingt ist. Sie reicht daher als Beweis für eine Verfasserpersönlichkeit nicht aus. Ebensowenig kann man freilich wegen eben dieser Traditionsbedingtheit des Stils aus gelegentlich auftretenden Stilunterschieden mit Notwendigkeit auf verschiedene Verfasser schließen.

3. Das Problem einer einheitlichen Theologie

Wir können uns hier kürzer fassen, da bei dieser Frage im Grunde die gleichen Probleme auftauchen wie bei der Frage nach einem einheitlichen Stil. Außerdem ist die Einheitlichkeit der Theologie von Jes 40-55 nicht unumstritten. So wollte z.B. Joachim Begrich in diesen Kapiteln zwei verschiedene Heilserwartungen finden, eine eschatologische und eine an Kyros orientierte, und von seiner Voraussetzung einer einheitlichen Verfasserpersönlichkeit her mußte er dann folgerichtig einen Bruch in der Zukunftserwartung Deuterojesajas annehmen[38]. Andere Forscher wollen wesentliche inhaltliche Unterschiede zwischen Kap. 40-48 und Kap. 49-55 finden, es ist sogar vorgeschlagen worden, Kap. 49-55 zusammen mit Kap. 56-66 in die nachexilische Zeit anzusetzen[39]. Schon diese Hinweise mögen deutlich machen, daß eine einheitliche Theologie viel weniger vorliegt als ein einheitlicher Stil. Und ansonsten ist ja einleuchtend, daß mit der Verwendung der Heilsorakel, die die vorherrschende Gattung in Jes 40-55 bilden, in diesen Stücken jedenfalls auch die theologische Grundhaltung der Heilsorakel thematisch wird: Gott spricht seinem leidenden Volk Heil zu. Natürlich kann man jetzt argumentieren: Weil angesichts der verzweifelten Situation Israels im Exil der Prophet Deuterojesaja Heil verkünden wollte, hat er die Gattung Heilsorakel aufgenommen, erst seine theologische Haltung hat ihn zur Aufnahme dieser Gattung veranlaßt. Zwingend aber ist das nicht; der Druck der Verhältnisse kann ja auch bei den Exilierten ganz allgemein zu einer Betonung der Heilsbotschaft geführt haben, ohne daß als Katalysator eine einzelne Persönlichkeit angenommen werden müßte.

---

[38] Vgl. das Anm. 29 genannte Werk.
[39] Vgl. Menahem Haran, The Literary Structure and Chronological Framework of the Prophecies in Is. XL-XLVIII, VTS IX, 1963, S. 127-155.

Die neben der Heilsbotschaft wohl auffallendste theologische Besonderheit von Jes 40-55 ist die Verbindung von Schöpfungsaussagen und soteriologischen Aussagen. Hierzu schreibt Gerhard von Rad: „Wir sehen also bei Deuterojesaja eine merkwürdige Vermengung zweier Traditionen, die von Hause aus nichts miteinander zu tun hatten. Der Grund für diese plötzliche Einschaltung der Schöpfungstradition in die prophetische Verkündigung wird in der neuen Lage zu sehen sein, in der sich Israel befand. In der starken Auseinandersetzung mit den Babyloniern und mit der Macht eines so großen Reiches mußte die Berufung auf Jahwe und seine Macht weiter ausholen, als das in den Zeiten nötig war, da Israel noch mehr oder minder mit sich allein war."[40] Ohne Frage meint von Rad, daß diese Einschaltung der Schöpfungstradition in die prophetische Verkündigung durch den Propheten Deuterojesaja geschehen sei - aber zwingend ist das wiederum nicht: die durch von Rad selber herausgestellte Herleitung dieser theologischen Besonderheit aus der besonderen historischen Lage im Exil kann ja auch dazu geführt haben, daß unter den Exilierten oder wenigstens in bestimmten Kreisen sich diese theologische Erkenntnis durchgesetzt hat - einen sich in den Texten von Jes 40-55 aussprechenden originären theologischen Denker fordert diese Besonderheit nicht unbedingt.

Wir fassen zusammen:

Durch die Ergebnisse der modernen Gattungsforschung angeleitet, hatten wir versucht, uns von der Vorstellung freizumachen, so eindrucksvolle Texte wie die in Jes 40-55 könnten nur als Produkte einer individuellen schöpferischen Persönlichkeit angesehen werden, es sei mithin selbstverständlich, für sie eine einzelne Verfasserpersönlichkeit anzunehmen. Wir hatten die literarische Komposition, den Stil und die Theologie der Kapitel 40-55 daraufhin befragt, ob sich aus ihnen zwingende Indizien für oder gegen eine solche Persönlichkeit finden lassen. Das Ergebnis ist negativ: Es lassen sich zwingende Argumente weder für noch gegen eine Persönlichkeit Deuterojesaja finden. Ob man eine solche angesichts des Fehlens aller Nachrichten über ihn annehmen will oder nicht, hängt also letztlich an einer Vorentscheidung: Will man für Texte wie die in Jes 40-55 überlieferten grundsätzlich eine Verfasserpersönlichkeit annehmen oder nicht?

---

40 Gerhard von Rad, Theologie des Alten Testaments, Bd. II, 1960, S. 255.

Es könnte so scheinen, als seien wir nun nach einer ergebnislosen Rundreise wieder bei unserem Ausgangspunkt angelangt. Dieser Eindruck aber wäre falsch! Denn wir haben ja inzwischen gelernt, daß die Person eines Propheten Deuterojesaja weder zwingend zu beweisen noch abzulehnen ist. Damit aber wird die Möglichkeit eröffnet, einmal eine Auslegung von Jes 40-55 zu versuchen ohne die apriorische Annahme, der Prophet Deuterojesaja stehe als Verfasserpersönlichkeit hinter dem Gros der Texte.

In diesen Ausführungen konnte ich nur die methodische Möglichkeit und wohl auch, wenn man den Gang der Forschungsgeschichte betrachtet, Notwendigkeit eines solchen Versuchs darlegen. Daß er gegenüber der herkömmlichen Auslegung commoda haben könnte, will ich nur kurz noch an Jes 40,1-2 und 40,6-8 demonstrieren.

Wahrscheinlich haben die Sachkenner schon längst auf ein Wort zu 40,1ff. gewartet, denn nach der gängigen Auslegung findet sich ja hier die Berufungsvision Deuterojesajas und damit die Stelle, die einzige Stelle wohl, wo man wenigstens einen Zipfel seiner Person greifen kann.

> Tröstet, tröstet mein Volk,
> spricht euer Gott!
> Redet zum Herzen Jerusalems
> und rufet ihm zu,
> daß sein Frondienst erfüllt,
> seine Schuld gebüßt ist,
> denn es hat aus Jahwes Hand empfangen
> das Doppelte für all seine Sünde. (40,1-2)

Hier also soll der Prophet Deuterojesaja nach Analogie von Jes 6 und 1 Reg 22 in die himmlische Ratsversammlung versetzt werden und seinen Auftrag erhalten. Nur: obwohl der Auftrag zum Trösten der für Deuterojesaja typische Auftrag zu sein scheint, den er ja in seinen Reden auch durchführt, wird er hier gar nicht angeredet! Man muß also annehmen, daß hier ein himmlisches Wesen andere himmlische Wesen anrede und zum Trösten auffordere. Zwar tauchen die hier an entscheidender Stelle eingeführten himmlischen Wesen mit ihrem Auftrag in Jes 40-55 nicht mehr auf - aber indem man sich den nicht genannten Deuterojesaja als schweigenden Zuschauer dieser Szene vorstellt, meint man, einen Hinweis auf seine Berufung und damit natürlich auf seine Person zu gewinnen. Wenn man dagegen die hier genannten Personen einmal unvoreingenommen mustert, d.h. nicht versucht, einen als selbstverständlich vorausgesetzten Propheten Deuterojesaja irgendwie (und sei es als schweigenden, nicht genannten Zuschauer!) in den Text hineinzubringen, so erhält man 1. Gott, 2. einen Sprecher, der die Worte Gottes wiederholt, 3. eine Mehrzahl, die zum Trösten aufgefordert wird, und 4. Jerusalem, das getröstet werden soll. Angesichts dessen, daß die Aufforderung zum Trost doch wohl in Jes 40-55 durchgeführt wird, ist dann allerdings mit der Möglichkeit zu rechnen, daß die hier angeredete Mehrzahl als Sprecher hinter all den Trostsprüchen in Jes 40-55 steht! Dann allerdings hätten wir hier einen deutlichen Hinweis auf einen kollektiven „Deuterojesaja"!

> Eine Stimme spricht: predige!
> und man sagt: Was soll ich predigen?
> Alles Fleisch ist wie Gras
> und all seine Herrlichkeit wie die Blume des Feldes.
> Das Gras verdorrt, die Blume verwelkt,
> wenn der Hauch Jahwes darüber bläst, ...
> das Gras verdorrt, die Blume verwelkt -
> aber das Wort unseres Gottes bleibt in Ewigkeit. (40,6-8)

In v.6 wollen viele Kommentatoren durch eine leichte Vokalisationsänderung, die sich auf die Jesajarollen von Qumran und die Septuaginta stützen kann (*wa'omar* statt *we'amar*), einen Hinweis auf Deuterojesaja finden, den einzigen Beleg, wo der Prophet von sich selbst spreche: „Eine Stimme sprach: Predige! Und ich sprach: ..." Freilich ergibt auch der masoretische Text einen guten Sinn: „Eine Stimme spricht immerzu: Predige! Und wenn man nun sagt: Was soll ich predigen? ..." Wenn man diesen Text einmal mit der in vv.1-2 vielleicht greifbaren Gruppe verbindet, kann er geradezu als Predigtinstruktion aufgefaßt werden für jemanden, der sich dieser Gruppe anschließen will.

Wir können das Problem in diesem Rahmen nicht weiter verfolgen - wir brauchen es auch gar nicht. Ich wollte lediglich abschließend an einem konkreten Beispiel einmal zeigen, daß eine Exegese, die sich von der Vorstellung einer individuellen Verfasserpersönlichkeit freigemacht hat, unter Umständen längst ausgeschöpft scheinende Texte in einem neuen Licht sehen und zu neuen exegetischen Möglichkeiten gelangen kann, die wenigstens einmal geprüft werden sollten. Hinweisen will ich nur noch auf das Problem der Gottesknechtslieder: Wenn wirklich „Deuterojesaja" aus einer Gruppe bestanden haben sollte, ergeben sich für eine Identifikation von „Deuterojesaja" und „Gottesknecht" Möglichkeiten, die mir viele commoda zu haben scheinen.

Doch ich wollte ja hier keinen Lösungsvorschlag des Rätsels Deuterojesaja unterbreiten, sondern nur erst einmal darlegen, daß durch die konsequente Infragestellung einer individuellen Verfasserpersönlichkeit von Jes

40-55, die mir forschungsgeschichtlich gefordert zu sein scheint, Deuterojesaja zu einem Rätsel geworden ist. Wie die Lösung dieses Rätsels vielleicht aussehen könnte, mag eine künftige Exegese zeigen.

Zum Geschichtsverständnis Hoseas[1]

Die Besonderheiten des „Geschichtsverständnisses des Alten Israel" lassen sich besonders gut erfassen, wenn man sie mit dem Geschichtsverständnis im Alten Ägypten vergleicht. Über dieses ist viel geschrieben worden,[2] nicht zuletzt auch von Rolf Gundlach.[3] Ich zitiere aus den Ergebnissen der Diskussion nach R. Gundlach:

1. „Die frühesten bildlichen und schriftlichen Zeugnisse zeigen eines ganz deutlich: dieser Staat und damit das Königtum hatte die Funktion, die kosmische und irdische Ordnung, das heißt die Weltordnung, zu bewahren." (445)

2. „So kann man daran zweifeln, daß die für den überwiegenden Teil ägyptischer sogenannter historischer Texte verwendete Bezeichnung »Geschichtsschreibung« angemessen ist. Zu einem Geschichtsbewußtsein gehört neben einem Interesse an der Vergangenheit zumindest die Überzeugung, Erbe der Vergangenheit zu sein, und eigentlich auch die Erkenntnis, daß die Gegenwart für Menschen der Zukunft Vergangenheit sein wird, mit allen Konsequenzen. Einem derartigen Geschichtsbewußtsein stand von

---

1 Mit diesem Beitrag grüße ich den Jubilar in dankbarer Erinnerung an interessante Gespräche über das Thema Geschichtsschreibung; zugleich soll auch ein kleiner Vorgeschmack davon gegeben werden, was bei einer Zusammenarbeit in dem geplanten Sonderforschungsbereich „Kulturelle und sprachliche Kontakte" herauskommen könnte - es handelt sich also um einen vorweggenommenen Gesprächsbeitrag zu dem Arbeitsvorhaben über das Geschichtsverständnis in Ägypten und Israel.

2 Vgl. z.B. Eberhard Otto, Geschichtsbild und Geschichtsdeutung in Ägypten, in: Welt des Orients 3 (1966) 161-176; Erik Hornung, Geschichte als Fest, Darmstadt 1966; Jürgen von Beckerath, Geschichtsüberlieferung im Alten Ägypten, in: Saeculum 29 (1978) 11-17; dazu Artikel von Jürgen von Beckerath (Geschichtsschreibung) und Dieter Wildung (Geschichtsauffassung; Geschichtsbild; Geschichtsdarstellung) in LÄ II (1977), Sp. 566-568; 560-562; 562-564; 564-566.

3 Rolf Gundlach, Geschichtsdenken und Geschichtsbild im pharaonischen Ägypten, in: Universitas 40 (1985) 443-455; Ders., „Ich sage etwas, was noch geschehen wird" - »Propheten« im Staat der Pharaonen, in: Hans Wißmann (Hg.), Zur Erschließung von Zukunft in den Religionen. Zukunftserwartung und Gegenwartsbewältigung in den Religionen, Würzburg 1991, 11-25.

vornherein das Selbstverständnis des ägyptischen Staates im Wege. Er war nach ägyptischer Auffassung bei der Weltschöpfung, d.h. in der Urzeit, entstanden und beruhte auf einem funktionierenden Königtum. Die Thronbesteigung jedes neuen Königs wurde als Neugründung des Staates angesehen, so daß die Vergangenheit weitgehend bedeutungslos wurde." (443f.)

3. Wesentlich ist in dieser Konzeption die „Rolle der Urzeit. In dieser war die Weltordnung zum ersten Mal verwirklicht worden (die Urzeit hieß auch »das erste Mal«). Man eiferte der Urzeit nach und nicht den Vorfahren." (450f.)

4. Konkret heißt das dann: In dem Selbstverständnis der Ägypter wurde „kurzgeschlossen" von der Gegenwart zur Urzeit, wobei Gegenwart gewissermaßen, wie Gundlach es nennt, ein „Weichbild der Gegenwart als Erfahrungsbereich einer Generation" (448) ist. Was die Vorfahren getan haben, ist nur insofern wichtig, als es der bei der Schöpfung gestifteten Urordnung (Ma'at) entspricht, die auch das Auswahlkriterium für die Darstellung von Ereignissen bildet.

Rolf Gundlach schreibt weiter: „Den Ägyptern ist im Gegensatz zu ihren späteren Nachbarn, den Israeliten, deren Geschichtsauffassung linear war, eine zyklische Geschichtsauffassung nachgesagt worden" (449). Er zitiert damit eine Charakterisierung der israelitischen Geschichtsauffassung, für die als Musterbeispiel der Philosoph Karl Löwith[4] angeführt werden kann. Ebenso wie Gundlach in seinem Aufsatz dann Kritisches zu der Vorstellung einer zyklischen Geschichtsauffassung in Ägypten sagt, ist auch Kritisches zu der verbreiteten Vorstellung einer linearen Geschichtsauffassung bei dem Israeliten zu sagen; sie ist zwar nicht falsch, aber zu pauschal.[5] Hier ist es nach meiner Überzeugung notwendig, daß man die Geschichtsauffassungen in verschiedenen Texten untersucht - denn es wird sich dabei zeigen, daß es verschiedene Geschichtsvorstellungen oder mindestens verschiedene Varianten von Geschichtsvorstellung im Alten Testament gibt.

---

[4] Vgl. Karl Löwith, Weltgeschichte und Heilsgeschehen, Stuttgart 1953.

[5] Aus der Fülle der Literatur seien genannt: Rudolf Smend, Elemente alttestamentlichen Geschichtsdenkens (ThSt 95) Zürich 1968; Manfred Weippert, Fragen des israelitischen Geschichtsbewußtseins, in: VT 23 (1973) 415-442; John van Seters, In Search of History. Historiography in the Ancient World and the Origins of Biblical History, New Haven and London 1983; Diethelm Michel, „Warum" und „Wozu"? Eine bisher übersehene Eigentümlichkeit des Hebräischen und ihre Konsequenz für das alttestamentliche Geschichtsverständnis, in: Mitten im Tod - vom Leben umfangen (Gedenkschrift für Werner Kohler) Frankfurt u.a. 1988, 191-210 [in diesem Bd. S. 13-34].

In diesem Beitrag soll der Anfang mit dem Propheten Hosea gemacht werden:[6] In ihm finden wir die älteste mit Sicherheit datierbare Geschichtskonzeption des Alten Testaments.[7] Und außerdem wird sich zeigen, daß Hosea gegen religiöse Konzeptionen kämpft, wie wir sie ähnlich aus Ägypten kennen, und damit wird bei ihm mehr als bei einem anderen Schriftsteller des Alten Testaments der Hintergrund deutlich, von dem seine Geschichtskonzeption abzuheben ist.

Hosea lebte in den letzten Jahrzehnten des Nordreichs Israel. Er hat sowohl die Zerschlagung des Staates Israel durch die Assyrer 733 als wohl auch die endgültige Vernichtung des Rumpfstaates Ephraim 722, ebenfalls durch die Assyrer, erlebt. Vielleicht hat das Erleben dieser Katastrophen mitgewirkt bei seiner Konzeption von Geschichte - denn in diesen furchtbaren Ereignissen ist ihm (und seinen Zeitgenossen) unübersehbar vor Augen geführt worden, daß scheinbar seit Urzeiten Beständiges sich verändern und vergehen kann. Vielleicht. Aber die Wahrnehmungsfähigkeit für diese geschichtlichen Wandlungen war schon vor den Katastrophen in seiner spezifischen Geschichtsdeutung angelegt. Das soll im folgenden angedeutet werden.

Zusammenfassend kann man von Hosea sagen: Seine gesamte Botschaft, sein „Gedankengebäude", hat ein großes Thema, das für alle Vorstellungen gewissermaßen den Schlüssel bildet: Er kämpft dagegen, daß seine Zeitgenossen die Gaben des Landes (Brot, Wasser, Wolle, Flachs, Öl, Getränke: Hos 2,7) als Gaben der Ba'ale[8] ansahen. Religionsgeschichtlich betrachtet, haben sie hier das mythische Erklärungsmodell der Kanaanäer übernommen, nach dem der Regengott Ba'al die Mutter Erde begattet und dadurch Fruchtbarkeit schafft. Dieses Erklärungsmodell gehört zweifellos

---

[6] Weiteres soll, wie in Anm. 1 angedeutet, ausführlich im geplanten SFB erforscht werden. Zu Hosea vgl. Matthias Köckert, Prophetie und Geschichte im Hoseabuch, in: ZThK 85 (1988) 3-30; Martin Schulz-Rauch, Hosea und Jeremia. Zur Wirkungsgeschichte des Hoseabuches (Calwer Theologische Monographien 16), 1996.

[7] Nach weitverbreiteter Meinung wurde das Werk des sog. „Jahwisten" unter Salomo geschrieben; J wäre also etwa 200 Jahre vor Hosea anzusetzen. Diese Meinung wird auch von mir geteilt, aber sie wird heute oft in Zweifel gezogen. Auf jeden Fall aber läßt Hosea noch deutlich die allgemeine Situation erkennen, in der er seine Geschichtskonzeption entwickelte. Vgl. unten. Und vor allem: Bei ihm ist die Datierung sicher.

[8] Der Plural geht darauf zurück, daß es verschiedene örtliche Erscheinungsformen des Gottes Ba'al gab.

zu dem, was Assmann[9] als „Evidenz der ... Götter" (22) charakterisiert hat: Wer die Welt mit Vernunft ansieht, dem ist evident, daß in ihr göttliche Kräfte walten. Und sicherlich gehört die „Fruchtbarkeit" zu diesen evidenten göttlichen Kräften. Und diese Kräfte waren immer vorhanden, sie sind so alt, wie die Welt ist. Und natürlich gibt es für Gottheiten, die Gesetzmäßigkeiten der Welt verkörpern, keine Entwicklung - sie bleiben sich gleich, wie sich auch die Welt gleich bleibt. Und im Handeln der Götter den Menschen gegenüber gibt es also im Letzten keinen Wandel.

Das ist völlig anders bei Hosea. Er sieht in seiner Gegenwart Probleme, die vor ihm kaum ein anderer mit dieser Schärfe gesehen hat. Und diese Probleme beruhen - in unserer wissenschaftlichen Terminologie ausgedrückt - darauf, daß man im Nordreich Israel einen historischen Wandel nicht bewältigt hat. Und damit wird ein Grundzug von Hoseas Geschichtsverständnis sichtbar, der in den dreitausend Jahren der ägyptischen Geschichte in dieser Form wohl nie Gegenstand von Nachdenken gewesen ist. Dort ist dieser Gedanke eines historischen Wandels und seiner notwendigen Folgen nie in dieser Schärfe gedacht worden.

Ich will dies an der Vorstellung der Autochthonität erläutern. Hosea weiß genau, daß die Israeliten keineswegs „autochthon", also nach der Schöpfungsordnung durch den Schöpfungsgott mit diesem ihrem Land betraut sind. Er weiß genau, daß eine Landnahme der Israeliten stattgefunden hat, daß sie also von außen in das Land gekommen sind. Wenn ich nichts übersehen habe, ist dies der einzige uns bekannte Fall, wo ein Volk des Alten Orients sich dessen bewußt ist, daß es nicht autochthon ist und das auch noch betont.[10]

Exkurs:[11] Wie wenig etwa ein Ägypter von seiner Vorstellungswelt her den Gedanken, seine Vorfahren seien nicht autochthon, sondern von einem anderen Land her in das Land Ägypten eingedrungen, auch nur denken konnte, mag folgende Überlegung zeigen: Für einen Ägypter fand die Schöpfung ganz allgemein (!) und damit natürlich auch die Menschenschöpfung in „Ägypten" statt: „Das Totenbuch nimmt auf die erste Urzeit in einer Glosse zum Anfang von Kap. 17 Bezug ... Als Kommentar des Satzes »Re bei seinem Erscheinen, als er zu herrschen begann über das, was er er-

---

9   Jan Assmann, Ma'at. Gerechtigkeit und Unsterblichkeit im Alten Ägypten, München 1990.
10 M.W. weist lediglich Weippert auf diesen wichtigen Sachverhalt hin.
11 Auf die in diesem Exkurs skizzierten Gedanken wies mich Rolf Gundlach in einem unserer Gespräche über das Geschichtsverständnis hin.

schaffen hatte« wird erzählt, daß »Re zu erscheinen begann als König über seine Sch.(öpfung)« als der, der existierte, bevor die »Hochhebung des Schu« entstanden war. Er befand sich auf dem Hügel dessen in Hermopolis."[12] Wenn aber die Menschenschöpfung wie die Schöpfung überhaupt in Ägypten stattgefunden hat, kann es nach dieser vorgegebenen Glaubensvorstellung keine „Landnahme" o.ä. gegeben haben; falls es Erinnerungen an ein früheres Eindringen der Vorfahren aus umliegenden Ländern nach Ägypten gegeben haben sollte, mußten sie unterdrückt werden. Das Land Ägypten war die gute Gabe des Schöpfungsgottes an seine Ägypter.

Von dieser Überlegung her ist die in Israel über Jahrhunderte hinweg bewahrte Erinnerung daran, daß das Volk einmal von der Wüste her in das Fruchtland eingedrungen ist,[13] natürlich ein Schlüssel für die Eigenart der Geschichtsauffassung. Denn es zeigt, daß die Israeliten durchaus ein Bewußtsein vom Wandel in der Geschichte hatten.

Wie bestimmend die Vorstellung, Israel sei von Jahwe aus Ägypten heraus- und in das Land hineingeführt worden, für Israel war, kann man an folgendem ersehen: Als Jerobeam 926 in einer Sezession das Nordreich Israel gründete, wollte er verhindern, daß seine Untertanen wie bisher zum Opfern eine Wallfahrt nach Jerusalem unternahmen; zu diesem Zweck ließ er zwei goldene Kälber anfertigen und sagte dann zu dem Volk: „Ihr seid jetzt genug nach Jerusalem hinaufgezogen. Dies hier sind deine Götter, die dich aus Ägypten heraufgeführt haben."[14] Bei dem Versuch, an die genuin israelitische Tradition anzuknüpfen, konnte er also nicht darauf verzichten, von „dem Gott, der euch aus Ägypten heraufgeführt hat", zu reden - diese Vorstellung, die sich durch die Konsequenz der Nichtautochthonität von den Vorstellungen der Umwelt unterschied, wurde offenbar als unverzichtbares Charakteristikum für Israeliten angesehen.

---

12 Jan Assmann, in: LÄ V, 1984, Sp. 679f. (s.v. Schöpfung).
13 Die moderne Forschung hat zwar gezeigt, daß keineswegs alle Israeliten von der Wüste her in das Kulturland eingedrungen sind, aber das ist für unsere Fragestellung unerheblich; es ist ja gerade bezeichnend, daß im Verlaufe der Überlieferungsbildung sich schließlich ganz Israel die Überlieferung eines Teiles von Auszug aus Ägypten und Landnahme Kanaans zu eigen gemacht hat! Zu den historischen Problemen vgl. z.B. Manfred Weippert, Die Landnahme der israelitischen Stämme in der neueren wissenschaftlichen Diskussion (FRLANT 92), 1967.
14 Nur anmerkungsweise sei darauf hingewiesen, daß Jerobeam natürlich nicht die Kälber als Götter bezeichnen wollte, sondern sie in Analogie zu der Lade in Jerusalem als Postament des unsichtbar auf ihnen thronenden Jahwe verstand.

Und von diesem genuin und typisch israelitischen Geschichtsbekenntnis her argumentiert Hosea gegen die Verhältnisse seiner Gegenwart: Israel redete zwar davon, daß sein Gott Jahwe es aus Ägypten erlöst, in der Wüste geleitet und schließlich ihm das Land Kanaan zum Besitz gegeben hatte - aber nach Hoseas Überzeugung zog es nicht die nötigen Konsequenzen aus dieser historischen Aussage. Kurz: Man redete zwar von dem Gott, der im Wandel der Geschichte handelte, aber man fragte nicht, wie er nach dem Wandel weiterhandelte.

Schauen wir uns einmal einige Texte an:
Hos 11,1
1 Als Israel jung war, gewann ich es lieb,
aus Ägypten (be)rief ich meinen Sohn.

Hier wird also deutlich differenziert zwischen dem Land, in dem Israel sich jetzt befindet (Land Israel, Kanaan) und dem Land, in dem das Volk Israel erwählt wurde: Ägypten. Ägypten war der Ort, wo Jahwe Israel lieb gewann, aus Ägypten hat Jahwe Israel als seinen Sohn berufen.

Ähnliches wie von Ägypten kann Hosea auch von der Wüste sagen:
Hos 13,5-6
5 Ich war es, der dich in der Wüste erkannte,
im ausgedörrten Land.
6 Als sie weideten, wurden sie satt,
als sie satt wurden, erhob sich ihr Herz,
so vergaßen sie mich.

Wahrscheinlich bedeutet „erkennen" hier „erwählen". Hier wird ein Phänomen deutlich, das die Hoseaauslegung sehr erschwert und das man vielleicht eine „Sprachschwierigkeit Hoseas" nennen könnte: Er will Sachverhalte sagen, für die er in der Sprache seiner Zeit keinen *terminus technicus* hat: in seiner Zeit gab es das Wort בחר „erwählen" noch nicht als theologischen *terminus*[15] - den Sachverhalt aber kennt Hosea und drückt ihn durch die Verben „lieben", „(be)rufen" und „erkennen" aus. - „Lieb gewinnen" und „(be)rufen" in 11,1 sowie „erkennen" in 13,5 dürften beides Umschreibungen von „Erwählung" sein. Dies aber darf kaum zu der Annahme verleiten, in beiden Texten werde von einer Konkurrenz zwischen dem Ägyptenaufenthalt und der Wüstenzeit geredet - für Hosea haben beide das Gemeinsame, daß sie vor dem Eindringen in das Kulturland liegen, und dieses ist für ihn das Symbol für den Abfall von Jahwe.

---

15 Dazu vgl. z.B. H. Wildberger, Art. בחר, in: THAT, Bd. 1, 1971, 275-300.

Hos 9,10
Wie Trauben in der Wüste fand ich Israel,
Wie eine Frühfrucht am Feigenbaum, eine allererste,
erblickte ich eure Väter.
Sie aber: Nachdem sie nach Ba'al Peor gekommen waren,
weihten sie sich der Schande
und wurden zu Scheusalen wie ihr Liebhaber.

Eigenartig ist die Aussage, Jahwe habe Israel in der Wüste „gefunden". Was in den beiden oben zitierten Texten durch „lieb gewinnen, berufen" und „erkennen" ausgesagt werden soll, wird hier durch „finden" ausgedrückt. Vielleicht kann man hier sogar eine alte Nomadentradition erkennen, die von einer Rettung aus Ägypten noch gar nichts weiß.[16] Auf jeden Fall aber ist klar: Mit dem Verlassen der Wüste und dem Eintritt in das Kulturland (Ba'al Peor war ein Heiligtum an der Grenze zwischen Moab und Israel im Ostjordanland) begann der Abfall; „sich der Schande weihen" ist eine Umschreibung der Kultriten des Ba'alkultes, in dem es Kadeschen (fälschlicherweise „Kultprostituierte" genannt) gab, die die Befruchtung der Mutter Erde durch Ba'al kultisch nachvollziehen mußten;[17] wenn man mit ihnen verkehrte, „weihte man sich der Schande".

Sobald Israel aus der Wüste in das Kulturland kam, begann also nach der Geschichtssicht Hoseas der Abfall: Israel wandte sich den Ba'alen zu. Anders ausgedrückt: Israel redete zwar von dem Gott, der *in* dem und *durch* den geschichtlichen Wandel handelte, aber es fragte nicht, wie er *nach* diesem Wandel weiterhandele.

Daß Israel in seiner Frühzeit Schwierigkeiten hatte, mit den Erzählungen von dem „mitziehenden Führergott" (wie man den aus Ägypten herausführenden und in der Wüste leitenden Jahwe religionsgeschichtlich charakterisieren kann) auch die Fruchtbarkeit des Ackers zu begründen, wird auch an anderen Quellen als Hosea deutlich. Manches deutet darauf hin, daß hier zunächst viel mehr Kompromisse geschlossen wurden, als die Texte heute noch erkennen lassen. Als Beispiel sei nur der erste König Israels Saul genannt, der keine Hemmungen gehabt hat, einem seiner Söhne einen Namen mit Jahwe als theophorem Element, einem anderen dagegen einen Namen mit Ba'al als theophorem Element zu geben: Jonathan „Jahwe hat

---

[16] Dazu vgl. Robert Bach, Die Erwählung Israels in der Wüste, Diss. theol. Bonn (Masch.) 1952.
[17] Zu dem Problem vgl. Helga Balz-Cochois, Gomer. Der Höhenkult Israels im Selbstverständnis der Volksfrömmigkeit (EH 23,191) Frankfurt a.M./Bern 1982.

gegeben" und Ischba'al „Mann Ba'als", vgl. 1 Chr 8,33 (2 Sam 2,8 von späterer Zensur in Ischboschet „Mann der Schande" geändert).

Und als weiteres Beispiel sei Jeremia angeführt, der im Südreich Juda, in Jerusalem, noch etwa ein Jahrhundert nach Hosea sagt:

> 5 Was fanden eure Väter Unrechtes an mir,
> daß sie sich von mir entfernten,
> nichtigen Göttern nachliefen und so selbst nichtig wurden;
> 6 und nicht fragten: Wo ist Jahwe,
> der uns aus dem Lande Ägypten heraufgeführt hat,
> der uns in der Wüste geführt hat ...
> 7 Ich brachte euch in ein Gartenland,
> um euch seine Früchte und Güter genießen zu lassen.
> Aber als ihr hineinkamt, da verunreinigtet ihr mein Land,
> indem ihr mein Erbteil zum Greuel machtet.
> 8 Die Priester fragten nicht: Wo ist Jahwe,
> die Hüter der Thora (er)kannten mich nicht
> und die Propheten prophezeiten durch Ba'al. (Jer 2,5-8)

Über hundert Jahre nach Hosea sagt Jeremia dies im Südreich - immer noch haben maßgebende Leute (Priester, Hüter der Thora, Propheten) nicht begriffen, daß die Vorstellung von einer Landgabe als göttliches Handeln mit innerer Konsequenz danach verlangt, auch in den veränderten Verhältnissen die Frage zu stellen: „Wo ist Jahwe, der uns aus dem Lande Ägypten heraufgeführt hat?" - nämlich jetzt, unter den veränderten Verhältnissen, angesichts der Frage, woher denn die Fruchtbarkeit des Landes stamme. Wenn man eine Veränderung in der Geschichte als wesentlichen Bestandteil göttlichen Handelns ansieht, muß man auch nach der Veränderung fragen, wie dieser Gott weiterwirkt.

Der hier von Jeremia gemachte Vorwurf entspricht genau dem, was Hosea schon hundert Jahre vorher gesagt hat:

> 2,7 Ja, ihre Mutter hat gehurt,
> schändlich trieb es ihre Gebärerin,
> denn sie sprach: Ich will meinen Liebhabern nachlaufen,
> die mir mein Brot und Wasser geben,
> meine Wolle und meinen Flachs,
> mein Öl und meine Getränke.
> ...
> 2,10 Dabei erkannte sie nicht,
> daß ich es bin, der ihr Korn, Most und Olivensaft gibt. ...

Hosea kündet als Strafe für dieses „Gottvergessen" an, daß Jahwe die Gaben, die er Israel gegeben habe und die Israel von den Ba'alen her erklärt, wieder nehmen werde (2,11-15):

2,15 Und so suche ich heim an ihr die Tage der Ba'ale,
an denen sie ihnen Rauchopfer darbrachte,
sich Ring und Schmuck anlegte
und hinter ihren Liebhabern herlief,
mich aber vergaß.

In 2,16-17 findet sich dann etwas überraschend die Erwartung:

16 Darum: Ich will sie jetzt verlocken,
indem ich sie in die Wüste führe
und ihr zu Herzen rede.
17 Dann gebe ich ihr ihre Weinberge von dorther
und das Tal Achor als Pforte der Hoffnung.
Und sie wird dort antworten (=willig sein?)
wie in ihren Jugendtagen,
wie damals, als sie aus dem Lande Ägypten heraufzog.

Wir wissen nicht genau, ob dieser Text (2,16-17), der literarisch durch das Wiederaufnehmen des „darum" aus v.11 als späterer Nachtrag erkenntlich ist,[18] von Hosea selbst oder seinen Schülern stammt. Das ist für unsere Fragestellung auch nicht sehr erheblich, denn er zeigt auf jeden Fall: Auch ein göttlicher Versuch des Neuanfanges besteht nicht darin, daß Israel in die Wüste als den Ort der Jugendliebe zurückgeführt werden und dort bleiben soll, sondern darin, daß eine erneute Landgabe stattfinden soll, diesmal aber mit besseren Folgen als beim ersten Mal. Unverzichtbar ist offensichtlich die Vorstellung (sei es beim späten Hosea, sei es bei seinen Schülern), daß Gott in der Geschichte so handelt, daß er einen Wandel bewirkt. Die Aufgabe der Menschen ist es, in diesem Wandel das Wirken Gottes zu sehen und die neuen Verhältnisse mit dem alten Gott in Verbindung zu bringen. Dies nennt Hosea „Erkennen Gottes".[19]

Abschließend soll kurz das Geschichtsverständnis Hoseas mit dem oben skizzierten Geschichtsverständnis im Alten Ägypten verglichen werden.

1. Die Landnahmevorstellung beinhaltet, daß das Königtum erst im Zuge eines geschichtlichen Wandels entstanden ist; es war also keine seit der Schöpfung bestehende Größe. Es kann also nicht die Funktion gehabt haben, von Anfang an die ebenfalls von Anfang an bestehende kosmische Ordnung zu bewahren. Hosea kann sogar sagen:

---

[18] Vgl. z.B. Jörg Jeremias, Der Prophet Hosea (ATD 24/1) 1983, 38f.
[19] Vgl. dazu Hans Walter Wolff, „Wissen um Gott" bei Hosea als Urform von Theologie, in: EvTh 12 (1952/3) 533-554 = Ders., Gesammelte Studien zum Alten Testament (TB 22) 1964, 182-205.

„Sie machten sich Könige, aber nicht von mir". (8,4)
„Ich gab dir einen König in meinem Zorn und ich nahm ihn in meinem Grimm." (13,11)

2. Der Staat ist ebensowenig ein Ergebnis der Weltschöpfung wie das Königtum.

3. Eine normative Urzeit, in der die Weltordnung zum ersten Male verwirklicht worden wäre, gibt es nicht. Auch die Wüstenzeit hat nicht diese Funktion. Sie ist zwar „ideal" in dem Sinne, daß Israel damals auf Gott geachtet, ihn „erkannt" hat - aber diese Zeit ist vergangen und durch eine andere abgelöst worden. Sie ist von Menschen nicht reproduzierbar.

4. Maßgebend für das Handeln der Menschen in der Gegenwart soll nicht sein eine aus der Urzeit stammende Norm der Weltordnung, sondern das menschliche Vermögen, den Willen Gottes, der Israel erwählt hat, unter den veränderten Umständen zu erkennen. In diesem Sinne nimmt bei Hosea „Erkenntnis Gottes" die Rolle ein, die in Ägypten die geschaffene Weltordnung hatte.

„Die Geschichte hat den Wandel als wesentliches Element und es ist die Aufgabe des Menschen, die Konsequenzen aus diesem Wandel zu erkennen und sein Handeln danach einzurichten" - so könnte man die Eigenart der hoseanischen Sicht von Geschichte im Gesamtchor alttestamentlicher und wohl auch altorientalischer Geschichtsdeutungen charakterisieren. Ob man sie „linear" nennen soll oder nicht, sei noch dahingestellt.

Stellenregister

Die einzelnen Aufsätze dieses Bandes folgen je nach Erstveröffentlichungsort unterschiedlichen Konventionen bei den Stellenangaben. Die Stellenangaben wurden im Register vereinheitlicht, Fußnoten nicht gesondert ausgewiesen. Außerbiblische Belege wurden in einer vereinfachten Schreibweise wiedergegeben. Abkürzungen orientieren sich am Abkürzungsverzeichnis der Theologischen Realenzyklopädie (TRE).

Altes Testament

Gen 1-3	156
Gen 2,7	98
Gen 2,9	105, 109
Gen 2,17	105
Gen 2,18-24	108
Gen 2,23f.25	113
Gen 3,1-24	93-114 (passim)
Gen 4	156
Gen 4,1	101
Gen 5,24	170
Gen 6-8	156
Gen 9	121, 122
Gen 12,10-20	18
Gen 12,18-19	18
Gen 15	116
Gen 15,7	77, 78
Gen 15,18	115
Gen 17	116
Gen 17,9-14	120, 122
Gen 17,10-14	121
Gen 17,12.13	122
Gen 17,25	119, 123
Gen 22,1-24	73, 89-92 (passim)
Gen 24,24	5
Gen 24,27	136
Gen 24,34	5
Gen 25,22	19
Gen 27,19.32	4, 5
Gen 27,46	19
Gen 28,13	136
Gen 32	19
Gen 32,30	19
Gen 34,8	136
Gen 34,14-24	119
Gen 36,31.32-39	142
Gen 37,8	140, 141
Gen 40	17
Gen 40,7	17

Gen 41,44	2, 3, 7	Dtn 5,6-18	67, 86
Gen 44,20.27f	5	Dtn 5,6	2, 156
Gen 45,3	1, 2, 5	Dtn 5,7	83
Gen 45,4	5	Dtn 18,11	158
		Dtn 23,2	192
Ex 2,13	18	Dtn 33,5	150
Ex 2,15ff	15		
Ex 3,2.3	16	Jos 5,2ff	119, 120
Ex 3,14	8, 12	Jos 13,10.12.21	142
Ex 4,24-26	119		
Ex 5	22	Jdc 4,2	142
Ex 5,22-23	22	Jdc 5,4	151
Ex 6,1	22	Jdc 6,22	5
Ex 6,2-3	77	Jdc 13,11	4
Ex 7,5	11		
Ex 14,4.18	11	1 Sam 1f	164
Ex 15,11	153	1 Sam 1,8	20
Ex 15,18	139, 140, 153	1 Sam 1,26	4
		1 Sam 8,5	47
Ex 19,1-2.5	115	1 Sam 8,7	145
Ex 20,1-17	67, 86	1 Sam 9,19	4
Ex 20,1	2	1 Sam 10,1f	131
Ex 20,2	77, 78, 156	1 Sam 10,1	130
Ex 20,3	83	1 Sam 10,24f	130
Ex 21,1-23,19	67	1 Sam 11,12	139
Ex 24	115	1 Sam 12,12	47, 139
Ex 24,15-18	115	1 Sam 12,14	144
Ex 25-31	115	1 Sam 13,1	149
Ex 31,12-17.16-18	115	1 Sam 16,1	145
Ex 35-40	115	1 Sam 23,17	139
		1 Sam 24,1	141
Lev 12,4	119	1 Sam 24,21	140
Lev 19,31	158	1 Sam 28	158
Lev 20,6	158		
		2 Sam 2,8	226
Num 18,20	173	2 Sam 2,10	149
Num 21,4-9	107	2 Sam 3,21	145
Num 23,19	104	2 Sam 5,4	149

Stellenregister

2 Sam 5,5	141, 142	1 Reg 14,19	144
2 Sam 8,14.15	141	1 Reg 14,21	148
2 Sam 10,1	142	1 Reg 15,1	146
2 Sam 11	19	1 Reg 15,2.8	142
2 Sam 11,10	17	1 Reg 15,9	147
2 Sam 11,18-21	20	1 Reg 15,24	142
2 Sam 12,7	4	1 Reg 15,25	148
2 Sam 12,16ff.22-23	17	1 Reg 15,28	142
2 Sam 13,4	17	1 Reg 15,29	149
2 Sam 14,32	18	1 Reg 15,33	145, 147
2 Sam 15	18	1 Reg 16	149
2 Sam 15,10	130, 131, 135, 136, 137, 138, 143	1 Reg 16,6	142
		1 Reg 16,8	145
		1 Reg 16,10	142
		1 Reg 16,23	142, 145
2 Sam 15,19-20.21	19	1 Reg 16,28	142
2 Sam 16,8	144	1 Reg 16,29	148
2 Sam 19,35-36	101, 103	1 Reg 20,13	10
		1 Reg 20,23.28	11
1 Reg 1	139	1 Reg 22	216
1 Reg 1,5	139	1 Reg 22,2ff	148
1 Reg 1,13.17	139	1 Reg 22,40	142
1 Reg 1,18	142	1 Reg 22,41f	148
1 Reg 1,24f	131, 139	1 Reg 22,51	142
1 Reg 1,25	130	1 Reg 22,52	148
1 Reg 1,30	139		
1 Reg 1,34	130	2 Reg 1,17	142
1 Reg 1,35	139	2 Reg 2,3.5	170
1 Reg 1,41	17	2 Reg 3,1	148
1 Reg 2,11	142	2 Reg 3,27	140
1 Reg 5,37f	148	2 Reg 8,12	17
1 Reg 6,1	145, 148	2 Reg 8,15	142
1 Reg 11,25	142	2 Reg 8,16	146
1 Reg 11,37	145	2 Reg 8,17	149
1 Reg 11,42	142	2 Reg 8,24	142
1 Reg 11,43	142, 148	2 Reg 8,25	146
1 Reg 12,17	148	2 Reg 9,6	130, 131
1 Reg 14,19f	142	2 Reg 9,12	130

2 Reg 9,13	130, 135, 137, 144	Jes 40-66	199, 200
		Jes 40-55	181, 199, 201, 203, 205-209, 213-218
2 Reg 10,35.36	142		
2 Reg 11,3	144		
2 Reg 11,12	130		
2 Reg 12,1	149	Jes 40-50	207
2 Reg 12,22	142	Jes 40-48	214
2 Reg 13,1.10	145	Jes 40	200
2 Reg 14,1	146	Jes 40,1ff	216
2 Reg 14,23	145	Jes 40,1-2	216, 217
2 Reg 15,1	146	Jes 40,2	201
2 Reg 15,2	149	Jes 40,6-8	216, 217
2 Reg 15,13	148	Jes 40,8	182
2 Reg 15,23	145	Jes 40,27-31	26, 27
2 Reg 15,32	146	Jes 41,9	5
2 Reg 15,33	149	Jes 41,14-16	212
2 Reg 16,1	146	Jes 41,21-24	31
2 Reg 16,2	142	Jes 42,6.8	10
2 Reg 17,1	145	Jes 42,14	183
2 Reg 18,1	146	Jes 43,8-13	8
2 Reg 18,2	149	Jes 43,10-12	8
2 Reg 18,4	107	Jes 43,10	4, 8
2 Reg 21,1	142, 149	Jes 43,11	7, 8
2 Reg 21,19	149	Jes 43,13	9
2 Reg 22,1	149	Jes 43,16-17.18-20	48
2 Reg 23,31.36	149	Jes 44,21	5
2 Reg 24,8.12.18	149	Jes 45,1	200
2 Reg 25,1.27	149	Jes 45,3-6	9
		Jes 45,5	7
Jes 1-39	199, 200	Jes 45,6.18	8
Jes 6	216	Jes 46,12	188
Jes 8,19	158	Jes 47	200
Jes 24,21-23	143	Jes 48	199
Jes 25	159	Jes 48,28	200
Jes 25,8	155	Jes 49-66	181
Jes 26	159	Jes 49-55	214
Jes 26,19	155, 160	Jes 49	199
Jes 32,1ff	140	Jes 49,3	5

Jes 50,1	26, 27	Jes 58,8	195, 196
Jes 50,2	26	Jes 58,9-12	195, 196
Jes 51,9-16	209	Jes 58,9-11	195
Jes 51,16	5	Jes 58,9-10	195
Jes 52,7	134, 135, 153	Jes 58,9	196
		Jes 58,10	195
Jes 52,12	196	Jes 58,11.12	196
Jes 52,13-53,12	209	Jes 58,13-14	193, 196
Jes 53	204	Jes 60	197
Jes 55,10f	182	Jes 61	197
Jes 56-66	181, 201, 214	Jes 62,1-5	183, 184, 185
Jes 56	199	Jes 62,1	183, 184, 185
Jes 56,1-8	191		
Jes 56,1-7	187, 192	Jes 62,2-5	184, 185
Jes 56,1.2	188, 189, 190, 191, 192	Jes 62,2	183, 184
		Jes 62,4-5	184
		Jes 62,6-7	185
Jes 56,3-8	191	Jes 62,6	183, 186
Jes 56,3-7	189, 190, 191, 192	Jes 62,7	186
		Jes 62,8-9	186, 187
Jes 56,3	191	Jes 63,15-64,11	6
Jes 56,4.7	192	Jes 63,16	6
Jes 57,11	183	Jes 64,7f	6
Jes 57,19.21	193	Jes 64,11	183
Jes 58	193, 196	Jes 65	197
Jes 58,1-12	193-194	Jes 65,6	183
Jes 58,1-3.5-9	196	Jes 65,7.25	193
Jes 58,2	168	Jes 66	197
Jes 58,3-4	193, 196	Jes 66,9.20.21.23	193
Jes 58,3	193, 195, 196		
		Jer 2,5-8	226
Jes 58,5ff	193	Jer 9,24f	120
Jes 58,5	193	Jer 12,1	25
Jes 58,6-12	195	Jer 13,22	25
Jes 58,6-9	195, 196	Jer 14,19-20	25
Jes 58,6-7	195	Jer 22,11	144
Jes 58,6	193	Jer 22,15f	140

Jer 22,28	25
Jer 23,5	144
Jer 31,31-34	64, 116
Jer 33,21	144
Jer 52,31	149
Ez 22,33	140
Ez 28,11-19	113
Hos 2,7	221, 226
Hos 2,10.11-15	226
Hos 2,11.15.16-17	227
Hos 8,4	228
Hos 9,10	64, 225
Hos 10,11	64
Hos 11,1	224
Hos 11,9	104
Hos 13,5-6	224
Hos 13,5	224
Hos 13,11	228
Am 3,9-11	38
Am 8,2	39
Am 9,2	158
Mi 1,3	151
Mi 1,4	152
Mi 2,1-5	36
Mi 2,3	37
Mi 4,7	143
Hab 3,3	151
Sach 2,12	169
Ps 2	93, 130, 131
Ps 2,7f	130
Ps 2,7	5
Ps 11,4	176
Ps 14,2	176
Ps 16	170
Ps 16,5	173, 174
Ps 16,9-11	174
Ps 16,10f	170
Ps 20	156
Ps 22,1	22
Ps 22,2	64
Ps 28,1	184
Ps 31,3	6
Ps 33,13	176
Ps 35,22	184
Ps 39,13	184
Ps 47	134, 138, 152
Ps 47,4.5	153
Ps 47,9	131, 134, 135, 137, 153
Ps 47,10	153
Ps 49,6	24
Ps 49,16	24, 171, 177
Ps 50,7	5
Ps 68,10f	151
Ps 68,19	152
Ps 68,36	163
Ps 71,3-6.3.5	6
Ps 72	156
Ps 73	160, 162, 164, 170, 171, 173, 174, 177
Ps 73,1	162, 168, 169
Ps 73,2-12	162, 172

Ps 73,11	165	Ps 93,1	131, 134, 137, 138
Ps 73,13.14.16-20	162	Ps 96	134, 135, 138, 142, 150, 151
Ps 73,16-19	167		
Ps 73,16	162		
Ps 73,17-18	171		
Ps 73,17	162, 164, 165, 167, 172, 173	Ps 96,5	150
		Ps 96,7	151
		Ps 96,10	131, 134, 137, 138, 151
Ps 73,18f	171		
Ps 73,21f	177		
Ps 73,23-28	167, 170, 171	Ps 96,11.12	150, 151
		Ps 96,13	150, 151
Ps 73,23-26	165, 167	Ps 97	134, 135, 142, 150, 151
Ps 73,23ff	170		
Ps 73,23f	169		
Ps 73,23	162, 177	Ps 97,1	131, 134, 137, 138, 152
Ps 73,24	169, 171, 173, 177		
Ps 73,25ff	170	Ps 97,2-7	151
Ps 73,25	176	Ps 97,2-6	151, 152
Ps 73,26	22, 169, 171, 175	Ps 97,2-5	152
		Ps 97,5	151-153
Ps 73,27	165, 169	Ps 97,7.8-12	151
Ps 73,28	168, 169, 177	Ps 97,8	151
		Ps 98	134
Ps 74,1-2	23	Ps 99	135, 138, 142, 150, 151
Ps 77,14.17f	151		
Ps 79,1-4.10	24		
Ps 80	22	Ps 99,1	131, 134, 138, 151
Ps 80,9-14	22, 23		
Ps 83,2	184	Ps 99,2	151
Ps 84,4	131	Ps 103,15.19	136
Ps 88,6	156	Ps 109,1	184
Ps 89,5f	130	Ps 110	93, 130, 131, 156
Ps 89,27	5		
Ps 93	134, 135, 138, 142, 150, 151	Ps 115,3	176
		Ps 132	156
		Ps 132,11f	130

Ps 139,7f	158	Dan 12,2f	155
Ps 139,13-15	96		
Ps 140,7	5	1 Chr 3,4	141
Ps 142,6	173, 174	1 Chr 8,33	226
Ps 146,6-9	153		
Ps 146,10	140, 141, 153	2 Chr 12,13	141
		2 Chr 22,1	141
Hi 1,21	96		
Hi 3	155	**Neues Testament**	
Hi 3,11-12	25		
Hi 18,5-21	165	Mt 27,46	22
Hi 21,7	25		
Hi 24,1	25	Röm 8,38-39	177
Hi 40,1ff	164	Röm 9-11	70
Prov 8,15	139	Gal 4	73
Prov 30,22	140	Gal 4,22-28	70
Ruth 3,9	4, 5	**außerkanonische Schriften**	
Koh 3,21-22	175		
Koh 3,21	161	2 Makk 7,9.13f	160
Koh 3,22	175, 176		
Koh 6,8-10	161	Sir 40,1	96
Koh 6,9	161		
Koh 6,12	176	Weish 2,22	166, 173
Koh 9,1.5ff	161	Weish 3,1-3	161
Koh 9,6	161, 175		
Koh 9,7-10	161	**Qumran**	
Koh 9,9.10	175		
Koh 9,10	161	1QJes^a	183
Thr 3,57	210		
Esth 2,4	140	**rabbinisches Schrifttum**	
Dan 12	159	Mischna Sanhedrin XI,1	172

Sonstige

Streit des Horus und Seth	125ff
Text aus dem thebanischen Grab Nr. TT 110	39
Totenbuch, Kap. 17	222
EAT I, Taf. 17,32ff. (Brief von Tuschratta an Amenoph. III)	29
Codex Hammurapi I 1-19	67
Enuma elisch, Tafel IV, 3-18.14.28	128
AfO.B 9 §11: Bab. A-G, Episode 5a (Inschrift von Esarhaddon)	33
Mursili, Zehnjahr-Annalen (MVÄG 38, Heft VI, S. 20ff.)	29, 30
Bauinschrift Nebukadnezars (VAB 4, S. 94)	29
Ug. V, 504ff. (=KTU 1.100)	107
Physiologus	114

➡ Untersuchung
der Geschichtsbücher

Claus Westermann
Die Geschichtsbücher des Alten Testaments

Gab es ein deuteronomistisches Geschichtswerk? 150 Seiten. Kt. [3-579-01810-8]

Die vor 50 Jahren aufgestellte Hypothese von Martin Noth, die Geschichtsbücher von Deuteronomium bis 2 Könige seien ein einheitliches, um 550 entstandenes Geschichtswerk, hat sich weitgehend durchgesetzt.
Claus Westermann unternimmt eine formengeschichtliche Untersuchung der Geschichtsbücher im ganzen, die bis heute noch nicht vorliegt. Er setzt ein bei den kleinen Einheiten, für die auch eine mündliche Entstehung möglich ist, und fragt nach deren Art und Charakter. Seine Untersuchung zeigt, daß die größeren Komplexe nur geklärt werden können, wenn vorher die kleineren je für sich in ihrer Form bestimmt sind. Westermann kommt zu dem Ergebnis, daß die mündliche Überlieferung – entgegen der bisherigen Annahme – im hohem Maß am Entstehen der Geschichtsbücher beteiligt war.

➡ Alttestamentliche Forschung

Frank Crüsemann
Die Tora
Theologie und Sozialgeschichte des alttestamentlichen Gesetzes.
2. Auflage. 496 Seiten. Kt.
[3-579-01800-0]

Mit diesem Buch liegt der erste Entwurf einer Geschichte des alttestamentlichen Rechts von den kaum faßbaren Anfängen in vorköniglicher Zeit bis zum Abschluß und zur Kanonisierung des Pentateuch vor. Der Schwerpunkt liegt auf einer Neuinterpretation der wichtigsten Texte des alttestamentlichen Gesetzes in ihrem jeweiligen sozialgeschichtlichen Zusammenhang.

An vielen Stellen werden Linien bis ins nachbiblische Judentum, ins Neue Testament, vor allem aber zu entsprechenden Problemen der Gegenwart gezogen.

Das Buch ist ein Beitrag zur alttestamentlichen Forschung. Doch wird im Hinblick auf das Gewicht seines Gegenstandes versucht, eine Sprache zu finden, die für alle theologisch Interessierten lesbar ist. Der erste Entwurf einer Geschichte des alttestamentlichen Rechts.

KT Kaiser Taschenbücher

Gerhard von Rad
Theologie des Alten Testaments

Bd. 1: Die Theologie der geschichtlichen
Überlieferungen Israels.
10. Auflage. 512 Seiten. Kt.
[3-579-05002-8] KT 2

Bd. 2: Die Theologie der prophetischen
Überlieferungen Israels.
10. Auflage. 474 Seiten. Kt.
[3-579-05003-6] KT 3

Dieses zweibändige Werk eignet sich wegen seines
klaren Stils und durchsichtigen Aufbaus auch als
Lektüre für Lailnnen, die ernsthaft in die Glaubens-
welt Israels eindringen wollen.

Chr. Kaiser
Gütersloher
Verlagshaus